BRANDING FOR GROCERS

スーパーマーケットのブランド論

TERAMOTO Takashi
寺本 高

［著］

千倉書房

まえがき

　TwitterやFacebookなどのSNS上で，「スタバなう」，「タリーズなう」というコメントをしばしば見かけるが，「〇〇スーパーなう」，「××ストアなう」というコメントを見かけることはなかなかないのではなかろうか。
　SNSの急速な普及に伴い，インターネット上でのクチコミを中心とした消費者間の情報共有の場面が非常に多くなっているが，スーパーマーケットがこの情報共有の対象としてSNS上にはなかなか挙がってこない。
　これはスーパーマーケットの評価が低いからとは必ずしも言えない。現に，優良チェーン，優良店と呼ばれる小売業が存在しているし，多くの調査機関などが実施している顧客満足度調査でも良好なスコアを獲得している小売業も存在する。ロイヤルティの高い消費者に支持されて，それで好調な業績を維持している小売業も存在する。しかしながら，これらを利用している消費者が友人，知人にその利用状況を共有する場面は非常に少ないのではないだろうか。つまり，「良い店だと思っているけど，他人に言うほどの存在ではない」というのが多くのスーパーマーケットの立ち位置ではないかと考えられる。
　現在の日本では，オーバーストアと言われるように，スーパーマーケットの店舗が過剰に展開されており，店舗間の競争も激しさを増している。そのような背景から，店舗に対してロイヤルティの高い顧客を囲い込む「ロイヤルティ・マーケティング」が注目されてきた。しかし，ロイヤルティの高い顧客は，最初から店舗の売上，利益に大きく貢献してくれている顧客であるため，彼らを中心にさらなる売上増，利益増を狙っていくのには当然限界がある。そこで，店舗の利用顧客が友人，知人に「あの店すごくいいよ！」と話題にすることによって，新規顧客のトライアルを促し，その顧客をロイヤル顧客に育成したうえで売上増，利益増を狙っていくというステップが必要になってくる。つまり，「良い店だと思っているけど，他人に言うほどの存

在ではない」から「他人との"ネタにしたくなっちゃう"存在」にスーパーマーケットも変わっていかなければならない。スーパーマーケットのブランド力の課題を挙げさせてもらうならば,「他人との"ネタにしたくなっちゃう"存在には至っていない」という点ではなかろうか。

よって本書では,スーパーマーケットが他人との"ネタにしたくなっちゃう"存在になる,つまり消費者間で話題性の高い存在になるための示唆を出すことを目的に,スーパーマーケットの企業と店舗のブランドに着目した「小売ブランド」に焦点を当て,消費者間で購買だけでなく話題性を高めるための小売ブランド戦略について,先行理論と定量・定性分析を交えて論じる。なおスーパーマーケットという業態を捉える範囲については研究者によって様々であるが,本書では,スーパーマーケットの範囲を総合スーパーと食品スーパーとする。

本書は以下,全13章による構成を成している。

まず序章では,消費者におけるスーパーマーケットの位置づけについて各種統計データや調査データを交えて論じる。本書の意義を実務的観点から明確にするものである。

次に,第1章から第6章にかけて「理論・事例編」として,スーパーマーケットの在り方に関する先行研究のレビューや事例分析を行い,後半の「分析編」で論じていく研究課題を提示する。本書の意義を学術的観点から明確にするものである。第1章では,小売ブランド研究の観点からスーパーマーケットの立ち位置を整理する。第2章では,スーパーマーケットの発展と成熟の歴史的経緯について整理し,日本の流通産業におけるスーパーマーケットの立ち位置を見ていく。第3章からは,流通論の領域の中でも,スーパーマーケットが消費者との関係について議論されてきた論点について見ていく。第3章では商圏論,第4章では小売業態論,第5章では流通情報マネジメント論の点から,それぞれスーパーマーケットの立ち位置を見ていく。なお第5章の最後に第1章からレビューした先行理論の課題をまとめる。第6章では,話題面で先進的なスーパーマーケットの事例を分析し,話題性の高い要因について整理したうえで,第7章以降の具体的な分析課題を提示する。

第7章から第11章にかけて「分析編」として,話題性を高めるための小売ブランド戦略の在り方について,顧客ターゲットの観点および小売マーケ

ティングミックスの主要素である「品揃え」,「価格」,「チャネル」,「売場作り」の各観点から，定量分析をもとに論じていく。具体的には，第7章では話題につながる消費者について，第8章では話題につながる商品について，第9章では話題につながる価格について，第10章では話題につながる店舗について，第11章では話題につながる売場作りについて，それぞれ論じていく。そして終章では，全体を通じたまとめと総合的な提言について論じる。

　本書の執筆に当たり，多くの方々にお世話になった。
　まず筆者の流通・消費者行動の融合的研究の出発点である公益財団法人流通経済研究所（流研）には，現在も客員研究員として多くの研究機会をいただいている。特に加藤弘貴専務理事と山﨑泰弘理事には，筆者の研究構想や計画についていつも理解いただき，自由に研究する環境を提供いただいている。また資料室の金井理華氏には，本書の執筆にかかわる大量の書籍，論文や資料の収集に際して多くの協力をいただいた。第6章の米国スーパーマーケットを対象にしたインタビュー調査では，流研の特任研究員を兼務しているアジアマーケットブリッジ代表の包山慶見氏より，各企業への訪問スケジュール調整からインタビュー訪問先でのファシリテーション・通訳，インタビュー内容に関する補足情報の助言に至るまで多くの協力をいただいた。それ以外にも多くの現役研究員と客員研究員より，流通研究の最前線を担う実務的研究者の視点で多くの有益な助言をいただいている。研究における学術と実務のバランス感覚を大事にしている筆者にとって，流研が作り出す実務的研究の空気感をいつも共有させてもらえていることは本当に有難いことである。また専任・客員含めて20年近く流研にかかわってきている1人として，手前味噌ながら，流研が日本の流通業界に多大な貢献をしてきたことを本書の理論・事例編を執筆して改めて強く感じた次第である。なお，本書の序章，第7章，第8章，第10章，第11章は，流研が発行している機関誌『流通情報』に掲載した論文を加筆修正したものである。
　同じく客員研究員を拝命している公益財団法人ハイライフ研究所にも，多くの研究機会をいただいている。生活者研究を中心に展開している同所の各氏との議論を通じて，「豊かな食生活を支えるうえでの流通の役割とは何か」という筆者にとって新しくかつ大きな研究視点を生み出すきっかけをいただ

いた。本書の序章，第6章，第9章は同所における研究成果報告書を加筆修正したものである。

また株式会社インテージにも多くの研究協力をいただいている。特に第11章のSNSと購買実績を結合した調査では，同社の既存サービスにはない，大掛かりな調査枠組みで実験的に行ったものであるため，調査にかかわった各氏とは多忙の中，何度もミーティングを重ねていただいた。

それ以外にも，多くの企業・団体から協力をいただいているが，具体的にお世話になった方々の謝辞については紙幅の関係上，ここではなく，該当する章の注釈部分に記載することでご容赦いただきたい。

学部時代のゼミナールの先輩でもあり，現在は共同研究のパートナーとして多くの研究を共に進めている清水聰先生（慶應義塾大学）には，研究に関するテクニカルな助言だけでなく，研究者としての姿勢についてもご指導いただいている。普段はクールで温厚だが，筆者の姿勢が緩みがちになると，いつも喝を注入していただける，本当に有難い先輩である。同じく共同研究のパートナーである齊藤嘉一先生（明治学院大学）からも，研究者としての姿勢や議論中の鋭い指摘に多くの刺激をいただいている。本書には，両先生との具体的な共同研究成果は含まれていないが，執筆に際して数多くの助言や激励をいただいた。

清水先生が代表を務める研究会（日本マーケティング・サイエンス学会・顧客データからの深い知見発見プロジェクト研究部会）および筆者の博士後期課程時の恩師である西尾チヅル先生（筑波大学）の研究会（同学会・社会問題とコミュニケーション研究部会）では，定例メンバーの先生方や実務家の方々よりいつも有益な助言をいただいている。

本務校の横浜国立大学では，マーケティング分野の谷地弘安，鶴見裕之，本橋永至の各先生には学務分担で大変お世話になっているだけでなく，研究の意見交換を通じていつも多くの助言や刺激をいただいている。

また筆者が過去に奉職した明星大学の5期にわたるゼミ学生達にも感謝の意を申し上げたい。彼らには本書の執筆に関して直接協力してもらったわけではないが，彼らの言動が本書の着想に大きくつながった。彼らの就職活動を間近に見ていて，スーパーマーケットという業界の社会的地位が必ずしも高くないことを強く感じた。スーパーマーケットに内定した学生達の多く

は，必ずしも上位志望で活動していたわけではないし，行きたかった業界・企業がほかにもいろいろあったのだが，「ここしか決まらなかったから行く」というように，複雑な気持ちを秘めて内定を受け入れ，就職していったケースが多かった。彼らの姿を見ていて，やはり単に自分の指導学生を流通業界に輩出すればよいというのではなく，多くの学生達が積極的にこの業界を選び，強い期待と誇りを持って就職していけるような環境に変えていく研究をすることが，流通研究にかかわる大学教授の使命ではないかと考える。大学教授は教育者と研究者の2つの役割を兼ね備えている。この2つの役割を兼ね備えている意義というものを大事にしていきたい。本書の内容が流通業界の社会的地位向上にダイレクトに貢献できるとは到底思えないが，このテーマの議論のきっかけになれれば幸いである。

　最後に，本書の企画と編集に多大な尽力をしていただいた千倉書房の岩澤孝氏，「消費者理解に向けた研究業務の一環」という苦しい言い訳をしながら，研究視察に訪れたスーパーマーケットでの非計画購買を繰り返す筆者を寛容してくれている妻の麻希子と，年頃ゆえにすっかり無愛想になったが，たまに見せるレア物化した無邪気さで癒してくれる娘の彩姫にも心から感謝の意を申し上げたい。

2018年9月
横浜・常盤台の研究室にて
寺本　高

目　次

まえがき ——————————————————————————— iii

序章　消費者におけるスーパーマーケットの位置づけ ——— 1

1. スーパーマーケットの市場規模 ————————————— 1
2. スーパーマーケットに対するイメージ ————————— 2
3. スーパーマーケットに関する話題 ——————————— 10
4. 本章のまとめとスーパーマーケットの課題 ——————— 11

第Ⅰ部　理論・事例 編 ————————————————— 15

第1章　ブランド論とスーパーマーケット ———————— 17

1. ブランドとは ————————————————————— 17
2. 小売ブランドの議論 ————————————————— 22
3. 日本における小売ブランドの議論 ——————————— 30
4. 本章のまとめ ————————————————————— 33

第2章　スーパーマーケットの誕生と発展経緯 —————— 35

1. スーパーマーケットの誕生 —————————————— 35
2. スーパーマーケットの発展と流通革命 ————————— 36
3. 流通政策によるスーパーマーケットの規制 ——————— 38

4. 新興業態との競争1：カテゴリー・キラー ── 39
   5. 総合スーパー主体企業の新たな取り組み ── 42
   6. 食品スーパーの成長 ── 44
   7. 食品スーパーの成長鈍化と課題 ── 46
   8. 新興業態との競争2：インターネット通信販売 ── 47
   9. 本章のまとめ ── 49

第3章　商圏論とスーパーマーケット ── 53

   1. 小売の空間構造 ── 53
   2. 商圏内の競争 ── 55
   3. 商圏内の消費者行動 ── 58
   4. 本章のまとめ ── 64

第4章　小売業態論とスーパーマーケット ── 67

   1. 小売業態発展の主要研究 ── 67
   2. 日本の研究者による小売業態発展論の検討 ── 71
   3. 小売流通革新論における革新の捉え方 ── 76
   4. スーパーマーケットに関する革新論の検討 ── 78
   5. 本章のまとめ ── 82

第5章　流通情報マネジメント論とスーパーマーケット ── 85

   1. POSデータによるマーケティングの変化 ── 85
   2. スペース・マネジメントの活用 ── 87
   3. インストア・プロモーションの活用 ── 88
   4. カテゴリー・マネジメントの運用 ── 90
   5. 顧客管理とFSP ── 93

    6. 本章のまとめ ——————————————————— 96
    7. 先行研究のまとめ ————————————————— 99

第6章　スーパーマーケットのブランディング事例 — 105
    1. 日本国内の事例1：成城石井 ———————————— 105
    2. 日本国内の事例2：阪急オアシス —————————— 111
    3. 米国内の事例1：Niemann Foods
       (Harvest Market) ——————————————————— 116
    4. 米国内の事例2：Dorothy Lane Market ——————— 119
    5. 米国内の事例3：Roundy's（Mariano's）—————— 122
    6. 事例のまとめ ————————————————————— 124
    7. 事例を踏まえた研究課題 ——————————————— 130

第Ⅱ部　分　析　編 ——————————————————— 135

第7章　話題につながる消費者 ————————————— 137
    1. 店舗へのロイヤルティに関する研究 ————————— 137
    2. 分析1：ロイヤル消費者の食生活・買物特性 ————— 140
    3. 情報先端層のタイプと行動特性の研究 ———————— 151
    4. 分析2：情報先端層の買物行動と評価 ———————— 154
    5. 分析3：情報先端層と彼らの友人との関係 —————— 160
    6. 分析4：情報先端層が実際に発信するクチコミ内容 —— 169
    7. 本章のまとめ ————————————————————— 176

第8章　話題につながる商品 ——————————————— 179
    1. PBの市場戦略に関する研究 ————————————— 180
    2. PBの商品評価に関する研究 ————————————— 183

x

3. 実際の分析 ——————————————————— 186
　4. 本章のまとめ ——————————————————— 193

第 9 章　話題につながる価格 ——————————————— 195
　1. コストパフォーマンスの考え方 ————————————— 196
　2. プロモーションの表示内容と消費者の知覚 ——————— 198
　3. 実際の分析 ——————————————————— 206
　4. 本章のまとめ ——————————————————— 213

第 10 章　話題につながる店舗 ——————————————— 217
　1. 消費者の業態・店舗選択行動の研究 ——————————— 218
　2. リアル店舗・EC 併用行動の研究 ———————————— 220
　3. 分析 1：消費者のリアル店舗・EC 併用行動タイプ ——— 223
　4. 分析 2：リアル店舗の話題要素 ————————————— 234
　5. 本章のまとめ ——————————————————— 237

第 11 章　話題につながる売場作り ————————————— 239
　1. 売場での情報接触と消費者による反応 —————————— 240
　2. SNS 上での発信情報とメンバーによる反応 ——————— 242
　3. 分析 1：売場陳列・演出と「いいね」数の関係 ————— 244
　4. 分析 2：売場陳列・演出と「いいね」数，売上の関係 — 257
　5. 分析 3：売上に対する投稿数と「いいね」数の媒介効果 — 267
　6. 本章のまとめ ——————————————————— 271

終章　本書のまとめ ——————————————————— 275
　1. 理論・事例編の振り返り ————————————————— 275

目次　xi

2. 分析編の振り返り ——————————————— 276
3. 本書からの総合的な提言 ————————————— 279

参 考 文 献 ——————————————————————— 283
主要事項索引 ——————————————————————— 300

序章 消費者におけるスーパーマーケットの位置づけ[1]

　現在，TwitterやFacebook，LINEなどのソーシャル・ネットワーキング・サービス（SNS）の急速な普及に伴い，消費者間の話題共有の場面が非常に多くなっている。これらのSNS上では，「スタバなう」，「タリーズなう」といった，店舗にいる状況を発信したようなコメントが見受けられる。これは，自分自身の店内滞在の状態をSNS経由で他者と情報共有し，それに対して友人，知人から関心や共感を得たいという意図の表れと考えられる。しかし，「○○スーパーなう」，「××ストアなう」というように，スーパーマーケットがこの情報共有の対象としてSNS上に挙がってくるケースは極めて少ないのが現状である。しかし一方で，消費者各々には頻繁に買い物したり，さらにはお気に入りの店舗も存在するはずであろう。つまり，消費者にとってスーパーマーケットは生活の中の複数の場面によって位置づけが異なるのではなかろうか。

　よって本章では，消費者にとってスーパーマーケットがどのような立ち位置なのかについて，各種統計データを用いながら，その実態と課題について論じてみる。

1 スーパーマーケットの市場規模

　まず市場規模としてのスーパーマーケットの立ち位置について見てみる。商業統計における1991年から2014年にかけての小売業年間総販売額および業態別年間販売額の推移を**図表序-1**に示す[2]。ここでは，業態として百貨店，総合スーパー，食品スーパー，ホームセンター，コンビニエンスストア，ドラッグストアを挙げている。これを見ると，総合スーパーは1991年には約8.5兆円であったのが，直近の2014年には約6兆円であり，1997年をピークに凋落を続けている。食品スーパーは1991年に約11兆円であったの

図表序-1　小売業の業態別年間販売額の推移

		小売業計	百貨店	総合スーパー	食品スーパー	スーパーマーケット計	ホームセンター	コンビニエンスストア	ドラッグストア
販売額 (百万円)	1991年	142,291,133	11,349,861	8,495,701	11,296,961	19,792,662	-	3,125,702	-
	1994年	143,325,065	10,640,330	9,335,933	13,197,669	22,533,602	-	4,011,482	-
	1997年	147,743,116	10,670,241	9,956,689	14,768,134	24,724,823	-	5,223,404	-
	1999年	143,832,551	9,705,460	8,849,658	16,747,995	25,597,653	2,402,371	6,126,986	1,495,041
	2002年	135,109,295	8,426,888	8,515,119	15,903,759	24,418,878	3,075,939	6,713,687	2,494,944
	2004年	133,278,631	8,002,348	8,406,380	17,046,994	25,453,374	3,141,257	6,922,202	2,587,834
	2007年	134,705,448	7,708,768	7,446,736	17,106,265	24,553,001	3,045,939	7,006,872	3,012,637
	2014年	122,176,725	4,922,646	6,013,777	15,375,413	21,389,190	3,147,109	6,480,475	3,645,873
販売額 増減率 (％)	94/91年	0.7	-6.3	9.9	16.8	13.8	-	28.3	-
	97/94年	3.1	0.3	6.6	11.9	9.7	-	30.2	-
	99/97年	-2.6	-9.0	-11.1	13.4	3.5	-	17.3	-
	02/99年	-6.1	-13.2	-3.8	-5.0	-4.6	28.0	9.6	66.9
	04/02年	-1.4	-5.0	-1.3	7.2	4.2	2.1	3.1	3.7
	07/04年	1.1	-3.7	-11.4	0.3	-3.5	-3.0	1.2	16.4
	14/07年	-9.3	-36.1	-19.2	-10.1	-12.9	3.3	-7.5	21.0

出所：商業統計

が，2014年には15.3兆円であり，2007年をピークに低下傾向に転じている。総合スーパーと食品スーパーを合計したスーパーマーケットとしての市場規模は1991年には19.8兆円であったのが，2014年には21.4兆円となっており，2004年の25.4兆円をピークに低下傾向にある。

直近の2014年と2007年の販売額増減率を見ると，小売業計では9.3％減に対し，スーパーマーケットは12.9％減であることから，スーパーマーケットの市場規模は小売業全体での低減率以上に縮小傾向にあることがわかる。これらの傾向から，市場規模という点で見ると，スーパーマーケットは成熟した業態であることが言えよう。

2 スーパーマーケットに対するイメージ

スーパーマーケットは市場規模の点では成熟した業態であることを述べたが，この業態は消費者からどのようなイメージを持たれているのであろうか。ここでは，消費者の立場から見たイメージの実態として，スーパーマーケットにおける買い物の考え方や企業へのイメージについて見ていく。

2-1. 買物場所としてのイメージ

　三菱地所・サイモン（2013）では，買い物に対する気持ちの度合いについて業態間での違いについて調査を行っている。ここではその調査結果の中から2つを示す。

　まず1つ目の調査結果は，「楽しい気持ち」と「ワクワクする」買物スポット（業態）についての回答率が示されている。対象となる買物スポット（業態）は，オンラインショップ，スーパーマーケット，駅ビル，ショッピングセンター，ホームセンター，百貨店，路面店や複合施設内にあるブランドショップ，近場のアウトレットモール，遠方のアウトレットモール，の計9業態である。この結果によると，「楽しい気持ちになる」買物スポットとして比率の高い業態は，アウトレットモール，駅ビル，ショッピングセンターであり，また「ワクワクする」買物スポットとして比率の高い業態は，アウトレットモールとなっている。一方，食品の買い物が中心となるスーパーマーケットは，「楽しい気持ちになる」と「ワクワクする」の双方の比率が対象9業態の中でも最も低い。つまり，現状のスーパーマーケットは，消費者に対して「楽しい」や「ワクワクする」気持ちを醸成させる存在になっていないことが言えよう。

　2つ目の調査結果は，買物スポット（業態）別の買物目的が示されたものである。買物スポット（業態）は前述の9業態であり，買物目的は，①「小旅行的な気分を味わうため」，②「レジャー感を楽しむため」，③「買い物を楽しむため」，④「良いものを安く買うため」，⑤「自分の欲しいものを見つけるため」，⑥「気分転換のため」，⑦「リフレッシュするため」，⑧「ストレス解消のため」，⑨「日常を忘れるため」，⑩「プチ贅沢をするため」，⑪「新しい発見をするため」，⑫「何が流行しているのか見つけるため」，⑬「時間も場所も選ばずに買い物がしたいため」，⑭「時間をかけずに買い物をするため」，の計14項目である。

　この調査結果の中で，スーパーマーケットに関する結果にフォーカスすると，スーパーマーケットにおける買物目的として最も期待されている項目（平均回答率との差がプラスに大きい）は，④「良いものを安く買うため」（回

答率54.8％；平均との差 +29.6ポイント）である。それに次ぐ項目として，⑭「時間をかけずに買い物をするため」（回答率40.4％；平均との差 +26.1ポイント），⑬「時間も場所も選ばずに買い物がしたいため」（回答率24.5％；平均との差 +12.5ポイント）がある。これらの点が，スーパーマーケットで買い物する目的として強く期待されている点であると言える。一方，最も期待されていない項目（平均回答率との差がマイナスに大きい）は，③「買い物を楽しむため」（回答率10.0％；平均との差 -15.4ポイント）である。それに次ぐ項目として，⑥「気分転換のため」（回答率3.6％；平均との差 -14.2ポイント），⑦「リフレッシュするため」（回答率3.2％；平均との差 -9.9ポイント），⑤「自分の欲しいものを見つけるため」（回答率16.7％；平均との差 -9.4ポイント）がある。これらの点が，スーパーマーケットで買い物する目的としてあまり期待されていない点である。

　以上の調査結果を踏まえると，現状のスーパーマーケットは，手っ取り早く買い物を済ませる場所という位置づけになってしまっており，楽しむ場所や気分転換の場所としては期待されていないことが言える。

　新日本スーパーマーケット協会（2015）では，「スーパーマーケット白書（2015）」の中で，非日常的購買（いわゆる，限定商品などのレア物購買を指していると見られる）として遠方まで出向いて購買する食品が，最寄りのスーパーマーケット店舗で販売することについての意向を聴取している。ここではその調査結果の中から3つを示す。

　まず1つ目の調査結果である。これは，生鮮品類，菓子・スイーツ類，パン類，酒類，調味料類，飲料類，惣菜類の計7つのカテゴリーを対象に，「常時販売してほしい」，「たまに販売してほしい」，「販売してほしいとは思わない」の3つの選択肢を聴取した回答結果になる。この結果では，「常時販売してほしい」と「たまに販売してほしい」の全体での合計が72.7％であるが，逆の「販売してほしいとは思わない」は27.7％と3割近く存在している。

　この「販売してほしいとは思わない」と回答した人を対象に，具体的な理由についても自由回答で聴取している。自由回答の中には，「同じようなものがスーパーで作れるとは思わない」や「大量生産すると品質が落ちるか

ら」といった品質の低下を懸念するコメントや,「その店に行ってこそ価値がある」,「スーパーなんかで売られたら特別感がなくなる」といった特別感・プレミアム感の低減を懸念するコメントが目立つ。また「たまに販売してほしい」と回答した人にも,「たまに」とする理由について聴取している。ここでも,「販売してほしいとは思わない」と回答した人と同様のコメントとして,「プレミアム感が失われる」や「品質の低下」という内容が目立っている。

　これらの結果より,現状のスーパーマーケットは日常的なイメージが強すぎて,販売の特別感・プレミアム感といった非日常感を出す場として認められなくなってしまっていることが言えよう。

　また,ハイライフ研究所(2017)が実施した「2016年都市生活意識調査」では,「スーパーに夫婦や家族で買い物に行くのは楽しい」という項目の性・年代別での回答率が示されている。ここでは,「楽しい」とする回答率が全体ベースでは男女ともにほぼ同じ26％であるが,年代別に見ると男女によって傾向が異なる。具体的には,女性は30歳代の回答率が38％とピークになり,年代が上がるにつれて回答率が低くなっている。一方,男性は50歳代が38％とピークであるが,60歳代でも35％であり,さほど低くなっていない状況である。これは,女性においては,年代が上がるにつれてスーパーでの買い物の義務感が強くなり,それが楽しむ余裕を失うことにつながっていることが考えられる。一方,男性においては,歳をとるにつれて家族と買い物に行く時間的余裕ができ,そこで買い物の楽しさを感じ始めていることが考えられる。つまり,スーパーマーケットのメインの客層である40歳代以上の女性にとって,義務感を少しでも軽減させ,楽しむ場としての雰囲気や仕掛けを提供していくという視点も重要になってくるという点が,この結果から得られる示唆として言えよう。

2-2. 企業としてのイメージ

　日経BPコンサルティング(2018)は,「ブランド・ジャパン」という企業や製品のブランドに対する消費者評価の調査を毎年実施している。その2018年の結果を見ると,コンシューマー市場(BtoC)編の上位50ブランドに

は，いくつか小売業関連のブランドがランクインしている。具体的には，第4位にセブン-イレブン，第23位と第34位にそれぞれローソンとファミリーマート，第50位に流通グループとしてセブン＆アイ・ホールディングスがランクインしている。セブン-イレブン，ローソン，ファミリーマートはコンビニエンスストア，セブン＆アイ・ホールディングスはスーパーマーケットも含まれているものの様々な業態の流通グループであり，スーパーマーケット単体としてランクインしているブランドは皆無である。このように多くの消費者からブランドとして認知・評価されているのはコンビニエンスストアが中心であり，スーパーマーケットの認知や評価は低いことがわかる。

2-3．就業先としてのイメージ

消費者は，スーパーマーケットを利用する際，買物者や購買者という立場で行動をするわけだが，消費者の中には，「労働者」としてスーパーマーケットで勤務するという立場もある。ここでは，労働者の立場から見たスーパーマーケットのイメージの実態を見ていく。

まず，大卒の就職先としてどのようなイメージを持たれているのかについて見てみる。ダイヤモンド・ヒューマンリソース（2018）は，自社の就職活動支援システムに登録している大学3年生を対象に，就職先希望企業を第1志望から第8志望まで聴取し，志望順位ごとにポイントを付与する形で集計し，企業のランキングを作成している。その結果によると，上位200位以内にランクインしている小売業は極めて少なく，具体的には82位にインターネット小売業の楽天，95位にインテリア小売業のニトリのみであり，スーパーマーケットの企業は皆無という状況である。調査対象者が大学3年生ということで，必ずしも就職に関する情報が十分でなく，表層的な情報収集しかできていない人々からの聴取結果であることと，上位にランクインしている企業は全国的に展開しており，企業規模が大きいものが中心になっているという状況を割り引いて見たとしても，多くの大学生から就職希望先として考慮対象に入っていないということはまぎれもない事実であると言えよう。

次に，スーパーマーケットにおける人材確保の状況について見ていく[3]。リクルートワークス（2014；2016）では，各産業界における人手不足の実態

について明らかにしている。ここではその調査結果の中から3つを示す。

　まず1つ目の調査結果は，建設業，製造業，卸売業，小売業，金融業，情報通信業，飲食サービス業，医療・福祉関係，運輸業，その他サービス業の計10産業界を対象に，2014年4月から6月にかけての採用予定者数の確保の有無について正社員とアルバイト・パート別に示されたものである。「確保できた」とする比率は，全体では，正社員が67.9％，アルバイト・パートが69.4％である。「確保できた」とする比率が最も高い産業界は，正社員では卸売業の81.3％，アルバイト・パートでは情報通信業の96.0％である。それに対し，小売業の比率は，正社員では61.4％，アルバイト・パートでは56.2％であり，正社員では，運輸業，医療・福祉関係に次いで低く，アルバイト・パートにおいては対象産業界の中で最も低い比率となっている。この状況より，スーパーマーケットは，様々な産業界の中でも人材の確保が十分にできていない業界であることが言えよう。

　2つ目の調査結果は，人手不足の理由として当てはまる項目について，先に示した10産業別の回答率が示されたものである。人手不足の理由は，①「同業他社が賃金などの処遇を高めて募集をしていて，採用を巡る競争が厳しくなった」，②「業界のイメージが悪く，自社に応募者が集まりにくい」，③「人気企業や同業他社が求人を増やしているため，自社に応募者が集まりにくい」，④「自社の正社員の離職率が高くなっている」，⑤「自社のアルバイト・パート（契約社員含む）の離職率が高くなっている」，⑥「自社の正社員の労働時間が長くなっている」，⑦「自社のアルバイト・パート（契約社員含む）の労働時間が長くなっている」，⑧「派遣会社に人材の派遣を依頼しても，派遣される人材が決まりにくくなった」，⑨「自社において，事業計画や新規出店計画を見直した」，⑩「業界団体などにおいて，重複する事業の整理や仕様の統一を行っている」，の計10項目である。

　全体の回答率の中で最も高い項目は，①「同業他社が賃金などの処遇を高めて募集をしていて，採用を巡る競争が厳しくなった」（25.6％）であり，次いで⑥「自社の正社員の労働時間が長くなった」（24.6％）となっている。採用競争の激化や自社の長時間労働に対する敬遠を理由とする企業が多いことが言える。その中で，小売業の比率が高い（具体的には，全体の比率より5ポ

イント以上高い）項目は，②「業界のイメージが悪く，自社に応募者が集まりにくい」（23.9％），⑤「自社のアルバイト・パートの離職率が高くなっている」（24.8％）である。つまり小売業にとって，産業界に対する負のイメージや離職率の高さが就職を避けられる要因となっていることが言える。小売業のこれらの比率は飲食・サービス業に比べると低いものの，他業界に比べてこれらの点が人材確保の阻害要因となっていることが言えよう。

　3つ目の調査結果は，2016年に実施された「大卒求人倍率調査（2016）」より，業界別の過去17年間の求人倍率が示されたものである。倍率は，求人数÷応募者数で示される。例えば2.0倍とは，2人の求人に対して1人の応募がある状況，0.5倍とは，1人の求人に対して2人の応募がある状況をそれぞれ指す。業界は，建設業，製造業，流通業，金融業，情報サービス業の5業種である。この調査結果では，流通業の求人倍率は全体のそれに比べて常に高い水準にあることが示されている。具体的には，2010年の求人倍率は全体が1.62倍に対して流通業は4.66倍あり，2017年においては全体が1.74倍に対して流通業は6.98倍と約4倍の開きがある。このことから，流通業の求人倍率の水準は常に高いうえ，全体に比べてその差が年々開いていることが言える。よって，スーパーマーケットをはじめとした流通業は，業界の求人規模の大きさに対して，採用される新卒学生数が極めて少なく，雇用のミスマッチが大きくなっている業界だと言える。

　石井（2011）はスーパーマーケットが就業先として不人気な実態とその理由について指摘している。まず実態として，米国では，『FORTUNE』誌が毎年発表している「もっとも働きたい企業100」のランキングでは，2011年のベスト10には小売企業が3社，100社の中には18社がランクインしているのに対し，日本では，日本経済新聞社2011年就職企業人気ランキングを見ると，上位10社のうち8社が保険や銀行等金融機関であり，3年前の2008年においても，金融機関が3社，メーカーが4社，サービス系が航空会社1社を含め3社という状況を挙げている。さらに2008年から2011年の間に小売業で上位100社にランクインしたのが2008年に第75位に伊勢丹が1社入るのみであったことを示している。つまり就職人気における小売業の立ち位置が日米で大きな違いがあるのである。

次にその理由として，日米間における思想と哲学の違いがあるのではないかと推察している。具体的には，「マーケティングをしようとしまいと，もともと顧客はいたのだ（実在論）」と，「マーケティングをしなければ，顧客はなかった（反実在論）」という2つの思想的立場があるとすると，実在論の立場では，「商人はすでに存在する何かを単に繋ぐだけの存在に過ぎない」ということになるため，世に働く商人の意義は到底理解できない。これに対し，反実在論の立場では，「商人は供給者や需要者を含めて市場自体を創りだす存在」ということになるため，商人の意義をよく理解できるのではないか，ということである。そのうえで日本は商業を実在論として捉える人が多いのに対し，米国では反実在論として捉える人が多いのではないかとしている。

2-4. イメージに関するまとめ

本節では，スーパーマーケットに対するイメージの実態として，スーパーマーケットの「買物場所」，「企業」，「就業先」という3つの立場から捉えた。

まず「買物場所」の立場から見ると，スーパーマーケットは，①消費者に対して「楽しい」や「ワクワクする」気持ちを醸成させられていないこと，②日常的なイメージが強すぎて，販売の特別感・プレミアム感といった非日常感を出す場として認められなくなっていること，③女性においては，年代が上がるにつれて楽しめる場所になっていないことの3点がわかった。

次に「企業」の立場から見ると，多くの消費者からブランドとして認知・評価されている小売業はコンビニエンスストアが中心であり，スーパーマーケットの認知や評価は低いことがわかった。

そして「就業先」の立場から見ると，スーパーマーケットは，①様々な産業界の中でも人材の確保が十分にできていないこと，②その要因として，産業界に対する負のイメージや離職率の高さが就職を避けられていること，③業界の求人規模の大きさに対して，採用される新卒学生数が極めて少なく，雇用のミスマッチが大きくなっていることの3点がわかった。

これらの結果より，スーパーマーケットは，身近な存在として評価されて

いるものの，「買物場所」，「企業」，「就業先」という立場では他業界に比べてポジティブなイメージが低いということが言えよう。

3 スーパーマーケットに関する話題

　スーパーマーケットはポジティブなイメージが低いということであるが，スーパーマーケットは消費者の間でどのように話題になっているのであろうか。流通経済研究所（2016b）では，消費者の業態別メディア接触状況について調査を行っている。その結果によると，過去1カ月以内のスーパーマーケットのチラシ閲覧経験率や，特に総合スーパーのTVCM視聴経験率は他の業態に比べて高いものの，「Webページで調べる」，「知人・友人と話題にする」，「ブログやSNSで書き込んだ」という経験率は他の業態に比べて低いという状況である[4]。この結果から，消費者はチラシやTV広告といった消費者が受動的に接触するメディアの接触経験は多いものの，調べる，話題にする，書き込むといった消費者が能動的に接触するメディアの接触経験は少ないことがわかる。

　スーパーマーケットについて「知人・友人と話題にする」ことや「ブログやSNSで書き込む」ことは少ないということであるものの，実際にこのような場面において具体的にどのような内容が知人・友人間で話題になったり，SNSに書き込まれたりするのであろうか。

　前者について鈴木（2017）は，知人・友人間の日常会話の中でスーパーマーケットがどのような語られ方をしているのかについて消費者インタビュー調査から明らかにしている。その結果によると，まず会話の中でスーパーマーケットの名前が話題に上る場合，スーパーマーケット単独ではなく，商品とセットで話題に上るということである。まず，クチコミの送り手が購入した商品が話題に上り，クチコミの受け手である別の参加者が商品に対する関心を示した場合に，クチコミの送り手がその商品を購入した店舗に関する情報を提供する，というプロセスをたどるのである。次に，プライベートブランド商品など，スーパーマーケットの独自商品が話題に上ることが多いということである。プライベートブランド商品は，かつてはナショナ

ルブランド商品に対して品質は劣るものの低価格で購入できるという点が訴求ポイントとなっているものが多かったが，セブン＆アイ・ホールディングスのセブンプレミアムなど，品質面でもナショナルブランドに引けを取らない商品が増えていることが背景として挙げられている。

　後者について三坂（2017）は，Twitter におけるテキストデータを用いて，スーパーマーケットに関する話題の中でも，消費者の「買い物」の行動に着目し，「買い物」というキーワードを含むツイートについて2つの分析を行っている。まず1つ目の分析では，複数の単語の背後に共通して潜在する意味構造を抽出する潜在意味解析を用いて名詞，形容詞，動詞の3つの品詞の組み合わせを集約したうえで，クラスター分析によって組み合わせのパターンを抽出している。その結果，Twitter で買い物について挙がる話題のパターンは大きく7通りあり，それらは「衣服の買い物」，「帰宅時の買い物」，「仕事と買い物」，「直近の予定としての買い物」，「明日の予定としての買い物」，「嫌々な買い物」，「期待以上の買い物」であることと，出現率の最も高い話題は「帰宅時の買い物」であり，最も低い話題は「明日の予定としての買い物」であることが明らかになっている。

　2つ目の分析では，「買い物」に関する話題の中で，買い物における感情やカテゴリーに関連する単語と関係が強い単語がどのようなものかを抽出している。その結果，スーパーマーケットの売場作りと関係のある組み合わせとして，①「楽しい」と「揃える」，「憂鬱」，②「テンション」と「安売り」，「チョコレート」，「カラフル」，③「感動」と「キャンディ」，「三井」，④「残念」と「接客」，「スタッフ」などが明らかになっている。

　鈴木（2017）や三坂（2017）は，Face to Face や SNS 上におけるスーパーマーケットの具体的な話題を扱った数少ない意義ある分析であるが，先に述べたように，スーパーマーケットが話題に上るケースは根本的に少ないのが実態である。

4 ｜ 本章のまとめとスーパーマーケットの課題

　本章では，スーパーマーケットが直面している問題について，いくつかの

観点から実態を見たうえで，問題を指摘した．各節で行った指摘について簡潔に振り返る．

　第1節では，スーパーマーケットの市場規模は縮小傾向にあることを取り上げた．第2節では，スーパーマーケットは，身近な存在として評価されているものの，「買物場所」，「企業」，「就業先」という立場では他業界に比べてポジティブなイメージが低いということを指摘した．第3節では，スーパーマーケットに関する具体的な話題はFace to FaceやSNSで上っているが，根本的にその話題の件数が少ないことを指摘した．

　各節で指摘した問題をまとめると，スーパーマーケット業界には当然有力な企業は存在するものの，消費者がこれらの話を友人，知人に共有する場面は非常に少ない，つまり基本的に"話題"という面での魅力が弱い業界であることが言えよう．「良い店だと思っているけど，他人に言うほどの存在ではない」というのが多くのスーパーマーケットの立ち位置ではなかろうか．そして，この立ち位置こそがスーパーマーケットの企業が持つブランドとしての課題となる部分ではなかろうか．

　人口減，少子高齢化が進み，消費者はモノを買わなくなっている状況下で，スーパーマーケット業界は，従来の存在感のままではますます縮小してしまうおそれがあろう．市場を回復させるうえではスーパーマーケット業界が消費者間で"話題"として盛り上がる業界になることが大きな課題となる．そのためには，いままでの売上や購買だけでなく，"話題性"も活動の成果指標として考えていく必要があろう．

　スーパーマーケットにおいて"話題性"を成果指標として扱う意義を**図表序−2**に示す．これは，"購買のみ"を成果指標として進めた場合と，"話題性＋購買"で進めた場合でのスーパーマーケット業界の将来イメージを比較したものである．例えば，ビジネスモデルでは，"購買のみ"のままだと，将来の人口・世帯減の流れに合わせて薄利少売になってしまうであろうが，"話題性＋購買"であれば，多利少売ということで，人口・世帯減の流れにおいても利益はしっかりと確保できることが期待できる．また，売場スタッフのモチベーションでは，"購買のみ"のままだと，「いつも通り，失敗したくないから新しいことをやらない」という消極的な売場作りが中心になって

しまう懸念があるが、"話題性＋購買"であれば、「盛り上がるための工夫への努力、新しい売り方への挑戦」が期待できる。企業イメージと人材確保では、"購買のみ"のままだと、「地味、就職人気低い、人手不足」という事態に陥ることが懸念されるが、"話題性＋購買"であれば、「華やか、就職人気高い、前向きな人材確保」が期待できる。

図表序-2　"話題性"を成果指標にする意義

	購買のみ	話題性＋購買
ビジネスモデル	薄利多売→（将来）薄利少売	多利少売
ビジネスの内容	単なるモノの販売	コトとしての価値提供
必要な競争軸	低価格、低コスト	付加価値、適正コスト
目指す売場	とにかく売れる売場	楽しく盛り上がる売場
売場スタッフのモチベーション	いつも通り、失敗したくないから新しいことをやらない	盛り上がるための工夫への努力、新しい売り方への挑戦
集客方法	商圏へのチラシ配布（→新規顧客獲得が難しい）	クチコミによる新規顧客獲得を目指す
顧客が抱く印象	安いけど、あとは別に…	友人にも言おうかな、ネットにUPしたい！
長期的な売上構造	既存顧客によるリピートのみ	既存顧客によるリピート＋クチコミによる新規顧客の累積
企業イメージと人材確保	地味、就職人気低い、人手不足	華やか、就職人気高い、前向きな人材確保

　いずれにしても、「良い店だと思っているけど、他人に言うほどの存在ではない」から「他人に言いたくなってしまう存在」にスーパーマーケットも発展していく必要がある。その1つの切り口として、"話題性"を成果指標にしていくことが必要である。

(1)　本章は寺本（2017b）および寺本（2017c）を加筆修正したものである。
(2)　「商業統計表業態別統計編」平成3年から平成26年までを用いている。
(3)　以降の調査結果ではスーパーマーケットではなく、「小売業」という区分で示されているが、スーパーマーケットを代表しているものと捉えたい。

(4) 本報告書は会員企業外秘の内容であるため，具体的な数値は記載できない。

第 I 部
理論・事例 編

第1章 ブランド論とスーパーマーケット

　序章では,「良い店だと思っているけど,他人に言うほどの存在ではない」というのが多くのスーパーマーケットの立ち位置であり,そして,この立ち位置こそがスーパーマーケットの企業が持つブランドとしての課題となる部分ではないかと提起した。そこで本章では,スーパーマーケットが持つブランドについて,どのような議論が行われてきたのかについて,先行研究をもとに整理する。まず,ブランドの定義やブランドについて関心が強まった経緯など,ブランド論の基本的な部分について触れたうえで,スーパーマーケットをはじめとした小売業に焦点を当てたブランドの議論について見ていく。

1　ブランドとは[1]

1-1. ブランドの定義

　American Marketing Association (AMA) によると,ブランドとは,「ある売り手の商品やサービスが他の売り手のそれと異なるものとするための名前・用語・デザイン・シンボルあるいは他の特徴のことである」と定義されている。Keller (2013) はブランドの語源を「焼き印をつけること」という意味の Brander から派生した言葉であるとし,さらに市場に一定の認知,評判,存在感を生み出したものをブランドと呼んでいる。Kapferer (2008) もブランドを「購買者に影響を与える名前」としている。

　田中 (2017) はこれらの定義は作業仮説としては有効であるものの,ブランドについて本質的な定義をなしているとは考えにくいとし,消費者の認知システムと知識を込めた定義づけを行っている。具体的な定義として,「交換の対象としての商品・企業・組織に関して顧客が持ちうる認知システムと

その知識」を提示している。ここで知識とは「一貫してまとまりのある情報」である。認知システムとは、「知識や信条、理解、解釈に関するシステムであり、それぞれが機能と構造に関する諸原理を有するがゆえにシステムとみなされるもの」である。また、ブランドという概念には認知システムの次元だけでなく、知的財産としての商標という次元と、社会に共有された意味（記号）としての次元もある。

　このようにブランドの定義は、調査や分析をする場合や包括的に議論する場合によって様々であると言えよう。

1-2. ブランドへの関心

　ブランドへの関心はいつくらいから高まったのであろうか。Barwise (1993) によると、1980年代から90年代の初めにかけて「ブランド・エクイティ」への関心から、ブランドへの関心が急速に高まったとしている。阿久津 (2014) も同様に、1980年代から90年代の初めというこの時期からブランドがマーケティングと経営の分野で議論されるようになったことを指摘している。いままでのブランドに関する議論は、「ブランド・ロイヤルティ」(Jacoby and Chestnut, 1978) であったが、この時期にブランド論はブランド・ロイヤルティからブランド・エクイティに発展し（田中, 2017）、さらに「ブランド・アイデンティティ」論に発展した（青木, 2014）。

　田中 (2017) は、現在では、ブランドという存在がマーケティングやビジネスのみならず、社会や政治の場面でも使われるようになってきている理由として、強いブランドや高い価値を持ったブランドがビジネスや競争において有利に働き、優位性を持つ状況が現出したからだとしている。また言い換えれば、ビジネスにおいてブランドを採用する企業や組織が有利に働くような経済環境に変化したとも指摘している。ここでは経済環境の変化の具体例として、自由化とバイイングパワーが挙げられている。例えば、総合スーパーやコンビニエンスストアのように取引に関してオープンな小売業態が新興し、消費者に対するスケールの大きな販売力とそれに合わせた取引先メーカー、卸売業への購買力を背景に、メーカーに対して優越的地位を築く小売業が増えてきた。バイイングパワーを持つ小売業の台頭によって、売れるブ

ランドであればメーカー名を問われなくなった。酒類販売業免許も，距離基準の廃止，人口基準の廃止，緊急調整区域の廃止を通じて原則自由化となったこと，官営事業の民営化による NTT，JT，JR などには市場原理が導入されたこと，再販制度の緩和などが挙げられる。これらの自由化により，消費者は自由にブランドを選択することができるようになったのである。

1-3. ブランド価値

　ブランドの価値というものはどのように構成されているのか。以下ではブランド価値の構成に関する主な議論を見てみる。

　まず Aaker（1991）は「ブランドの名前やシンボルと結びついた資産の集合」であるブランド・エクイティを唱えたうえで，ブランド・エクイティを構成する5つの要素を示している。具体的には，①ブランド・ロイヤルティ（より頻繁に購入したり，使用する高いロイヤルティの顧客グループがあるかどうか），②ブランド認知（どの程度，再認，再生，トップオブマインド，支配的ブランドのスコアがあるか），③知覚品質（どの程度，顧客に知覚された品質が高いか），④ブランド連想（そのブランドからどの程度ポジティブな連想があるか），⑤その他ブランド資産（チャネル関係，特許など），である。この中で①から④の要素が様々な価値を生み出すとしている。そのうえで，Aaker（1996）は，これら4つの構成要素から5つのタイプの測定尺度を示している。具体的には，①ロイヤルティ尺度：価格プレミアム（同等のブランドを比較して余分に顧客が支払っている金額），顧客満足・ロイヤルティ（使用経験に関する満足・期待・次回購入意向，推奨意向，問題点），②認知尺度：ブランド認知，③知覚品質尺度：知覚品質（品質の高低，カテゴリー内の品質順位，品質の一貫性，最高級品質・標準的品質・低品質），リーダーシップ，④連想尺度：知覚価値，ブランド・パーソナリティ，組織連想，であり，さらに⑤市場動向尺度：市場シェア，市場価格と流通カバー率，も加えている。

　Keller（2003）はブランド知識という観点で，その知識を構成する次元として，知名度，外的・内的属性理解，ベネフィット，視覚的イメージ，思念，情緒，態度，経験の8つを提示している。また Feldwick（1996）は，ブランド価値を測定する手法という観点で，価格・需要による測定，実験的

測定，ブランド・ロイヤルティ行動測定，ブランド・ロイヤルティ態度測定の4つを提示している。

　田中（2017）は，過去に唱えられたこれらのブランド価値の捉え方を踏まえたうえで，顧客の反応軸とブランドの顧客と世界との関係性軸の2つの軸による価値の捉え方を提示している。具体的には，顧客反応軸として，「認知（考える）」，「感情／感覚（感じる）」，「想像（想像する）」，「行動（行動する）」の4つの区分を，顧客と世界の関係性軸として，「Brand-Self（ブランドと顧客自身の関係をどのように評価し感じ行動しているか）」と「Brand-World（ブランドと世界，あるいは他者との関係をどのように評価し感じ行動しているか）」の2つの区分を設定している。

　このようにブランドの価値の捉え方は，消費者の意思決定プロセス（認知，態度，行動）の各段階に対して，「自分自身（消費者）がそのブランドをどう捉えているか」という視点と「自分の周り（市場全体）でそのブランドがどう捉えられているか」という視点があることがわかる。

1-4．ブランドの効果

　ブランドが強いとどのようなメリットがあるのだろうか。Hoeffler and Keller（2003）は強いブランドを持つことによる消費者反応やマーケティング戦略上の優位性について示している。具体的には，以下の12点を挙げている。

　【消費者反応としての優位性】
　　①記憶構造が形成される
　　②考慮集合に入りやすくなる
　　③選択的注意を得やすい
　　④他ブランドへのスイッチを回避しやすい
　　⑤知覚品質が高くなる
　　⑥商品特性を信頼するシグナルとして用いられやすい
　　⑦限られた知識しかない場合の手がかり情報になりやすい
　　⑧好意的なブランド連想を促す

【マーケティング戦略上の優位性】
⑨より多くのカテゴリーに向けてブランド拡張をしやすい
⑩価格情報に対してより耐性がある（値上げしても売上が下がらない）
⑪競合ブランドの広告に対してより耐性がある（競合ブランドの広告になびかれない）
⑫流通業に商品を受け入れられ，より多くの棚スペースを確保できる

このように，強いブランドは消費者から注意や学習効果，評価，選択，購買後の評価についてポジティブな反応を得ることができ，商品投入や価格，流通との取引，競合ブランドとの関係において高いマーケティング効果を得ることができることがわかる。

1-5. ブランド構築の対象

ブランド戦略を考えるとき，何を対象にしてブランド構築を行うべきかという意思決定が必要になるが，田中（2017）はブランド構築の対象の手がかりとして，①潜在的可能性，②破壊的イノベーション，③ノンブランド市場，の3つが必要であると指摘している。まず①潜在的可能性とは，現在ではまだ顕在化していないが，商品の登場によって市場が活性化し，新たな市場が形成されるような可能性のことを指す。例として，エナジードリンクという新市場を創ったレッドブルや，スマートフォン市場を形成したiPhoneなどが挙げられる。②破壊的イノベーションとは，新しい顧客にアピールするシンプルでコストの安い製品を生み出すことを指す。例として，1970年代に登場したパーソナルコンピューター（パソコン）はマニアのみに受け入れられていたが，MicrosoftやAppleというブランドによってパソコン市場は一気に安価で汎用的な製品で構成されるようになったことが挙げられる。③ノンブランド市場とは，事実上ブランドが存在していない，あるいはブランドが機能していない市場を指し，この市場の例として，家庭用の砂糖や小麦粉のように，商品が原材料に近く，加工度の低い商品カテゴリーが挙げられる。そのような中で，加工度を上げることによってブランド化に発展することなどが可能となる。例えば，味の素の「パルスイート」は，単なる粉砂糖

ではなく，カロリーを90％カットすることによってブランド化に成功している。

　また田中（2017）は，ブランド構築の対象となる商品タイプとして，①パッケージ型商品ブランド，②成分型商品ブランド，③顧客接点型商品ブランド，の3つを挙げている。①パッケージ型商品ブランドは，FMCG（Fast Moving Consumer Goods）と呼ばれており，スーパーマーケットやコンビニエンスストアといったセルフ販売の業態で主に扱われるパッケージ商品を指す。このタイプの商品は，セルフ販売の業態で扱われているがゆえに，販売員の力を借りなくてもパッケージやそれに付随する広告を中心に販売が成り立つような仕掛けが求められる。そのため，ブランド化の必要性が特に高いと言われている。②成分型商品ブランドは，産業材のような商品を想定しており，それ自体が直接エンドユーザーによって購入されないような商品である。例えば，パソコンなどに搭載するマイクロプロセッサのIntelは，1990年代に「インテル入っている」というキャンペーンを大々的に展開したことで，消費者に周知させるだけでなく，パソコンメーカーに対して影響力を保持することを狙ったことが挙げられる。③顧客接点型商品ブランドは，航空業，ファーストフード，ホテルなどのサービス型事業に当てはまる。サービスは形がなく，すぐその場で消費されてしまうものであるため，そのサービスの「見える化」の戦略としてブランド化が非常に重要となるのである。

2　小売ブランドの議論

　ここまでブランドの基本について触れてきたが，本節では小売業に焦点を当てたブランド（以下，小売ブランド）の在り方の議論について見ていく。欧米では，小売ブランド（Retail Brand）の重要性が増しており，それにより小売業のブランドに着目した研究が増えている。具体的には，Ailawadi and Keller（2004）は，『*Journal of Retailing*』誌の特集号の中で，ブランディングはメーカーの戦略との関連性が強かったが，1990年代半ばから小売に関する研究者と実務者が小売を対象としたブランディングのトピックに着目するようになってきており，小売業自体のブランド・エクイティを構築す

ることは特に挑戦的で今後の可能性が大きいことを指摘している。また Keller and Lehman（2006）は，企業ブランドはメーカーだけでなく小売業にとっても最大の無形資産であることから，研究の最優先事項となっていることを指摘している。本節では，小売ブランドの効果や捉え方のレベル，測定に関する研究について，欧米における議論を中心にレビューする。

2-1. 小売ブランドの捉え方

　Burt and Davies（2010）は，小売ブランドはプライベートブランドという製品レベルから，店舗レベル，小売の企業レベルへと範囲を広げており，小売に関する包括的なブランドの概念としている。ただし Burt らは，小売業者が持つ製品ブランド（Retail Product Brand）は，"Private Brand"，"Store Brand"，"Retail Brand"，"Private Label Brand" と表現されているため，小売ブランド（Retail Brand）は製品としての議論がよくなされているし，国の背景や研究のタイミング，小売企業の選択次第で小売ブランドの位置づけが異なることから一概に比較ができないことを指摘している。

　Wileman and Jary（1997）は，小売ブランドからプライベートブランドを切り離した定義を行っている。Wileman らは，「小売ブランドは店舗や事業の看板のブランドを指すものであり，プライベートブランドの製品を指すものではない」としている。その理由として，プライベートブランドの高い浸透度は大半の強力な小売ブランドの特性の1つであるが，普遍的で必然的な特性ではないからだとしている。Wileman らの定義では，プライベートブランドは小売ブランドの構成要素の1つとして捉えていることがわかる。

　また Martenson（2007）は，スーパーマーケットを対象に，小売業の企業イメージが顧客満足とストアロイヤルティに与える影響に関する分析結果を通じて，ブランドとしての小売事業のパフォーマンスがプライベートブランドを提供することよりも重要であることを提起している。Burt and Davies（2010）も小売ブランドの研究は，製品レベルから店舗レベルを経て，企業レベルに発展していることを指摘している。

　小売ブランドの捉え方の変遷を示した研究も見られる。Laaksonen and Reynolds（1994）は，小売ブランドの変遷について4つの世代による整理を

行っている。Laaksonenらの整理によると，第1世代の小売ブランドは，ジェネリックの位置づけであり，小売業におけるマージンの増加や消費者への価格選択肢の提供を目的としていた。品質はメーカーのブランドに比べて劣っており，価格はリーダーブランドより20％以上低いというブランドを指していた。第2世代では，小売業の自社ブランドとしての形態を帯び始め，マージンの増加だけでなく，メーカーのパワーの減少や消費者への価格に見合った品質の提供が目的に加わるようになった。第3世代では，メジャーブランドのコピーという位置づけになり，自社ブランドとしての品揃えの拡張や消費者のストアブランドの構築が目的に加わるようになった。この世代へのステージアップによって品質はリーダーブランドと比較できるレベルにまで向上するようになった。第4世代では，より拡張されたブランドやセグメント化されたブランドとしての形態に発展し，顧客の増加と維持，カテゴリーマージンの強化やストアイメージの改善と差別化が目的に加わるようになった。品質はリーダーブランドと同等かそれ以上まで向上し，さらにはリーダーブランドとは品質面でも差別化され，革新的なレベルにまで発展し，価格もリーダーブランドと同等かそれ以上のケースも出るようになった。

ただし，Laaksonen and Reynolds（1994）による変遷の整理はあくまで製品レベルのものに留まっている点が課題であり，それを指摘したBurt and Sparks（2002）は，コーポレートブランドとしての小売ブランドを第5世代として追加している。ここでの小売ブランドは，小売業の企業としての強力なアイデンティティの創造と実施や，顧客から一番に選択され，ステークホルダーへの安心の提供を目指したものである。このブランドを目指すことにより，小売業はステークホルダーとの強固な関係を築き，顧客に対する小売業の企業自体や価値提供への信頼を構築することができるとされている。

これらの議論を簡単にまとめると，小売ブランドの範囲に製品つまりプライベートブランドを含めるかどうかについては議論が分かれているが，少なくとも製品，店舗としてのブランドだけでなく，企業としてのブランドも重要だという点は共通していると言えよう。

2-2. 小売ブランドの効果

　小売ブランドの効果については，例えば Ailawadi and Keller（2004）は，小売ブランドは消費者に対してポジティブな知覚価値を形成し，それが店舗愛顧，店舗選択，店舗ロイヤルティといった消費者の行動に影響を与えることを指摘している。また Brown et al.（2006）は，小売ブランドは消費者の小売業に対するロイヤルティを形成し，それが結果的に小売業の成果を高めることに貢献することを指摘している。Berg（2014）は，Bell et al.（1998）が示した，「店舗選択要件における立地の重要性が低下してきている」という分析結果を引用したうえで，「小売ブランドと立地のどちらが店舗ロイヤルティに強く影響するかについては明らかになっていないものの，この分析結果はリアル店舗の競争環境がますます複雑になっていることを示唆しており，この競争環境に対して小売ブランドをいかに顧客のロイヤルティにつなげていくかが重要である」ことを指摘している。

2-3. 小売ブランドの測定

　小売ブランドの捉え方に関する概念的な研究は前述の通り多く存在するが，小売ブランドの測定にフォーカスした研究は少ない。Berg（2014）は小売業への評価に関連した研究は多岐にわたるが，小売ブランドに焦点を当てた研究は非常に少ないことを指摘している。具体的には，これらの研究を「小売・店舗イメージ」，「小売業のエクイティ」，「小売業の企業ブランド」，「小売業の評判」の4つのトピックに分けて整理したうえで，「小売・店舗イメージ」のトピックに関する研究事例が多い状況である一方で，小売ブランドに関するトピック（「小売業のエクイティ」，「小売業の企業ブランド」，「小売業の評判」）については，概念の提示に留まっているものが多く，実証分析まで行っている事例が少ない，ということを指摘している。

　事例は少ないということだが，Berg（2014）が示した小売ブランドに関するトピックごとに主な研究例を見てみると，まず「小売業のエクイティ」の研究として，Arnett et al.（2003）は，小売業のエクイティの測定指標を提案し，その指標をもとに小売ブランドの評価を行っている。具体的には，エ

クイティの測定指標として，小売業の店舗へのロイヤルティ（同じ商品をこの店で買えるならば他の店には行かない），小売業名の認知（他の競合店と比べてこの店のことはよく理解している），店舗のサービス品質（この店は適切なサービスをしている），商品の品質（この店に来るとき，高品質の商品を期待している），知覚価値（この店の価格は受け入れられる）の5つの原因指標と「たとえ商品が同じでも，他の店でなくこの店で買うことに意味がある」，「この店と同じくらい良い店があってもこの店で買いたい」，「他の店がこの店でほとんど違いがなくてもこの店で買うのが賢明だ」という3つの反映指標を用いて評価モデルを作成している。評価のケースとして，Abercrombie & Fitch，Banana Republic，Urban Outfittersの3つのアパレル小売ブランドを用いて，定点観測のベンチマーク指標をもとに，プロモーション実施前後の数値の変化，新ターゲットとなる消費者セグメントでの数値の差を示すことで，この評価モデルの有効性を示している。

またAllaway et al. (2011) は，スーパーマーケットの業態を対象に，小売ブランドのエクイティの測定を行っている。ここではまず，WalmartやKrogerなどのナショナルチェーン3社，MeijerやJewel-Oscoなどのローカルチェーン16社，Trader Joe'sやWhole Foodsなどのスペシャルティチェーン3社の計22社のスーパーマーケットを対象に，67の測定尺度を用いて8つの小売ブランド・エクイティのドライバーとなる因子を抽出している。8つの具体的な因子は，「サービス」，「商品の品質・品揃え」，「リワードプログラム」，「顧客維持の努力」，「価格」，「レイアウト」，「立地」，「コミュニティ関与」である。また小売ブランド・エクイティの成果となる因子として「感情的ロイヤルティ」と「熱狂」の2つを抽出した。次に「感情的ロイヤルティ」と「熱狂」の成果因子を被説明変数，8つのドライバー因子を説明変数としたステップワイズの重回帰分析を行っている。その結果，「感情的ロイヤルティ」にプラスに影響する因子は，「顧客維持の努力」，「商品の品質・品揃え」，「サービス」，「コミュニティ関与」，「価格」の5つであり，「熱狂」にプラスに影響する因子は「顧客維持の努力」，「商品の品質・品揃え」，「コミュニティ関与」の3つとなった。ここで得たパラメータの推定値をもとにスコア化した結果，ナショナルチェーンはローカルチェーンに

比べて「感情的ロイヤルティ」と「熱狂」共に低いスコアであること，スペシャルティチェーンが3つのチェーンタイプの中で「感情的ロイヤルティ」と「熱狂」共に最も高いスコアであること，スペシャルティチェーンについては，高価格帯商品の購買への許容，遠方からの来店への許容，ストアスイッチへの抵抗に関するスコアが高いこと，などが明らかになっている。このように，Allaway et al.（2011）による小売ブランド・エクイティのモデルは，小売ブランド構築上の差別化要素を明らかにできるモデルとなっている。

「小売業の企業ブランド」の研究として，Kwon and Lennon（2009）は，ブランドのオフラインチャネル（実店舗）とオンラインチャネルを含めたマルチチャネルの企業体としてのブランドの影響度を測定している。具体的には，Abercrombie & Fitch，Banana Republic，Hollister など10のアパレル小売ブランドを対象に，これらのブランドのオフラインショップに対する信頼感がそのブランドのオンラインショップの出来栄えによって変化するかどうかについて明らかにしている。信頼感の指標についてはオンラインショップでは美的アピール，ナビゲーションの利便性，取引の利便性，Web サイトのコンテンツの4つを，オフラインショップでは自己との関連性，サービス，マーチャンダイジング，店舗環境の4つをそれぞれ用いている。その結果，すでにオフラインショップを通じてポジティブに強いブランドイメージを持っている場合には，オンラインショップの出来栄えが良いとブランドに対する信頼感がさらに上昇するが，逆に出来栄えが悪いと信頼感が低下することが明らかになっている。この結果は，強いブランド力が形成されている小売ブランドはそのブランドが持つイメージを維持したコミュニケーションが必要なことを示唆している。

「小売業の評判」の研究として，Walsh and Beatty（2007）は，小売業の評判の測定指標を提案している。具体的には，銀行，小売業，飲食業の3つの業種の中からそれぞれ直近で利用している各1社について，「感情的アピール」，「製品サービス」，「経営ビジョン・リーダーシップ」，「職場環境」，「社会環境的責任」，「財務実績」の6つの次元に関する計31項目の回答結果を用いて因子分析を行っている。その結果，消費者視点による企業の評

判は,「顧客志向」,「良き雇用者」,「信用・財務強固な企業」,「製品サービス品質」,「社会環境的責任」の5つの因子で構成されていることを明らかにしている。

　以上,小売ブランドの測定に関する研究例を見てみた。前述のトピックに示されている通り,小売ブランドの測定の視点としてエクイティや企業イメージ,評判などがあるが,これらの測定対象となっているブランドが自社製造のアパレル小売業など,製品ブランドと店舗ブランドが一致したものが中心となっており,スーパーマーケットが扱われているケースは Allaway et al. (2011) など非常に限られているのが現状である。Berg (2014) も Interbrand 社が毎年発表している小売ブランドのランキングの傾向から,食品系のスーパーマーケットがランクインされていないという問題を指摘している。具体的には,ランクインされている小売ブランドは,H&M, Zara, Gap といった自社製造のアパレルや,Louis Vuitton, GUCCI といった高級ブランド店,McDonald's, Starbucks といったレストランが中心であり,例えば世界最大のスーパーマーケットである Walmart がまったく表れていないということである。このような状況から見ても,スーパーマーケットが小売ブランドの測定対象として注目度が低いことがわかる。

2-4. 小売ブランドの構築

　とはいえ,スーパーマーケットを対象に,小売ブランドの構築に向けた提案を行っている研究もいくつか存在する。Grunert et al. (2006) は,小売ブランド・アーキテクチャーという概念を用いて,小売業者によるブランド構築にかかわる消費者の選好要件を明らかにしている。ブランド・アーキテクチャーは Aaker and Joachimsthaler (2000) によって作られたメタファーであり,ブランドの複雑な要素を取りまとめ,1つの建物や空間としてデザインする建築家を比喩として作られたものである。Aaker and Joachimsthaler (2000) では,ブランド・アーキテクチャーを「ブランド間(または異なる製品,市場の文脈におけるブランド)でブランドの役割と関係を指定するブランド・ポートフォリオを組織化する構造」と定義している。

　Grunert et al. (2006) は,このブランド・アーキテクチャーの概念を小売

業の視点に応用したわけである。Grunert らは，小売ブランド・アーキテクチャーは小売業者によってブランド化された製品（PB），製造業者によるブランド（NB），ブランド化されていない製品（ジェネリック）の3つのタイプの製品の品揃えをもとに，小売ブランドの品質と可視性の2つの側面から捉えられるものとしている。そのうえで，小売ブランド・アーキテクチャーに対する消費者選好について分析している。その結果，小売ブランドに対する消費者選好の要件として，①店舗全体の価格水準が低いこと，②強力なNB があること，③ NB と同レベルの品質の小売ブランドがあること，④小売ブランドの可視性が高いこと，の4つがあることを示した。つまりGrunert et al. (2006) は小売ブランドの選好を形成するためには，NB とPB の品揃えミックスが重要であることを示唆している。

　また，Esbjerg and Bech-Larsen (2009) は，小売ブランド・アーキテクチャーについて，素材的な面と表象的な面，製品ブランド（製品としての小売ブランド）と小売プロセスブランド（ブランドとしての小売業）の観点から論じている。Esbjerg らは，アーキテクチャーを「人間活動にとって素材的かつ表象的領域を設定する目的で構造，形態，機能を統合したもの」と定義し，この定義と同様に言うと，小売ブランド・アーキテクチャーは「小売店舗とそのサービス，品揃えは，消費者活動を促し，また消費者活動と解釈にとって素材的かつ表象的領域を創造しうるもの」としている。そのうえで，素材的・表象的な面という次元と小売プロセスブランド・製品ブランドという次元の2つの次元から小売ブランド・アーキテクチャーのドメインを提示している。このドメインでは，小売プロセスブランドを構築するうえで，素材的な面では，ロケーション，小売店舗（建物），店舗レイアウト，内装，品揃え，PB・NB・ジェネリックの相対的な重要性，空間配置・陳列，視覚・臭覚・聴覚・触覚の次元，混雑度が重要となること，表象的な面では，店舗レイアウト，価格戦略，店舗名，スローガン，ロゴ，カラー，従業員，他の顧客が重要となることが示されている。また製品ブランドを構築するうえで素材的な面では，PB・NB・ジェネリックの品質，パッケージング，視覚・臭覚・聴覚・触覚の次元が重要となること，表象的な面では，PB・NB・ジェネリックの製品ブランド名，PB の範囲，価格，スローガン，ロ

ゴ，カラーが重要となることが示されている。このように，Esbjerg and Bech-Larsen（2009）が示したドメインでは，店舗と消費者の接点の表層的な部分だけでなく，ストアが立地する地域・場所，店内空間が醸し出す雰囲気や客層など深層的な部分も重要であることが示唆されている。

　Grunert *et al.*（2006）や Esbjerg and Bech-Larsen（2009）は店舗に主眼を置いた小売ブランド構築を提起しているのに対し，Wileman and Jary（1997）は，小売業の企業レベルのブランド構築を提起している。Wilemanらは強力なブランドが小売業において確立できるとしたうえで，小売ブランドの差別化の基盤を示している。具体的には，①強力で高品質のストアブランドの開発への投資，②サプライチェーンとサプライヤーとの関係性への投資，③マス・マーケティングによるブランドの差別化，④直接的な顧客との関係性の構築，⑤ブランドの一貫性（品揃え，価格設定，製品品質，プロモーション，店内サービスなどに反映されるような長期的なブランドのポジショニングと価値に留意し，短期的な売上や利益の圧力に勝ること），⑥組織の上から下まで行きわたった強いブランド文化，の6点を挙げている。Wileman and Jary（1997）の指摘を見ると，企業レベルの小売ブランド構築には，サプライチェーン，顧客関係性，小売マーケティングミックス，組織内の文化などの幅広い要素が求められていることがわかる。

3 日本における小売ブランドの議論

　欧米では小売ブランディングについていくつか議論されているのに対し，日本ではどうなのであろうか。日本の小売ブランディングについて指摘した研究として，田村（2001），岡山（2011），木下（2016）が挙げられる。

　田村（2001）は，Wileman and Jary（1997）が提起した6点の小売ブランド化の基盤を引用しながら，小売事業レベルでの小売ブランド化が必要な背景とブランド化を進めるうえでの要件を提示している。具体的には，大手流通業は，価格，品揃え，サービスなど，小売ミックスの各要素について革新を行っても競争者にすぐに模倣されるし，商品の仕入れ機構や物流についても競争者の追随を防ぐ仕組みを作るのは難しいことから，小売部門で競争優

位を長期にわたって維持することがはるかに難しいことを背景に挙げ，この状態を打開するために小売事業ブランドの開発が必要だとしている。また小売事業ブランド化の要件として，市場細分化よりも差別化に大きく依存することが挙げられている。その理由は，小売業の市場細分化機会は，通信販売ではなく店舗販売に依存する限り制約され，その制約は主として，小売店舗の商圏が地理空間的に狭い範囲に限られていることから生じるからである。

岡山（2011）は，Burt and Sparks（2002）が第5世代として追加したコーポレートブランドとしての小売ブランドの考え方と，Esbjerg and Bech-Larsen（2009）が示した小売ブランド・アーキテクチャーの構成要素のレビューを通じて，小売業が企業として小売ブランド戦略を構築していくための課題を論じている。岡山は具体的な課題として，全体的な小売業のコーポレート・ブランディングにはブランド・アーキテクチャーの視点やその要素間の関係の理解が役に立つと考えられるが，小売業のブランド要素の枠組みはいまだ体系化されておらず，今後はわが国の業態の発展とその発展要因にかかわるブランド要素との関係を明らかにしながら，多くの小売業による企業ブランド構築事例が集められるべきだと指摘している。

木下（2016）は，PBに示される製品レベルの小売ブランド，ストアレベルの小売ブランド，小売事業ブランドの3つの層のブランドの関係，ブランドと小売事業システムとの関係に着目する形で先行研究の整理を行っている。具体的には，まず製品レベルの小売ブランドとしてPBの形成（PB開発の動機と要因，成功要因，ブランド・エクイティ）に関する研究を整理し，次にストアレベルの小売ブランドとして，PBとストアの関係（ストアイメージ，ストアロイヤルティ），ストアイメージの次元，小売事業者のブランド・アーキテクチャーについて整理し，そのうえで事業レベルの小売ブランディングの要件について整理を行っている。これらの整理を通じて，小売業のブランドの研究では，PBを中心に蓄積されてきているが，小売ブランドというものは製品レベルの狭い理解ではないことと，小売ブランディングにおける製品レベル，ストアレベル，小売事業（企業）レベルの内的関連性に焦点を合わせ，小売業の機能としてよりもプロセスとして概念的に考察されなければならないことも指摘している。

田村（2001）は企業レベルの小売ブランドが必要な背景について大手小売業の競争環境の点から指摘しており，岡山（2011）や木下（2016）は，PBレベルやストアレベルを中心に議論されていた小売ブランドについて，企業レベルでも捉えていくべきというように小売ブランドの議論のレベルの推移を踏まえたうえでの指摘となっている。指摘するアプローチは異なるものの，これらの指摘に共通することは，小売ブランドを企業レベルで捉えるべきであるということである。

　以上の研究はあくまで概念的な整理とそれに基づく提言が中心であるが，実際に小売ブランドのエクイティの測定を試みた研究もある。岡山・髙橋（2013）は Allaway et al.（2011）の測定モデルを発展させた形で小売ブランド・エクイティの構造を測定している。具体的には，まず小売ブランド・エクイティは，「属性を通じて形成されるストアイメージ，および小売企業イメージを通じて，異なるユニークで好ましいマーケティング活動の反応を生み出す包括的な知覚差であり，心理的ロイヤルティ，行動的ロイヤルティといった顧客との関係性を構築するもの」と定義している。そのうえで，小売ブランド・エクイティはストアイメージと小売業の企業イメージによって規定され，小売ブランド・エクイティの成果として，小売業と店舗に対するコミットメント，行動的ロイヤルティ，ネットスーパー事業への利用意向につながるという構造モデルを提起している。なお，ここでの小売ブランド・エクイティは「区別できる特徴がある」，「どのような特徴かわかる」，「違いを見つけ出せる」，「特徴が思い浮かぶ」，「他のスーパーとの好ましい違いがわかる」の5つ，ストアロイヤルティは「コストパフォーマンス」，「サービス」，「PBの信頼性」，「品揃え」，「商品の品質」，「ストアデザイン」，「アクセス」，「優良顧客への特典」，「BGM」，「常連客への対応」の10，小売業の企業イメージは「地域貢献」，「透明性」の2つ，コミットメントについては「感情的」，「計算的」，「陶酔的」の3つ，行動的ロイヤルティについては「高単価商品の購入」，「買物点数の増加」，「買物機会の増加」の3つ，ネットスーパー事業の利用については「利用意向」，「購買意向」，「期待度」でそれぞれ構成されている。

　このモデルをもとに大手スーパー，ローカルスーパー，個性的なスーパー

の3つの企業群を比較する形で分析した結果，①個性的なスーパーはストアロイヤルティから小売ブランド・エクイティへの影響が強いこと，②大手チェーンは小売業の企業イメージから小売ブランド・エクイティへの影響が強いこと，③ストアイメージの要素の中では，個性的なスーパーの「コストパフォーマンス」が強く，大手スーパーとローカルチェーンの「商品の品質」が強いこと，④小売ブランド・エクイティの要素の中では，大手スーパーは「区別できる特徴がある」が強く，個性的なスーパーは「どのような特徴かわかる」が強いこと，⑤ネットスーパー利用意向の要素の中では，個性的なスーパーは「購買意向」が強いこと，が明らかになっている。岡山・髙橋（2013）の研究は，小売チェーンごとの測定は行えていないため，小売業の企業単位でのエクイティの把握には至っていないが，日本国内では概念的な提起に留まっている企業レベルの小売ブランドについて定量的な把握を試みている数少ない事例と言えよう。

4 本章のまとめ

本章では，ブランド論の基本的な部分について触れたうえで，小売業に焦点を当てたブランド，いわゆる小売ブランドの議論について先行研究を見ていった。

まず欧米における小売ブランドの研究では，世界的に著名なブランド研究者たちから小売業自体のブランド・エクイティを構築する意義について指摘があったこともあり，小売ブランドの捉え方や小売ブランド構築に関する概念的な議論は盛んに行われるようになっている。しかし，小売ブランドの測定にフォーカスした研究は必ずしも多くない状況である。しかも，これらの研究における主な測定対象はアパレルなどの製造小売業が中心であり，スーパーマーケットが扱われるケースが少ないこと，また測定のトピックも小売・店舗イメージが多く，小売業の企業としてのブランド評価や評判について扱うケースは非常に少ないのが現状である。

次に日本における小売ブランドの研究を見てみたが，まずとにかく小売ブランドという観点からの議論が非常に少ない。そして数少ない研究事例につ

いても，欧米で議論されている概念を整理したものや欧米で試行された測定手法を応用して日本の小売ブランドに適用したものがほとんどであり，日本における小売ブランドの在り方や方向性にまで踏み込んだ研究はほとんど見られない状況である。

　一方で，日本では製品のブランド化に関する研究事例が非常に多い。この理由について，先の田中（2017）で指摘されていた点などを踏まえて考察すると，製品を開発し，供給する立場であるメーカーは，そもそも消費者との直接的な接点が遠いだけでなく，小売業のバイイングパワーの増幅に伴い，自社製品の存在意義をより強くアピールすることが重要になってきた。もう少し具体的に言うと，いかに小売業の店舗の棚に置いてもらい，消費者との直接的な接点を増やす機会をいかに作り出すかが重要になってきたのである。そのために，自社製品のブランド化を目指すことで，製品の表現力を磨いてきたし，それに関する研究にも多額の投資を行い，産学連携でブランドに関する研究成果を蓄積してきた経緯があると考えられる。アパレルなどの製造小売業も，顧客接点型商品ブランドとして製品のブランド化だけでなく，それを販売する「場所としてのブランド」の強化にも力を入れてきたと言えよう。

　それに対し，スーパーマーケットはブランド化という点でこれらの業界・企業に完全に後れをとっている。スーパーマーケットを展開する小売企業各社がブランド化に力を注いでこなかったのはなぜなのか。そしてスーパーマーケットのブランドについて流通やマーケティングの研究者たちがほとんど議論して来なかったのはなぜなのか。次章以降，日本のスーパーマーケットに関する過去の議論をレビューすることで，スーパーマーケットとしての小売ブランドが注目されてこなかった要因を見つけていきたい。

(1) 本節は田中（2017）を参考に，本書に必要なポイントに絞って整理している。同書ではブランドについて包括的かつ体系的にまとめているため，詳細については，同書を参照のこと。

第2章 スーパーマーケットの誕生と発展経緯

本章では、スーパーマーケットの業態としての誕生と発展のプロセス、そしてそのプロセスの中で直面した流通政策や競合となる業態の登場といった外部要因との関係について述べ、そのうえで、スーパーマーケットは何を目指してきたのかについて考察してみる。

1 スーパーマーケットの誕生

日本の小売商業の組織は、1930年代はじめには、ごく一部の巨大な百貨店と大多数の小規模零細の中小小売商との極端な二重構造が形成されていた。戦時から終戦後のしばらくの間は、商品の極端な不足、厳しい配給制度や統制のために、闇市を除いてあらゆる機関がほとんどその機能を停止していた。小売商業界が回復の兆しを見せ始めたのは1950年頃からのことであった（建野, 2001）。その中でまず復興したのは百貨店であった。具体的には百貨店の売上高は、1953年には戦前の1938年を上回り、翌54年には使用面積でも戦前水準を超えるまでに回復した（日本百貨店協会, 1959）。先に述べた極端な二重構造は1960年代に入るまで継続され、百貨店以外の近代小売商業は存立の影さえないという構造的特質を示していた（佐藤, 1974）。

このように、百貨店が戦後再び小売商業界の代表的存在になった時期にスーパーマーケットの原型となる業態が登場した。1953年12月、東京・青山の紀ノ国屋食料品店が開店されたが、そこで導入されたのがスーパーマーケットの典型的ノウハウであるセルフ・サービス方式であった。このセルフ・サービス方式の新業態は1955年以降急速に出現し、1961年末には2,055店舗に達した（有沢・稲葉, 1966）。このうち、スーパーマーケットの基礎となる食品を中心としたセルフ・サービス店は同61年に1,492店舗に達している（奥住, 1962）。また衣料や雑貨品といった非食品分野のセルフ・サービ

35

ス店については，1955年7月に大阪のセルフハトヤ（旧ニチイ，マイカル，現イオン）が衣料品のセルフ・サービス方式を開始したのが始まりであった。この分野の店舗数は1961年末には442店舗に達したが，当初から，非食品分野のセルフ・サービス店が急速に展開されたことは，米国と異なる動きと捉えられていた（長戸，1963）。

2 スーパーマーケットの発展と流通革命

　セルフ・サービス方式が導入された1950年代半ば以降は日本経済の高度成長期に該当するが，この時期をチャンスと捉え，セルフ・サービス店は急速に成長していった。セルフ・サービス店の大半は，当初は食品，衣料品，雑貨品というように，単一の商品部門を軸にしたセルフ・サービス店であった。しかし1960年代になると，中小規模のセルフ・サービス店が普及すると同時に，初期体制を確立した企業の中の一部が店舗の大型化をさらに推し進め，製品ラインを積極的に導入する一方，チェーンストア方式を導入し，さらに提携・合併を通じて驚異的な成長を遂げることとなった（建野，2001）。その代表的な動きとして，単一の商品部門ではなく，食品，衣料品，雑貨品のすべてを取り揃え，それをチェーン組織化した大型店舗において低価格で販売するという，いわゆる総合スーパーへと切り替える企業が出現した。

　総合スーパーの代表格はダイエーであった。ダイエーは中内㓛氏によって，1957年4月に「大栄薬品工業」として設立され，1959年3月に「主婦の店」に商業変更，さらに1962年7月に「主婦の店ダイエー」に商業変更した。第1号店は1957年9月に京阪電鉄の千林駅前に開店され，店舗の看板は「主婦の店ダイエー薬局」，取扱商品は，化粧品，薬品，雑貨，バラ菓子であった。1958年12月には，第2号店の神戸・三宮店を開店し，チェーンストア化の第1歩を踏み出すこととなった。

　総合スーパーの代表的な推進者は，ダイエーの中内氏のほか，イトーヨーカ堂の伊藤雅俊氏，ジャスコの岡田卓也氏，ニチイの西端行雄氏，西友の堤清二氏などであった。これら5社について第1号店の出店の順に見てみると，セルフ・サービス方式を最初に導入したのは，ニチイの前身の1つであ

る「セルフハトヤ」であった。同社は1955年7月にセルフ・サービスの第1号店を開店したが，そこでの取扱商品は衣料品（下着類）であった。次にセルフ・サービス店を出店したのは西友の前身「西武ストアー」である。西武ストアーは1956年11月に西武百貨店から分離独立して設立され，1958年10月に第1号店として土浦店が開店した。そこでの取扱商品は食品であった。その次は先にも述べたダイエーであり，1957年9月に第1号店として千林駅前店が開店した。

　1958年4月には，イトーヨーカ堂の前身である「ヨーカ堂」が設立された。同社はかつて羊華堂洋品店として，衣料品主体で展開していたが，ヨーカ堂の設立を契機として，大量販売方式に切り替えた。1961年12月には第2号店を赤羽に開店し，そこから総合スーパーのレギュラーチェーン化を推進することとなった。同じく1958年4月に，ジャスコの母体の1つである岡田屋が，近鉄四日市駅前に新店舗を開店したのを契機に，セルフ・サービス方式に着手した。またジャスコの母体の1つである「フタギ」もかつては姫路市内の洋品店であったが，1961年7月に加古川店を開店し，チェーンストア化に着手した。

　これら1950年代半ば以降に，総合スーパーの誕生を中心に発生した小売商業の急激な一連の変化は「流通革命」と呼ばれた。流通革命と呼ばれるきっかけを作ったのは田島（1962）であるが，この用語のベースとなったのはHoving（1960）の"The Distribution Revolution"である。Hoving（1960）は，米国においてマスプロダクションに対応した流通の組織化の必要性を示し，生産面における革命から少し遅れて流通の革命が始まり，進行したことを指摘している。流通問題が関心を集めている日本においてHoving（1960）の内容が示唆に富んでいるとして，田島（1962）が日本の市場向けに著した[1]。流通革命は「伝統的な権威と慣行を破壊することにより，真に消費者指向的な新しい流通の仕組みを実現すること」であるが，ダイエーを創業した中内氏がこの流通革命の有力な推進者であった（田島，2004）。田島（2004）はこの根拠として，中内氏がスーパーマーケットに理念的基盤と技術的基盤の2つを与えたことにあるとしている。理念的基盤とは，すべての既成勢力との闘争を経営の基本に据えたことで，「価格破壊宣言」はその象

徴である。技術的基盤とは，セルフ・サービスのほか，チェーンオペレーション，集中仕入れ，ショッピングセンターなど，一連の最新技術を体系的に導入し，近代的小売経営に先鞭をつけたことである。

　総合スーパーへと切り替えた企業は，チェーンストア方式をもとに多店舗展開することにより，スーパーマーケットの成長期の中で大きな成長を遂げた。当時の売上高上位の小売業の状況を見てみると，1960年には第1位から第3位が三越，大丸，高島屋であるのをはじめ，上位10社はすべて百貨店であった。それが10年後の1970年には，上位10社中5社がスーパーマーケットにとって代わり，1972年には，ダイエーが三越を抜き日本の小売業の売上高第1位になったのをはじめ，第5位が西友ストアー，第6位がジャスコ，第9位がニチイ，第10位がユニーという状況であった（佐藤，1974）。当時，ダイエーの中内氏が発した「売上はすべてを癒す」という言葉[2]は，規模拡大にまい進するスーパーマーケットの立ち位置を象徴するものであった。

　このようなスーパーマーケットの規模拡大の一方で，伝統的な百貨店問屋から商品供給を断られるケースが頻繁に生じたり，再販売価格維持商品を持つメーカーや非再販品にもかかわらず価格支配を行おうとするメーカーとの間で多くの衝突が生じたり，大型店の出店に対する地元小売店の反対運動がエスカレートしたり，しかも政治勢力と強く結びついて保護的政策を形成させるなど，スーパーマーケットを中心とした流通革命は決して直線的に進展したわけではなかった（田島，2004）。

3 ｜ 流通政策によるスーパーマーケットの規制

　スーパーマーケットが大きく成長した当時には，1956年に成立した第二次百貨店法による規制がなされていた。百貨店法の基準面積は政令指定都市では3,000平方メートル，それ以外の地域では1,500平方メートルであったが，その基準を超えるスーパーマーケットの店舗が多く登場した。そのような状況の中で，多くのスーパーマーケットは売場を基準面積以下に分割し，それぞれの売場を別々の系列会社に経営させるという方法によって百貨店法の適用を免れるという脱法行為をしていた（田島，2004）。

スーパーマーケットへの危機感を強めた中小小売商は，スーパーマーケットの規制の要求を強めてきたが，通産省や各経済団体等は，スーパーマーケットによる流通近代化への貢献に期待していたゆえに，規制強化ではなく競争環境の整備の方向を主張していた。しかし，中小小売業者組織の政治力の強さにより，法制化は不可避と捉え，その結果，政府は百貨店法を廃止し，許可主義を届出主義に，企業主義を店舗主義に改めたうえで，スーパーマーケットなどの新興小売業も適用対象とする大規模小売店舗法（大店法）が1973年9月に制定，10月に公布された（田島，2004）。

　田島（2004）は流通革命の進展を阻害したという観点で，大店法の問題点の核心は「届出制度」にあるとしている。大店法の届出主義は，法案の段階で「事前審査付き届出制」という限りなく許可制に近い修正が加えられた。小売業者からの届出があると，通産大臣が審査し，「周辺小売業者の事業活動に相当程度影響がある」と認められる場合には，大規模小売店舗審議会（大店審）に諮問し，大店審の答申に基づいて通産大臣は勧告や命令を行うというのが法律上の流れであった。しかし実際には，通産省は事前届出や事前説明を小売業者に要求し，審査についても法律では扱われていない商業活動調整協議会（商調協）が行うようになり，事前という名の独自規制が横行することとなった。1992年の改正以降は，調整も簡素化され，期間も短縮化したが，この大店法によって官民のエネルギーは空費され，スーパーマーケットをはじめとした日本の流通の近代化の大きな阻害要因となった。

4　新興業態との競争1：カテゴリー・キラー

　スーパーマーケットは，大店法による規制だけでなく，高度経済成長の終焉に伴い，スーパーマーケットの代表格であった総合スーパーの成長も鈍化し，1980年代になると，その成熟化がより顕著になった。建野（2001）は総合スーパー売上高上位5社の当時の成長率について分析している。具体的には，5社計の売上高は，1967年度から1973年度にかけて年平均40.2％増の成長率を示していたが，1973年度から1983年度にかけては年平均12.9％増と大きく鈍化している。特に各社ともに利益面でも伸び悩み，1983年度には大半

の企業が対前年度比で減益に陥っている。

　懸田（2016b）はこの成熟化の背景として，先の大店法の影響以外の点として2点指摘している。具体的には，①総合化した品揃えが，消費需要の成熟化に伴う消費者の購買意識や行動の変化に十分な対応ができなかったこと，②大型店舗の出店コストの上昇と生産性の低下が見られたこと，である。つまり，総合スーパー間の競争の激化が，この業態の格上げをもたらし，かつて多くの消費者を引き付けた低価格を訴求する業態としての革新性を喪失し，そこに特定の分野に特化して，豊富な品揃えと低価格を訴求する新興業態の台頭を許したことによって，総合スーパーの成熟化を加速させたのである。

　総合スーパーに苦戦を強いた新興業態として，「カテゴリー・キラー」と呼ばれる特定のカテゴリーに特化した専門量販店が挙げられる。具体的なカテゴリーとして，日用雑貨品，医薬品を扱うドラッグストア，家電を扱う家電量販店，日用雑貨品やDIY用品を扱うホームセンター，衣料品を扱う衣料品専門店，家具を扱う家具専門店などである。大榎（2001）は，総合スーパー上位5社と，各専門量販店の業態として，ドラッグストア5社，家電量販店10社，ホームセンター6社，衣料品専門店8社，家具専門店7社の業態別の売上高の平均成長率を算出している。ここでは，1996年度の実績を100とすると，2000年度には，総合スーパーは90程度に落ち込んでいるのに対し，ドラッグストア180，家電量販店は150，ホームセンター，衣料品専門店，家具専門店は130前後となっており，総合スーパーと専門量販店間の盛衰の状況が示されている。専門量販店が扱うカテゴリーの売上を実際にどのくらい総合スーパーから獲得しているのかについてはもちろん把握は難しいが，少なくとも総合スーパーと同商圏内に専門店が出店している状況を踏まえると，総合スーパーの顧客をこれらの業態が奪っているのは容易に推測できよう。

　総合スーパーが専門量販店によって苦戦を強いられた要因については小売業態発展論との関係をベースに議論されているが，この議論については第4章にて述べることとして，ここでは，総合スーパーの強みであった点から挙げてみる。具体的には①取扱カテゴリーの肥大化と②売れ筋に依存した品揃

え，の2点がある。①について，向山（2009）は総合スーパーの革新性が逆に競争に曝されたことを指摘している。総合スーパーの革新性の1つは，「品揃えを拡大し，ワンストップ・ショッピング機能を提供すること」であったが，専門量販店の台頭はその拡大したカテゴリー各々に新たな競争相手が登場したことを意味する。しかもこれらの競争相手は，総合スーパーと同じく「セルフ・サービス方式」，「チェーンストア化」，「低価格訴求」を行っている業態であり，異なる点は，フルラインではなく，最も得意とする商品分野に絞り込んでいる点のみである。このことから，かつてワンストップ・ショッピングの革新性を発揮した総合スーパーは，その品揃えの幅広さゆえに多数の多数の競争相手に襲い掛かられてしまったことになる。

向山（2009）は②についても，「総合スーパーはワンストップ・ショッピングを提供しておきながら，そこには品揃えは存在しなかった」と指摘している。具体的には，ダイエーを例に挙げ，「単品・大量」を追求しながら品揃えを拡大するという中で，値入ミックスを機能させられなかったことを述べている。値入ミックスが効力を発揮するのは，消費者が粗利の低い商品を買ったついでに粗利の高い商品を購入してくれることが前提であるため，そこには粗利の低い商品と高い商品をセットで購入してもらうための工夫が必要になるわけである。このセットで購入してもらうための工夫が足りなかったゆえに，品揃えの魅力を機能させることができず，単品・大量で調達された粗利の低い商品のみが買われ，品揃えの拡充を企図して調達した粗利の高い商品が買われないという状況を招いたということである。

総合スーパーの苦戦の要因は新興業態の台頭といった競合要因だけでない。建野（2001）は，競合要因も含めた環境変化に適応できなくなった理由として，本来大量販売制度として確立された総合スーパーの「革新性の喪失」の他に，「疑似百貨店化」，「中央集中管理の徹底による意思決定の硬直化」，「組織末端での市場変化に対するきめ細やかな適応力の低下」といった経営体質の問題を指摘している。これらの問題がある中で，総合スーパーは，EOS（Electric Ordering System）に受発注の合理化，POS（Point Of Sales）システムの導入による販売・在庫管理の徹底，物流センターの開設による物流コストの削減といったオペレーション改革に取り組んだが，業態

としての大きな変革には至らなかった。

5　総合スーパー主体企業の新たな取り組み

　総合スーパーとしての業態が苦戦する中で，この業態を主体としてきた企業各社は，新たな取り組みを模索したり，推進したりしている。ここでは，その取り組みのポイントとして3点挙げてみる。

　1点目は，業態転換の動きである。具体的には，①食品スーパーへの転換，②ショッピングモールの展開，③ミニスーパーの展開などが挙げられる。①食品スーパーへの転換については，2002年に産業活力再生特別措置法（産業再生法）の適用申請をしたダイエーは，再生の主軸として総合スーパー型の小型店舗を「グルメシティ」という食品スーパー型店舗に転換した。イオンは食品スーパー型店舗の「マックスバリュ」の拡大，イトーヨーカ堂も「食品館」の店舗拡大を進めた。食品スーパーへの転換を進めた背景には，専門量販店に対し，カテゴリー・キラーという文字通りに力負けしている日用雑貨品，衣料，電化製品，家具などのカテゴリーを整理し，高回転で安定した販売を見込める食品に特化しようというものである。

　②ショッピングモールの展開については，イオンは，日本最大のショッピングセンター（SC）デベロッパーであるイオンモール株式会社のもとで総合スーパーを核としたショッピングモールを2017年度時点で全国に150箇所展開している[3]。イトーヨーカ堂は「アリオ」というモール名で，ユニーは「ウォーク」というモール名でそれぞれ展開している。ショッピングモールとして展開する背景には，総合スーパーという物販に依存したサービスでは限界があるためである。総合スーパーという物販店舗を核としながらも，回遊性を高めた構造にして，専門店の充実した物販や飲食だけでなく，シネマコンプレックスをはじめとするアミューズメント，衣料や銀行といった公共サービスまで，様々な機能を組み込んで，地域の生活の拠点となるような空間づくりを目指しているのである（住谷，2016）。

　③ミニスーパーの展開については，イオンは「まいばすけっと」，ユニーも「miniピアゴ」という小型の食品スーパーを共に東京都，神奈川県の都

市部を中心に展開している。ミニスーパーを展開する各社は，大都市のオフィス街や住宅密集地でスーパーマーケットが十分に立地していない場所を狙って出店しており，食品の買い物に不便を強いられている消費者の需要をうまく取り込んでいる。

　2点目は，企業間の提携や合併の動きである。1997年にはヤオハン，2000年に長崎屋，2001年にマイカル（旧ニチイ）がそれぞれ会社更生法を適用し，2004年にはダイエーが産業再生機構のもとでの再建が決定されるなど，1990年代後半から2000年代前半にかけて総合スーパーの経営破たんが相次いだ。これらの破たんした企業の受け皿の主軸となったのがイオンであり，同社は2003年にマイカルを，2013年にダイエーをそれぞれ子会社化した[4]。また西友は2002年に世界最大の小売業であるWalmartと包括的資本・業務提携をし，2005年に完全子会社となった[5]。イトーヨーカ堂はこれらの動きとは異なり，グループ企業間でのシナジーを狙う体制を取った。具体的には，当時子会社であったコンビニエンスストアのセブン-イレブン・ジャパンの業績が好調であったが，子会社の業績に頼らない経営を目的に，2005年にイトーヨーカ堂，セブン-イレブン・ジャパン，デニーズジャパンの3社で，持株会社セブン&アイ・ホールディングスを株式移転により設立して経営統合を行った[6]。

　3点目は，経営の多角化の動きである。総合スーパーを主体とした企業各社は「総合生活産業」を標榜して経営の多角化に本格的に取り組み始めた（建野，2001）。具体的な事業分野として外食，レジャー，教育，金融などが挙げられる。特に金融については，イオンとイトーヨーカ堂（セブン&アイ・ホールディングス）はそれぞれイオンカードとセブンカードというクレジットカードの子会社だけでなく，イオン銀行とセブン銀行という銀行業まで展開し，金融事業も大きな収益源としている。

　このように総合スーパーを主体とする企業は，総合スーパー以外の部分での取り組みに力点を置くようになっており，総合スーパー自体の抜本的な改革には至っていないのが現状である。

6 食品スーパーの成長

　スーパーマーケットの中でも，先に述べたように，総合スーパーは苦戦を強いられている状況であるが，食品を中心に取り扱っている食品スーパーの動向についてここで見てみる。

　食品スーパーは文字通り食品を中心に扱うスーパーマーケットであり，商業統計の定義を見ると，「小売販売額に占める食が70％以上で売場面積が250平方メートル以上の事業所（店舗）」となる。一方，さきほどまで見てきた総合スーパーは「衣，食，住にわたる各種商品を小売し，そのいずれも小売販売額の10％以上70％未満の範囲内にあり，従業員が50人以上の事業所（店舗）」である[7]。このように商業統計では取扱品目の幅で総合スーパーと食品スーパーが区別されているが，水野（2009）は事業展開の方向性による区別を示している。チェーンストア理論の要諦は，「標準化」，「多店舗化」，「本部との店舗の役割分担」の3つである（小川，2000）が，水野はこの3つの要素の考え方の濃淡や優先順位の与え方が企業によって異なり，それは大きく2つの方向性に分かれたとしている。1つは多店舗化を急速に推進しようとしたグループであり，もう1つは店舗や業務プロセスの標準化に優先順位を与えたグループである。総合スーパーの多くは前者を志向し，「規模拡大」を事業の大きな柱とし，大量仕入れとセルフ・サービスによるコスト削減，取扱商品の拡大と現金販売と手形仕入れから生まれる流動資金を利用した多店舗展開を急速に推進することで，低価格販売を実現させようとしたのである。この仕組みの中での取扱商品の中心は工業製品であった（石原，1998）。一方，食品スーパーは後者を志向した。あえて取扱商品を食料品に限定し，まずその業務プロセスを確立し，「販売精度」を高めることで競争力を確保しようとしたのである（水野，2009）。

　食品スーパーは食料品の中でも生鮮食品を主力としているケースが多いが，生鮮食品は，一般的に高い粗利益率が期待できる商品である。また生鮮食品の加工技術や商品開発の方法は食品スーパーの各社によって異なるため，一般の加工食品などのように単純な価格比較ができないうえ，仕入れた

生鮮食品を加工し，商品化することによって新たな価値が付加されるという特性を持つ（水野，2009）。

このように，生鮮食品をはじめとして食品の取り扱いに強みを持った食品スーパーは，総合スーパーがカテゴリー・キラーと呼ばれる専門量販店の躍進に苦戦する中，堅調な成長を遂げてきたのである。この成長について商業統計で見てみると，総合スーパーは一連の経営破たんが始まる前の1994年には総売上高が9兆3,359億円であったのが，1999年には8兆8,496億円となり，対前回調査（1994）比で5.2％減となっている。これに対し，食品スーパーは同様に1994年には13兆1,976億円であったのが，1999年には16兆7,479億円となり，対前回調査（1994）比で26.9％増となっている[8]。商業統計の傾向を見ても，食品スーパーが総合スーパーにとって代わってきていることが確認できるし，ある意味，総合スーパーにとって食品スーパーも他の専門量販店業態と同様に，食品カテゴリーという部分での「カテゴリー・キラー」であったという見方もできよう。

総合スーパーと同様，食品スーパーもパワーのあるユニークな経営者によって躍進してきた企業が多く存在する。例えば，関西スーパーは社長の北野祐次氏による「毎日のオカズの素材提供者」という経営コンセプトのもとで生鮮食品を重視したオペレーション革新を達成（水谷，1984）し，これはのちに同業他社から「関スパ方式」と名付けられ，それが業界で大きく普及するほどオリジナリティの高い優れたシステムとなった（矢作，1997；石原，1998；水野，2009）。また，埼玉県を地盤に周辺都県に展開するヤオコーは，川野一族による同族経営の企業であり，チェーン展開をしながらも，「個店経営」という各店舗に大きな裁量を持たせた経営を行っている（川野，2011）のが特長であり，2018年度現在で27期連続の増益を達成する[9]など，好調を維持した経営を行っている。

食品スーパーは，他社との経営交流を積極的に行い（矢作，1997），各社の先進的なノウハウの提供と吸収といういわば「ギブ・アンド・テイク」を行うことで，食品スーパーという業態全体の成長と発展を築いていった。その背景として，水野（2009）は，モデルとなる先行者がいなかったことや，異業種からの参入者が多かったことなどから，お互いのノウハウを交換して助

け合おうとしたこと，そして食品スーパーの社会的に低い地位を改善し，流通革命の担い手になろうという社会的使命感もあったことを指摘している。

そこでの経営交流のキーパーソンの1人がサミットの荒井伸也氏である。サミットは東京都を中心に周辺県に展開する食品スーパーであるが，同社は総合商社の住友商事が米国のSafewayとの業務提携に基づき設立された企業であり，荒井氏は1970年に住友商事からサミットに出向したのが食品スーパーの経営にかかわる出発点であった。サミットは前述の通り住友商事系ということで，独立系資本がほとんどの食品スーパー業界ではどちらかといえば警戒される存在であったが，荒井氏自身の努力により業界人との交流を深めていった（矢作，1997）。先述の「関スパ方式」についても，非常に博識かつ論理的思考能力を持った荒井氏により，単なる経験値の集合体から経営理論へと昇華されたのである（水野，2009）。

このように食品スーパーは，ユニークな経営者による革新的な「業務プロセス」の確立と，その確立事例をアンプリファイア（増幅）の役目を持つ経営者によって業界内の先進的理論として情報共有化されることで成長してきた業態であると言えよう。

7 食品スーパーの成長鈍化と課題

食品スーパーは総合スーパーの苦戦を後目に成長してきたが，2000年代に入り，その成長の在り方に問題が生じてきた。そのきっかけはいわゆる出店の規制緩和となる，2000年6月の大店法から大規模小売店舗立地法（大店立地法）への移行にある。総合スーパーや食品スーパーの主要各社は2000年代前半において軒並み毎年2桁の大量出店を進めた[10]。

当時の状況について商業統計で見てみる。食品スーパーの2002年（平成14年）の実績に対し，2007年（平成19年）の変化率を算出したところ，売上高は7.6%の増加に対し，売場面積は17.2%の増加であり，売上の伸び以上に売場面積が伸びている。また，坪当たり売上高を算出したところ，2002年は320万円であったのが，2007年は294万円であり，8.2%の減少となっている[11]。このような売場面積の増大が過当競争を招き，既存店の売上高が減

少となってしまったのである。実際に，当時の日本経済新聞社の「2003年度小売業調査」によると，スーパーマーケット37社の赤字店舗比率は21.8％であり，採算の合わない既存店が多い実態が明らかになっている[12]。また渥美（2006）も当時のスーパーマーケットのROI（投下資本収益率）を算出した結果，資本収益力の目安となる20％を超えている企業は13社しかなく，大半の企業は過剰な新規出店によって収益力が低下していることを指摘している。

　このような当時のオーバーストアの状況は，流通系雑誌の各誌でも「狂気の出店」と言われるほどエスカレートしたものであった[13]。このエスカレートした背景の基礎にあるのがチェーンストア理論の実践である。つまり出店によってチェーンの規模を拡大させ，物流やシステム，オペレーションのコストを下げるのが基本的な狙いである。しかし実態としては，自らの業態に合う立地や出店地の規模，交通環境，人口の多寡など，各社の条件の十分に合致する出店地は少なくなっているにもかかわらず，積極的に獲得しなければ他社に取られるという焦燥感が物件の確保に走らせ，過剰出店が顕在化したのである[14]。またこの焦燥感の背後にあったのが，投資家問題である。主要食品スーパー各社は株式上場している企業が多いが，投資家から増収増益の期待を突き付けられているがゆえに，競合激化で既存店売上高が回復できない中で業容拡大を目指すために新規出店を続けざるを得ないという悪循環に陥っていたのである[15]。当時，スーパーマーケット各社は軒並み売上高が増加していたが，これはあくまで新規出店による売上増がそのまま積み増しされただけに過ぎないという状況であった。

8 │ 新興業態との競争2：インターネット通信販売

　1990年代には，新興業態としてカテゴリー・キラーと呼ばれる専門量販店が台頭したが，2000年代以降には，さらなる新興業態としてインターネット通信販売（EC）が急成長している。経済産業省（2000；2014）によると，消費者向けインターネット通販の市場は2000年には8,240億円であったのが，

2014年には12兆7,970億円であり，2000年に比べて15倍に伸びている。また2014年の分野別では，物販が6兆8,042億円，サービスが4兆4,816億円，デジタルが1兆5,111億円であり，物販分野が約半数を占めている状況である。さらに物販のEC化率は4.4％であり，商品カテゴリー別のEC化率では，「事務用品・文房具」が28.1％と最も高く，これに「生活家電，AV機器，PC，周辺機器など」の24.3％，「書籍，映像・音楽ソフト」の19.6％が続いている。一方，「食品，飲料，酒類」は対象8カテゴリーの中で最も低く，その率は1.9％である。文具や電化製品は，インターネット上で出回っている情報を収集することで商品の検討がある程度可能であり，実物を確認する必要性が低いという特徴を持つことからEC化率が高いが，食品については，実物を確認する必要や，すぐに消費する必要があることからその率が低いことが考えられよう。

　食品のEC化率が他の商品カテゴリーに比べて低いとはいえ，スーパーマーケット各社はこのようなEC化の流れに対応すべく，ネットスーパー事業を展開するようになっている。後藤（2010）はネットスーパーの参入ブームから本格展開までの流れを整理しており，それによると，大手スーパーマーケットで最初にネットスーパーに取り組み始めたのは西友であり，同社は2000年に東京都杉並区内の店舗で実験を開始した。ここでの仕組みは，注文を受けると売場から商品を集めてきて梱包して出荷する，いわゆる「店舗出荷型」であり，注文から最短で3時間で届くという非常にサービスレベルの高いものであった。イトーヨーカ堂とイズミヤも同じく「店舗出荷型」での実験を開始し，ユニーや岐阜県，愛知県を中心に展開するバローは「大型センター出荷型」での実験を行った。ただしこの時期は，ブロードバンドの普及前ということもあり，インターネットの接続料も安価ではなかったことから，利用増加にはつながらなかった。しかし2006年以降，ブロードバンドの普及が進み，消費者の書籍をはじめとしてECでの購入に慣れてきたこともあり，ネットスーパーへの注目度が上がってきた。

　近年のネットスーパーの状況として，池田（2016）は，市場規模自体は順調に推移しているが，利用者の動向では看過できない問題が出てきていることを指摘している。具体的には，池田による調査と推計では，ネットスー

パーの市場規模は2015年度で1,400億円であり，2012年度の1,000億円に比べて順調に伸長しているものの，3カ月に1度以上利用する比率が全国各地で軒並み低下しているのである。つまり固定客の利用頻度は上がっているが，利用客数が減ってきているということである。そのうえで池田は，各ネットスーパーにおける受注キャパシティの小ささを問題点に挙げ，その増強の必要性を提起している。

このような状況を見ると，ネットスーパーの需要は増えているものの，需要がさらなる需要の流れを作る，いわゆる「バンドワゴン効果[16]」をスーパーマーケット各社は見込めないのか，ECとしてのインフラ強化に消極的なスタンスのようである。一方で，食品の取り扱いを増やしているAmazon，楽天，LOHACOといった大手ECサイトが専用センターや宅配網の整備を通じてキャパシティの増強に努めている状況を踏まえると，ネットスーパー事業に対するスーパーマーケット各社の今後の判断が注目されよう。

9 本章のまとめ

本章では，スーパーマーケットの発展の経緯について見た。スーパーマーケットは，保護的な流通政策による障壁などがありながらも，流通革命の担い手として日本の流通の発展に大きく貢献してきたことは間違いのない事実である。スーパーマーケットの発展過程の中で大きな役割を占めるチェーンストア理論の要諦は，「標準化」，「多店舗化」，「本部との店舗の役割分担」の3つであり，その3つの要素の考え方の方向性は大きく「規模拡大」と「業務プロセス革新」の2つがあった。スーパーマーケットの企業によってその方向性のパターンは異なっていたり，規制緩和などその時々のブームによって方向性が少しぶれたりしたものの，各社に共通していたことは，「消費者にとっての利便性の向上」を常に目指していたことであると考えられる。スーパーマーケット各社は，社会的に低い地位を改善し，流通革命の担い手になろうという社会的使命感もあったがゆえに，この利便性の向上に多大な労力を費やしてきたわけであるが，その使命感が利便性向上の過剰追求

に向かってしまったのではなかろうか。

　さらには規模拡大がエスカレートしたことによって，企業間での競争が激化し，それによってスーパーマーケット各社の消費者に対する利便性アピールがエスカレートし，利便性向上のための消費者理解がいつしか消費者迎合になってしまったのではなかろうか。

　スーパーマーケット各社の努力によって，消費者にとっての買物利便性は格段に向上したことは間違いないが，消費者にとって単なる便利な存在で終わってしまっているのが現在のスーパーマーケットの立ち位置ではなかろうか。例えるなら，「便利でいい人なんだけど，本命の人にはなりきれない」，「その人と付き合っているといろいろ都合はいいんだけど，友人に自慢するほどの人ではない」という，バブル経済期に流行した俗語になぞらえると，「アッシー君」や「メッシー君」であり（阪本・原田，2015）[17]，「本命」ではないという立ち位置ではなかろうか。

　スーパーマーケットがこのような「都合のよい人」に留まってしまっているのは，スーパーマーケットが研究対象になってきた流通研究の今までの論点にも課題があったのではなかろうか。よって次章以降では，流通論の中でも消費者との関係についての議論に焦点を当て，先行の学術研究を中心に，スーパーマーケットがどのように議論されてきたのかについて整理していく。

　流通論における論点は多岐にわたるが，田村（2001）はスーパーマーケットのような小売商業の発展の論点として，「小売空間構造」，「小売部門の機関構造」，「店舗業態」の３つを示している。田村（2001）の論点および消費者との関係という観点を踏まえると，「商圏論」，「小売業態論」，「流通情報マネジメント論」という３つの論点におけるスーパーマーケットの立ち位置を見ていく必要があろう。よって，次章以降では，第３章では商圏論，第４章では小売業態論，第５章では流通情報マネジメント論というそれぞれの論点から，スーパーマーケットの立ち位置を見ていく。

(1)　戸田（2015）は，流通革命という概念を広く世間に知らしめ，ある種の知的ブーム

の契機になったのは林周二（1962）であることは周知の事実であるが，流通革命論の端緒は田島（1962）による成果だと指摘している。田島（1962）と林（1962）の議論については，戸田（2015）が詳細に比較している。
(2) 「日本経済新聞」2005年9月20日記事より。
(3) 「イオンモール株式会社」Webページより。
(4) 「イオン株式会社」Webページより。
(5) 「日本食糧新聞」2015年12月19日記事より。
(6) 「セブン＆アイ・ホールディングス」Webページより。
(7) 「商業統計業態別統計編」より。
(8) 平成6年（1994）および平成11年（1999）の「商業統計業態別分類表」より集計。
(9) 「日本経済新聞」2018年5月14日記事より。
(10) 「狂気の出店で流通業界から勝者が消滅」『国際商業』2005年8月号より。
(11) 平成14年（2002）および平成19年（2007）の「商業統計業態別分類表」より集計。
(12) 「日経流通新聞」2004年6月29日記事より。
(13) 例えば，『激流』では2005年6月号で「特集 狂気の出店 小売業の行く着く先」，『国際商業』では2005年8月号で「狂気の出店で流通業界から勝者が消滅」という特集号がそれぞれ組まれた。
(14) 「狂気の出店で流通業界から勝者が消滅」『国際商業』2005年8月号より。
(15) 「日経流通新聞」2007年3月27日記事より。
(16) バンドワゴン効果については水野（2014）が平易に解説している。
(17) 「アッシー君」は女性に自らの自家用車で送り迎えをさせられる男性のことで，移動手段としての自動車のことを俗に「足」と言うことに由来する。「メッシー君」は食事を女性に奢らされる男性のことで，語源は食事を俗に「めし（飯）」ということにある。バブル期には，男女関係における選択権は女性にあり，男性はひたすら仕えるだけという状況のもと，これらの表現はいずれもバブル期に女性に迎合した都合のよい男性を揶揄したものである。詳細は，阪本節郎・原田曜平（2015）。

第3章 商圏論とスーパーマーケット

　本章では，商圏論の研究レビューを通じて，スーパーマーケットの立ち位置について見ていく。田村（2001）によると，小売市場は，共通の消費者を求めて複数の店舗が競争する地理空間的な領域であり，地理空間的な位置関係が店舗成果，さらには小売企業としての成果に大きく関わってくるため，この空間を捉える研究は非常に多岐にわたる。流通空間の研究は，小売企業の立地，流通商圏，都市の流通機能や地域間流通の開発など，研究の視点は多岐にわたる（黄，1992）が，本章では，スーパーマーケットの立ち位置について見ていくことが中心になるため，まずは商圏論のベースとなる「小売の空間構造」を扱ったうえで，「店舗商圏内（以下，商圏）の競争」と「商圏内の消費者行動」の2つの研究視点を中心にレビューする。

1 小売の空間構造

　小売の空間構造の研究については黄（1992）が整理している。この整理によると，小売の空間構造を示す視点として，「小売立地」と「都市間小売システム」が挙げられる。

　まず小売立地は，小売経営上の最も決定的な要因である。中西（1983）は，立地は小売マーケティングミックスの中でも特に顕著な地位を占めるものであり，たとえ他のマーケティングミックス要素について最善の手段を取ったとしても，立地が不適当であれば十分な成果を上げられないことを指摘している。それゆえに，小売の空間構造研究の中でも格好の分析対象になっている（黄，1992）。小売立地の研究は，店舗立地選択という長期固定投資と小売空間パターンを規模，業種，形態などの要因から統合的に捉えたもの（白石，1987）と，小売空間パターンと消費者の空間行動との関連で，小売企業の立地選択，小売商圏に焦点を当てたもの（例えば，山中，1975；

中西, 1983) がある。

次に都市間小売システムについて黄 (1992) は, 小売商圏は, 都市間の消費者移動によっていくつかの都市に跨って形成されることがあることから, 小売の空間構造の特質の1つであることを指摘している。都市間小売システムの研究は, 消費者の生活圏と空間行動, 交通体系や都市の発展による影響を捉えたものがある (久保村・荒川, 1974；田村, 1976)。

このように, 小売の空間構造を示す視点として「小売立地」と「都市間小売システム」を挙げたが, 小売の空間構造自体の意義を説明する基本的な理論を打ち立てたのは, Christaller (1933) の中心地理論である。中心地理論とは, 店舗の集積立地は, 消費者のワンストップ・ショッピングを可能とするため, 単独立地の場合よりも集積内店舗の小売吸引力を高めるというものである。この理論は, 空間単位の内部とその間での商業立地, 特に小売の空間構造の一般理論として広く利用されている。

この中心地理論をもとに, Berry (1967) は, 小売の空間構造に関する重要な理論概念を提示している[1]。具体的には, ①多変量解析を利用して小売商業地を類型化することにより, 小売の空間構造の体系を示したことと, ②小売の空間構造の長期的変化と短期的変化とを分析することによって, 衰退化した小売商業地の形成プロセスを示したことである。①については, 業種と小売商業地のリンケージ分析という手法で類型化し, その結果, 「センター」という塊状の形態を示す小売商業地と「リボン」という中心商業地から郊外に延びる道路に発達する線状商業地の2つの特色を持つ機能に類型化されることが明らかになっている。さらに, 米国の諸都市の研究成果との比較を通じて, 最終的に, 「中心商業地を頂点として4階層に区分できる「センター」と, 通過交通量を需要とする「リボン」, そして「専門化地区」の3種類の小売商業地体系を示している。②については, 交通様式の変化, 急激な都市化, 高所得者層の離心化と, 小売の空間構造の変化との関係に着目し, 長期的変化と短期的変化に分けて分析を行っている。その結果, 小売商業地の階層変化に影響する長期的変化として, 都市交通様式や商業構造の変化を示し, 短期的変化として, 人口や収入パターンの変化を示している。

このように小売の空間構造の研究は, 中心地理論をベースに「小売立地」

と「都市間小売システム」に着目した研究に発展してきているが、これらの研究の共通した主張は、商業が集積することによる補完関係や相乗効果によって小売吸引力を向上することにあるのである。

2 商圏内の競争

　前節では、中心地理論をベースに、商業が集積することによる補完関係や相乗効果を捉えた研究を扱ったが、その一方で、集積内での競争に着目した研究はどのようなものがあるのだろうか。本節では商圏内の競争について見てみる。田村（2001）によると、特定の小売店舗が顧客を吸引できる範囲は商圏内に制約されるため、立地は小売企業にとって最も重要な要因である。そしてこれは、小売競争というものが一定の商圏内の店舗同士で行われる「空間的競争」であることを意味している（田村、2008b）。スーパーマーケットの誕生を中心とした1950年代以降、小売企業間の競争は、業態間や企業間の次元、さらには個々の小売企業による競争優位の形成面で語られるケースが多く、個々の商圏内の店舗の次元で語られるケースは少ないのが現状である（西川、2018）。

2-1. 商圏内競争の端緒

　商圏内競争のベースとなる研究として、先に述べたChristaller（1933）を端緒とする中心地理論と、Hotelling（1929）を端緒とする空間的競争モデルがあるが、前者は店舗間の補完関係を強調するのに対し、後者は店舗間の競争関係に焦点を当てているという特徴の違いがある（西川、2018）。

　Hotelling（1929）による空間的競争モデルは、1次元の線上に分布する買い手をめぐって2つの企業が利潤最大化を目指すための最適な立地点を選択するというものである。2つの企業が同価格の同質財を提供する場合、買い手はより近い企業を選択するため、2つの企業の中間点が境界となるが、各企業はより多くの買い手を獲得するべく、相互の企業に接近し、最終的に中心部に隣接して立地することになる、というのが基本的な考え方である。そこに、買い手は価格の低い企業で商品1単位を購入することと、買い手が直

面するコストは商品価格と移動費用の総和である，という仮定を置くと，価格競争と立地競争が同時発生するというものである．

2-2. 競争下における企業行動と成果

　Hotelling（1929）のモデルは，価格と立地の2つを競争軸にして表現したものであるが，実際の企業間の競争に係る行動はこれだけで語られるわけではない．商圏内競争下において，企業はどのような行動をし，そしてどのような成果が生じるのであろうか．西川（2018）は，これらの企業行動と企業成果に関する近年の研究についてレビューしているが，このレビューの整理のポイントとして，①競争回避による正の効果，②競争直面による正の効果，③競争直面による負の効果，の3点が挙げられる．

　まず①について西川（2018）は，集積地行動を分析した研究の中で，属性が似通っていない店舗同士が近接的に立地する傾向にあることを指摘したものが多くあり，この傾向は，「ライバルとの競争回避」と「集積効果による便益の獲得」の両方を達成していることを指摘している．

　次に②について山下（2001）は，同業種が密集している商業集積において，その集積の中での品揃え形成の過程を明らかにしている．具体的には，同業種密集型の商業集積として東京都千代田区外神田地域（秋葉原）を対象に毎年，全建築物の全階層について利用実態調査を行い，空間利用の区分を「エレクトロニクス関連小売」，「エレクトロニクス関連製造・卸」，「その他小売・サービス店舗」，「その他企業（事務所など）」，「住宅」，「空き」の6つに設定し，さらに「エレクトロニクス関連小売」については，「家電」，「オーディオ」，「パソコン・パソコン周辺ハードパーツ」，「パソコン関連中古・ジャンク」，「パソコンソフト・パソコン書籍」，「ゲーム機・ゲームソフト」の6つの業種に分類し，その分類方法をもとに記述した商業集積の内部構造から商業集積内の競争と品揃え形成の関係を分析している．その結果，競争による品揃え形成のパターンとして，a．同業種の集積では価格競争が発生するが，同時にカテゴリー内の品揃えの増幅も行われること，b．品揃え拡大競争の結果として幅広い品揃え形成がなされると，カテゴリーの組み換えが起こること，c．新しいカテゴリーが形成されること，の3つが明ら

かになっている。

　また，畢（2002）は，大型店舗によって吸引された消費者を自店舗にも吸引するために，あえて大型店舗と同じ商品カテゴリーを扱うことで相乗効果を発揮した事例を扱っている。具体的には，上野の「アメ横」商店街の集積内に丸井上野店が開店したときの状況を取り上げている。若者を主なターゲットとする丸井が上野店を開店した後，「アメ横」商店街の小売店は，丸井が引きつけた多くの若者を引きつけるために，丸井と同様に若者向けの衣料品や身の回り品を販売する商店街に変化させた。これにより集積内の店舗間競争は激化したものの，この競争こそが「アメ横」商店街内部の各小売店舗の品揃えの差別化を促し，集積全体で品揃えの充実さを実現させたことにより，集客力が向上したと結論付けている。

　このように，山下（2001）と畢（2002）の研究は，多店舗との競争によってもたらされる競争は，集積内の各店舗の品揃えの改善を促すモチベーションとして機能し，それが各店舗さらには集積全体の魅力度の向上を促すことを示している。

　そして③について田村（2008b）は，近接した立地は競争マイオピア（近視眼）を発生させ，双方の店舗魅力度を引き下げることを主張している。具体的には，神奈川県相模原市において近接立地する総合スーパーのジャスコ相模原店（現，イオン相模原ショッピングセンター）（J店）とイトーヨーカ堂古淵店（Y店）の商圏に居住している消費者2,000人に対して留置方式による質問票調査を行い，両店の属性評価や満足度について聴取したデータを分析している。その結果，両店の店舗属性間には驚くべき類似性があることから，両店は相互に同質化しアイデンティティを喪失していることがわかった。さらにこの類似性の要因を解明するために，各属性の満足度スコアと各属性の重要度を組み合わせた顧客指向度を測定し，両店の傾向を比較した。その結果から，a．両店の店舗属性の著しい類似性は，顧客指向の追求を欠落した，単なる相互模倣によって生まれていること，b．その過程で，Y店はJ店の水準を絶えず上回ることを指向し，J店はY店の水準へ追随しようとしていること，の2点が明らかになった。これらの結果をまとめると，両店における顧客指向の欠落と，近接競争が生み出す過度の競争意識の結合に

よって，近視眼的な相互模倣が生まれ，その結果として両店の売場の著しい類似性が生まれているということである。

田村（2008b）は総合スーパーという同業態同士の近接立地による影響を捉えたのに対し，西川（2018）は，総合スーパーとカテゴリー・キラーと呼ばれる専門量販店型新業態の異業態同士の近接立地による負の影響を捉えている。具体的には，2000年当時のイトーヨーカ堂108店舗を対象に，各対象店舗の1km圏内，1-2km圏内，2-5km圏内の3つの商圏範囲ランクごとの専門店数，同業態店舗数と各対象店舗の売場効率との関係について分析している。その結果，近接立地が対象店舗の売場効率に与える負の影響は，同業態（総合スーパー）同士の場合には半径1km圏内で，専門量販店の場合には1-5km圏内で生じていること，5km圏内に新規の同業態店舗が参入している場合に生じること，などが明らかになっている。

このように，田村（2008b）と西川（2018）の研究は，競合店舗の近接立地によって売場効率が低下するだけでなく，近視眼的な相互模倣によって差別化が損なわれてしまうことを示している。

3 商圏内の消費者行動

前節では，商圏内における店舗の戦略や行動に着目してきたが，本節では，商圏内における消費者行動に着目した研究を見てみる。商圏内の消費者行動を表す研究にはいくつかのアプローチがある。中西（1983）は消費者の空間行動を示す分析アプローチとして，小売吸引力モデル，類推法，ミクロ分析的アプローチ，ネットワークモデル，介在機会モデルを挙げているが，この中で多くの研究者による長い実証研究の歴史を持つのが「小売吸引力モデル」である。ここではまず小売吸引力モデルについて見ていく。

3-1. 小売吸引力モデル

小売吸引力とは，中西（1983）によると，「小売施設のもつ集客力」を指すが，この言葉については一般的な定義が存在するわけではなく，研究者によって定義が様々である。

この小売吸引力を測定するモデルが小売吸引力モデルであるが，このモデルについては多くの研究者による長い実証研究の歴史があるため，研究事例は多岐にわたる。石淵（2014）はこのモデルの研究事例を非常にコンパクトに整理しているため，石淵の整理のポイントを参考にレビューを進める。

　前述の通り，小売吸引力モデルとは，小売施設のもつ集客力の測定モデルを指すが，この測定モデルにおいて消費者による買物目的地選択を確率的な選択行動として最初にモデル化したのが Huff（1962）による，いわゆるハフ・モデルである。ハフ・モデルの特徴は，①居住地 i に住む消費者がある買物目的地 j を選択する確率 π_{ij} は，ある目的地からの消費者の吸引力を選択可能な目的地の吸引力で割ったものに等しいこと，②ある目的地の吸引力は目的地 j の売場面積 S_j に比例し，居住地 i から目的地 j までの旅行時間 T_{ij} の λ（旅行時間の影響パラメター）乗に比例すること，である。

　このハフ・モデルは，消費者による買物行動をうまく表現できるという点で多くの研究者によって活用されると同時に，買物行動の説明力を上げるべく様々な修正が加えられた。修正のポイントとして，①品目間の規模の影響度の考慮，②小売吸引力の規定要因の一般化，③小売吸引力の規定要因の拡張，の3点である。

　①について山中（1968；1975）は，ハフ・モデルに対し，品目間の規模の影響度の違いを表すパラメターを加えた修正ハフ・モデルを提示した。このパラメターは食品などの最寄品では小さい値，衣服などの買回品では大きな値となり，このパラメターによってモデルの適合度が向上している。②について，Huff and Batsell（1974）は，小売吸引力の規定要因を魅力度要因と距離抵抗要因の2つに一般化し，規模以外の魅力度要因や旅行時間以外の距離抵抗にかかわる要因も導入できるモデルに修正している。③について Stanley and Sewall（1976）はチェーンストアのイメージを，Nevin and Houston（1980）は商業集積のイメージをそれぞれ測定した変数を投入する形で修正を行い，小売施設のイメージが小売吸引力に影響することを明らかにしている。特に③に関連した小売施設のイメージ変数の投入については，中西と山中の2人の研究者を中心に日本でも盛んに行われた[2]。

　この時代に盛んに商圏分析が行われた背景には，大店法の影響があった。

当時は大店法の在り方に関する議論が非常に多く，その中で大型店の出店による影響を捉えることに多くの関心が寄せられていたことがある（清水，2004）。

3-2. POS データによる商圏特性の把握

1990年代に入ると，その大店法に関する議論が落ち着き，それに伴い小売吸引力を中心とした古典的な商圏の研究は一時的に少なくなった。その代わりに，売れる商品カテゴリーとの関連から商圏特性を把握する流れに変わってきた（清水，2004）。この背景として，POS データや顧客 ID 付き POS データの普及により店舗・商品カテゴリー単位の売上情報や顧客の購買履歴の入手が容易になってきたことが挙げられる。

佐藤（1997）は，小規模店舗の売上に商圏特性がどのように影響しているかについて明らかにしている。具体的には，小規模店舗としてコンビニエンスストア280店舗の POS データとそれぞれの店舗が持つ特性を組み合わせたデータをもとに，主要39種類の商品カテゴリーの売上に影響する要因を分析している。ここで店舗が持つ特性として，商圏特性（商圏人口，単身世帯比率，高校・大学数，昼夜間人口比率），立地特性（住宅地かそれ以外，競合 CVS 数，競合スーパー数），店舗特性（駐車場の有無，酒取り扱い有無，たばこ取り扱い有無，売場坪数）を変数に組み込んでいる。その結果，商圏特性の変数である単身世帯比率と昼夜間人口比率の影響を受けているカテゴリーが多いことが明らかになっている。

箸本（2001）は，商品カテゴリーの売上の特徴から商圏特性を明らかにしている。具体的には，首都圏に立地するコンビニエンスストア99店舗における74種類の商品カテゴリーの売上行列のデータを用いて因子分析を行い，さらにそこで抽出された上位5因子の店舗別因子得点をクラスター分析にかけ，99店舗を7つの店舗タイプに分類した。その際，7つの店舗タイプの識別を説明する商圏特性として，「昼夜間人口数」，「商圏内事業所数」，「競合の有無」，「酒免許の有無」，「商圏内単身世帯比率」が明らかになっている。

また箸本（2005）では，箸本（2001）で扱った手法をスーパーマーケットの店舗にも応用している。ここでは，スーパーマーケット117店舗における

63商品カテゴリーの売上行列のデータを用いて因子分析とクラスター分析を適用して7つの店舗タイプに分類し，各店舗タイプと商圏情報を紐づけたうえで各店舗タイプの商圏特性を説明している。

佐藤（1997）や箸本（2001；2005）の分析は，商品カテゴリーの売上から店舗を類型化し，その違いを商圏特性から説明するというアプローチであるが，清水（2004）はその逆のアプローチとして，商圏情報から店舗を類型化し，その商圏ごとに売れる商品カテゴリーを探っている。具体的にはまず，スーパーマーケットとコンビニエンスストアの店舗を対象に，商圏情報として人口密度，年代別構成比，第3次産業就業率，世帯人数，所得格差，昼夜間人口差，居住形態，学歴，小売充足度，小売密度の指標を用いてクラスター分析を行い，「住宅地型」，「都市型」，「商業地型」，「郊外集合住宅地型」，「農村型」という5つの商圏クラスターに分類した。そのうえで商圏クラスターごとに強い商品カテゴリーを明らかにしている。その結果，商圏によって商品カテゴリーの売上は大きく異なり，その違いはスーパーマーケットとコンビニエンスストアという業態の違いによっても異なることが示されている。

以上の研究は，POSデータをもとにした店舗・商品カテゴリーの売上情報と商圏情報を組み合わせた形で店舗の類型化を行ったものになるが，これに対し里村（2005）は，商圏内の顧客の類型化を行っている。具体的には，百貨店の利用顧客ID付きPOSデータと顧客属性，顧客の居住エリアと店舗間の距離のデータを用いて，顧客属性によるセグメントと商品カテゴリー別の購買金額セグメントを組み合わせたジョイントセグメンテーションを行っている。その結果，同じ顧客属性であっても居住エリアによって購買金額の水準が異なること，居住エリアと店舗間の距離がセグメントの分類に影響することが明らかになっている。この結果は，顧客の居住地と店舗間の距離が店舗での購買において重要な要素であることを示していると言えよう。

3-3．「移動者」への着目とモバイルの活用

このように1990年代から2000年代にかけて，「商圏特性の把握」と「POSデータ，さらには顧客ID付きPOSデータの活用」という2点をベースに

した商圏分析が多く行われた。さらに直近の2010年代になると，「移動者への着目」と「モバイルによる位置情報の活用」の2点がキーワードとなる研究が行われるようになった。

まず前者の「移動者への着目」については，この視点の意義を示唆する研究が行われたのは決して最近ではなく，例えば上田（1989），中西（1992）や，前述の佐藤（1997）の研究では，このような示唆につながっている。具体的に上田（1989）では，競合商業施設へのイメージや鉄道線路の影響を組み込んだ形で新店舗の商圏獲得のシミュレーションを行っているが，その際に鉄道線路の影響として，心理抵抗変数を組み込んでいる。これは，鉄道や河川，幹線道路などのように，商圏を分断する物理的条件に対する消費者の心理抵抗を表した変数である。つまり，消費者が移動する際の「物理的リスク」を考慮した研究である。

また中西（1992）は，小売吸引力モデルを用いて都市圏の階層構造の形成をシミュレーションする際に，「フロー阻止効果」という中心地を通り過ぎるときに発生する抵抗を重み関数として組み込んでいる。当初のシミュレーションでは，都市地域が大きくなるほど，中心商業地が大規模化する理由を説明できなかったのが，この関数を組み込むことにより説明が可能になった。つまり都市地域が大きくなるほど，中心商業地を通り過ぎずにそこに立ち寄る消費者が増えることにより，中心商業地の大規模化が進むというメカニズムが，この「フロー阻止効果」によって明らかになった。この分析結果は，移動者の大きな特徴の1つである「その地点を通過しないで立ち寄る」という点を商圏分析の際に考慮する必要があることを示唆している。

前述の佐藤（1997）では，小規模店舗の売上には単身世帯比率と昼夜間人口比率の影響が大きいことが明らかになっているが，昼夜間人口比率は昼間人口と夜間人口の比を示す指標であり，この値が大きい場合には，昼間人口が多く夜間人口が少ない商圏であることから，移動の「時間帯」を特に考慮する必要があることをこの分析結果は示唆していると言えよう。

このように移動者に着目する意義を示唆した研究は以前からあったものの，この「移動者への着目」を主目的にしたのが石淵（2014）である。石淵は，買物調査データ，商業統計メッシュデータ，目的地介在ダミーデータの

3種類のデータを組み合わせて，中西（1992）で取り上げられたフロー阻止効果の影響を明らかにしている。ここでの買物調査データとは，婦人服と飲食料品について「最近よく購入する買物場所」の選択データを消費者の行動起点単位となる60強の市区町村単位で集計している。商業統計メッシュデータは，同時期の各商業集積の品目別売場面積，最寄品業種の店舗比率，買回品業種の店舗比率を計算したものである。目的地介在ダミーデータは，消費者の行動起点から目的地となる各商業集積までの公共交通機関を利用した際の最短旅行時間を計算したうえで，この最短旅行時間の経路上における当該商業集積の有無をもとに作成したものである。これらのデータを用いた分析の結果，中心商業地では高いフロー阻止効果があること，中心商業地以外でもフロー阻止効果が見られる商業地があること，同じ商業地であっても主たる買物品目の違いによってフロー阻止効果が変わること，などが明らかになっている。この結果の背景として，鉄道網が発達していて，その鉄道沿線上に商業集積が発達するゆえに中心商業地が複核化する（田村，2008a）という日本ならではの商業構造があると考察している。

さらに清水（2017）は，消費者が持つ携帯電話の全地球測位システム（GPS）を使った動態的な人口分布統計データを用いて，商圏内での店舗選択行動を捉えている。具体的には，ある地方都市のスーパーマーケット14店舗を対象に，店舗自体の吸引力だけでなく，店舗が立地する地域周辺の吸引力との相乗効果があるという仮説のもと，売場面積規模（1,000平方メートル超とそれ以下）と地域の流入人口規模（20km以上からの流入の有無）別に対象店舗の売上金額を集計・比較している。その結果，商品カテゴリー全体の売上ベースでは，売場面積の影響があるのみで地域の流入人口規模の影響はないものの，商品カテゴリーによっては売場面積よりも流入人口規模の影響が強いものや売場面積と流入人口規模の相乗効果が見られることが明らかになっている。

石淵（2014）や清水（2017）の研究に見られるように，日本の大都市の商業構造は鉄道網の発達を基盤としていることと，モバイルツールの進化と普及によって消費者が移動している実態をデータとして捉える環境が整いつつある。これらの状況を踏まえると，移動者という視点がますます重要になっ

てくることが言えよう。

4 本章のまとめ

　本章では，商圏論の研究レビューを通じて，スーパーマーケットの立ち位置について見た。中心地理論から発展していった小売の空間構造に関する研究は，小売立地の視点による研究に注目が集まり，特に大店法への関心が高かったことから，1980年代までは小売吸引力モデルの研究対象として総合スーパーをはじめとしたスーパーマーケットに関心が注がれていた。そして1990年から2000年代にかけて，POSデータの普及に伴い，このデータを活用した商圏特性の把握を試みた分析の中でコンビニエンスストアだけでなくスーパーマーケットも分析対象の業態・店舗として扱われている。さらに直近の2010年代でも，分析対象としての消費者の立場が居住者から移動者に代わる中で，スーパーマーケットは引き続き分析対象の主役の業態として扱われている。

　その一方で，商圏内の競争分析の中で，カテゴリー・キラーと呼ばれる新業態の近接立地によってスーパーマーケットの売場効率が低下していることや，スーパーマーケット同士の近接立地によって近視眼（マイオピア）的な相互模倣が生じ，それによって双方の店舗の魅力度が損なわれていることなど，スーパーマーケットの負の側面も導き出されている。

　いずれにしてもスーパーマーケットは商圏分析の中で主役として扱われてきているが，やはりこの扱われ方についていくつか課題が挙げられる。

　1つ目は，小売吸引の対象となる顧客の特性に関する議論が不十分であることである。この商圏分析における良いスーパーマーケットというのは，小売吸引力の強い店舗を指すことになる。つまり顧客の良し悪しを問わず，とにかく多くの数の来店顧客を吸引できた店舗が良い店舗ということを意味するのである。当然，店舗は出店した時にその出店地に固定されるため，店舗の市場範囲はその店舗を取り巻く商圏内に制約される。それゆえに商圏内の消費者には誰かれ問わずとにかく来てもらう，来店顧客をかき集める，という判断になってしまうわけである。だが，ここで来店を見込まれる客が店舗

にとって望ましい顧客なのか，それともそうでないのか，という視点での商圏分析も今後必要になるのではなかろうか。

　2つ目は，小売吸引力を説明するスーパーマーケットの魅力度に関する属性が機能的部分に集約されてしまっていることである。具体的には，売場面積などの規模や，品揃えの充実度，設備の充実度，価格イメージなどが魅力度を説明する属性として挙げられる。これでは，第2章で述べたように，利便性という部分での魅力に留まってしまうのではなかろうか。今後は，機能的な側面だけでなく，例えば，「癒しを感じる」，「楽しみを感じる」，「幸せを感じる」といったような情緒的な側面も踏まえた議論が必要になろう。

(1) Berryの一連の研究については，根田（1999）のレビューを参考に整理している。詳細は，根田克彦（1999）。
(2) ここで行われている中西と山中による一連の研究の詳細については石淵（2014）を参照のこと。

第4章 小売業態論とスーパーマーケット

　本章では，小売業態論の研究レビューを通じて，スーパーマーケットの立ち位置について見ていく。小売業態とは，小売企業が供給する小売ミックスの安定的なパターンとして定義される（高嶋，2003；池尾，2005）。高嶋（2007）によると，小売業態論は，流通論において小売業の技術革新を考える代表的なアプローチとされている。小売業態に関する研究は，例えば齊藤（2003）によると，「小売業態論」「小売商業形態論」研究と「小売業態発展論」「小売流通革新」研究に大別され，前者は，小売業態の発展原理を解明するために，先行研究を検討し，研究が蓄積されてきたとされ，後者は小売イノベーション論として取り上げられている。また近藤（1998）は，「小売発展」，「小売制度体進化」，「小売制度体変遷」，「小売制度体変化」，「小売営業形態展開」，「小売機関発展」などの名称をひとまとめにして「小売商業形態論」としているなど，研究の括り方は多岐にわたっている。本章では，スーパーマーケットの発展が小売業態研究の中でどのように位置づけられてきたのかについて捉えることに主眼を置くため，本章における「小売業態論」は，発展に焦点を当てるべく「小売業態発展論」と「小売流通革新論」を中心に見ていくこととする。

1 小売業態発展の主要研究[1]

　これまでの小売市場は，新しい革新的な小売業態の成立と展開を繰り返すことによって発展がもたらされてきた。小売業態発展論は，その原点ともいうべき「小売の輪」の研究以来，数多くの研究が蓄積されてきている。ここでは，まず「小売の輪」仮説についての要約を見てみる。

67

1-1.「小売の輪」仮説

「小売の輪」は，McNair (1958) によって唱えられた仮説であり，小売業態の発展パターンは低価格から格上げ，そして低価格という循環として捉えられるものとした理論である。まず新しい小売業態は，低マージン・高回転の，いわゆる薄利多売による低価格販売の革新的な営業方式として市場に参入する。例えば百貨店は，定価販売や現金販売，陳列販売による効率的で高回転の販売を行うという革新的な営業方式であるし，チェーン・オペレーションやセルフ・サービスという技術も，効率的な仕入れや販売による低マージンを可能にし，それがスーパーマーケットにおける低価格での参入をもたらしたのである。このように低価格販売という革新的な営業方式の成功によって，この方式を模倣する小売企業が増加し，新しい小売業態として市場に定着するのである。

しかし，低価格販売で登場した新業態は，次第に高マージンの高価格販売に変化することになる。これを「小売の輪」仮説では，「格上げ (trading up)」と呼ぶ。この格上げが生じる理由として，Markin and Duncan (1981) は，①新業態が生まれてから時間が経過するほど，経営者が老齢化し，起業家精神が失われたり，過剰な設備能力を持ったりすることや，②新業態の小売企業間の競争により，報復を受けやすい価格競争よりも非価格競争を選択されたり，市場需要に対応する幅広い品揃えに移行する，ことを指摘している。そして，この格上げによって高マージン・低回転の高価格販売に変化したかつての新業態に対し，そこに事業機会を捉えた低マージン・高回転を強みにした新たな小売業態が市場に参入する。そしてこの新業態もやがて高価格販売にシフトするために，また新しい低価格販売の新業態が参入する，という「小売の輪」が繰り返される，というのである。

このように「小売の輪」仮説は，参入当初の小売業態間競争に優位を示した新業態は，同業態内での競争から格上げを繰り返し，やがて新たな小売業態間競争にさらされるという栄枯盛衰のような流れを示した理論であるのが大きな特徴である。しかしながら，「小売の輪」仮説では，低価格で参入するコストリーダー型の新業態の参入のみが想定されている点が大きな課題と

して指摘されている。例えば，革新的な営業方式として，高価格・高サービスによる新業態も存在するように，「小売の輪」仮説ではこのような営業方式の新業態を説明することができないというのが主な指摘である。

1-2. 真空地帯論

そこでこの「低価格」と「高価格」の両方の革新が発生するメカニズムを説明したのが，Nielsen（1966）の「真空地帯論」である。この「真空地帯論」は，①消費者は小売企業が提供する価格とサービスに対して選好することと，②小売企業間の競争が存在すること，の2点を前提とした理論である。これは，小売企業が低価格の設定を行うならば，必然的にサービス水準が引き下がり，逆に高水準のサービスを提供するならば，必然的に高価格になるという想定のもと，新業態の参入は，低価格・低サービスの市場と高価格・高サービスの市場の両極端の「真空地帯」において発生するというものである。

この真空地帯が生まれる理由として想定されるのは，新規参入した業態は，消費者の選好が集中することによって多くの需要が期待される市場，つまり，低サービスでもなく高価格でもない市場に向けて格上げもしくは格下げするということである。例えば，低価格・低サービスの小売業態A，平均的価格・平均的サービスの小売業態B，高価格・高サービスの小売業態Cの3つの業態が存在しているとする。Aは価格の上昇を伴うもののサービス水準の上昇を志向してBの顧客を取り込むポジションまで移動する（格上げ）。同様にCはサービス水準の低下を伴うものの低価格化を志向してBの顧客を取り込むポジションまで移動する（格下げ）。この格上げと格下げの動きによって，かつてAとCがカバーしていたポジションの小売業態が存在しなくなる。この部分がまさに「真空地帯」であり，ここに新規の小売業態が参入するという流れである。

このように真空地帯論は，小売企業の価格とサービスの水準とそれに対する消費者の選好度の強弱の関係をもとに，小売企業の格上げ・格下げとそれによって生まれる事業機会から小売業態の発展を説明していることが大きな特徴である。

1-3. 小売業態ライフサイクル論

「小売の輪」仮説や真空地帯論は，新しい小売業態が参入する過程を主として示しているのに対し，小売業態の展開過程を説明したものとして，Davidson et al. (1976) の小売業態ライフサイクル論がある。製品の導入期，成長期，成熟期，衰退期という各期で生じる市場変化とマーケティング対応の概念として製品ライフサイクル論があるが，Davidson らは，この製品ライフサイクル論の概念を援用している。小売業態ライフサイクル論では，ライフサイクルのステージとして，革新期，発展期，成熟期，衰退期に分けられ，各期に対して市場特性，小売企業の行動，メーカーなどの供給側の行動の3つの側面から特徴づけられている。

まず革新期は，新しい小売業態が既存の小売業態とは異なるコンセプトをもとに登場する期であり，売上は増加するが，利益は低水準にとどまる段階である。発展期は，既存の小売業態の市場を取り込むことによって売上と利益は共に急成長する期であり，新規参入の小売企業や既存小売企業の模倣によって，この小売業態の市場シェアは高まるものの，競争は激しくなる段階である。成熟期は，参入時の革新性が陳腐化し売上の伸びが鈍化あるいは停滞し，逆に大規模化の歪みによる不経済によって利益も減少する期である。衰退期は，リポジショニングやコンセプトの修正が図られるが，競争力の回復が見込めず，売上と利益が減少する期である。

このように小売業態ライフサイクル論は，ライフサイクルの各々の期における小売企業の対応についての示唆を示しているが，革新的な小売業態が誕生する背景や各期に移行する背景が考慮されていない点が課題として指摘されている。

1-4. アコーディオン仮説

また小売業態の品揃えの幅に着目した理論もある。Hollander (1966) が唱えたアコーディオン仮説は，品揃えの幅の広い総合的な小売業態が市場支配的な時代があり，そこから品揃えの幅を狭めた専門的な小売業態による市場支配に移行し，また再び総合的な小売業態が支配する，という周期的な動

きをアコーディオンに例えて、小売業態の発展を説明しようとしたものである。周期的な動きを捉えているという点では、先の「小売の輪」仮説に類似した理論であると言えよう。

2 日本の研究者による小売業態発展論の検討

前節では、主要な小売業態発展論として、「小売の輪」仮説、真空地帯論、小売業態ライフサイクル論、アコーディオン仮説の4つを挙げたが、これらの理論についての検討が多くの日本の研究者によって成されている。

2-1. 理論の有効性に関する議論

まず、カテゴリー・キラーと呼ばれる新たな専門量販店業態が続々と参入し、既存のスーパーマーケットを脅かした1990年代前後の時期に、これらの新業態の参入が「小売の輪」仮説や真空地帯論によって説明できるのかどうか、これらの理論の有効性についての議論が行われた（例えば、白石, 1987；池尾, 1989；中西, 1996）。

白石（1987）や池尾（1989）は「小売の輪」仮説に対する他の研究者による批判を整理している。具体的には、消費者側が新業態を受容する要因を無視していること、既存業態による反応を無視していること、高価格・高サービス水準で参入するケースの多い発展途上国では適用できないこと、環境要因についての配慮が足らない、という点が問題であると指摘している。

中西（1996）は、真空地帯論およびそれに包含された「小売の輪」仮説について次の3つの問題点を指摘した。具体的には、①なぜ価格とサービスの組み合わせに関して、高・高、中・中、低・低といった組み合わせだけを考えればよいのか、②なぜ新業態の格上げが生じるのか、そして新業態の格上げによる既存業態との競争はどうなるのか、③価格とサービス水準以外に競争に影響する要因をどのように組み入れるべきなのか、という問題である。

そのうえで、これらの改良点として、①の問題に対しては、池尾（1989）が指摘した技術フロンティアの論理の導入を提起している。技術フロンティアとは、それぞれのサービス水準を達成するために必要最低限の小売価格水

準のラインを指すが，この技術フロンティアに近い価格・サービス水準の組み合わせを達成できる企業ほど競争優位になり，逆に技術フロンティアから離れる企業は不利になることを意味している。②の問題に対しては，技術革新の必要性を提起している。具体的には，新業態が画期的な革新を導入した時に初めて，メジャーな業態変化が起こるのであるとしている。小売業における技術革新は，消費者の選好に直接影響する革新と流通費用の削減に貢献する革新の2タイプがあり，重要なのは，後者のタイプの技術革新だけでは，消費者の支持は得られないという点である。後者のタイプの革新が前者のタイプの革新に結びついて初めて，技術フロンティアがシフトし，競争上の優位性が生じるということである。③の問題に対しては，サービス水準を多品目性（品揃えの幅が広いこと）と便宜性（近隣性と長時間営業）の2つの要因に分解することをコンビニエンスストアの発生と成長を例に提起している。

このように中西（1996）は旧来の小売業態発展論に対し，技術革新の境界線と消費者行動の視点の導入を提起しているのが特徴である。

2-2. 業態変容の議論

また業態自体が競争環境や消費者などによる認知変化によって変容するという議論もある。

例えば坂田（2002）は，これまでの小売業態論が小売ミックスや商品取り扱い技術による小売業の分類としての小売業態によって小売企業の競争過程を眺めていたことに対し，小売業態はいったん規定された後にも，いかようにも変容する可能性があることを指摘している。坂田によると，日本における小売業態論に関する議論では，その中で扱われる小売業態の概念そのものではなく，小売商業構造における競争の分析が目的となっており，そこでの分析課題も小売業態の出現パターンに拠るものが大半を占めている。そのような中で，小売業態の規定要素は小売ミックスあるいは商品取り扱い技術であるという前提が置かれていた。しかしながら，1つ1つの小売業態を詳細に見ていくと，小売業態として分類された後もその小売業態内で変容を起こしている。例えば，コンビニエンスストアのセブン‐イレブンが日本でセブ

ン - イレブン・ジャパンとして発展する中で，コンビニエンスストアに関するノウハウを日本の実情に合わせて手直しし，セブン - イレブン・ジャパン独自のシステムを構築することで，最終的に独自のコンビニエンスストア像を作り上げた。百貨店についても，都心立地や幅広い品揃え，店舗ごとの特色ある店づくりにしようとする個店主義などが百貨店という小売業態を構成する要素として考えられてきたが，スーパーマーケットの登場の影響を受けてチェーンオペレーションシステムを採用する百貨店が登場するなど，かつての特性を持たない百貨店も数多く存在しているのである。これらの例の指摘を通じて，いままでの小売業態論では，小売業態によって分類された小売企業の競争過程を分析することに主眼を置かれてきたが，当該小売業態を規定する要素とは，むしろ競争過程の中から定まっていくものではないかということを指摘している。

　加藤（2011）は，既存の小売業態から逸脱・動揺を繰り返す状況に着目し，業態が「業態」としてどのように認知されるのかという小売業態の「社会化プロセス」について指摘している。加藤は，消費者の食品購入が，食品がメインで扱われているスーパーマーケットだけでなく，かつて食品が扱われていなかったドラッグストアでも行われているという実態を踏まえ，食品の価格競争が激化する中で，ドラッグストアが小売業態の再構築という過程でどのように食品をラインロビングしたのかについて，そのメカニズムの考察を試みている。ドラッグストアは元来，医薬品を扱う薬局という業種店から出発し，化粧品を含む健康・美容（HBC）の新業態として定着したのと同時に，日用雑貨品と食品の取り扱いを増やし，専門性と利便性を提供する業態として認知され，進化したという発展の流れを指摘したうえで，その発展の要因として，島永（2009）の指摘を引用しながら，①粗利益率の高い医薬品や健康食品から得られた収益を原資として，食品や日用品を大幅に値引きする粗利益率ミックスを武器にして，スーパーマーケットやコンビニエンスストアから食品や日用雑貨品を購入する消費者を奪う仕組みを作り出したことと，②購買頻度が高く，「ついで買い」を誘発する商材として食品と日用雑貨品を位置づけ，これらの最寄品にラインロビングすることで「ついで買い」を誘発する戦略を採ったことと，としている。このドラッグストアとい

う業態の発展過程において理論的に重要な点は，ドラッグストアの当初は単なる業種の寄せ集めとしての試行的業態展開であったのが，HBCのような特定の生活シーンを指す「私的コード」が消費者に認知されて初めて「社会コード」としての業態に転換したことにあると指摘している。

このように坂田（2002）や加藤（2011）は，旧来の小売業態発展論に対し，業態自体が時代とともに変容していく点を考慮すべきであることを指摘している。

2-3. 実証分析による議論

ただし，これらの小売業態発展論は仮説に対して仮説で議論したり，挿話的な例証（田村，2008b）を示すケースが大半であり，実証分析をもとにした議論が非常に少ない。その中で田村（2008b）や久保（2017）は小売業態の発展過程に関する議論を実証分析で示している。

田村（2008b）は，「小売の輪」仮説以降に新しい小売業態の進化モデルを生み出せなかった理由として，小売業態とは何かについてのコンセプトの貧困と小売業態進化の動因についての体系的な考察を欠いていたことと，小売業態の盛衰についての体系的な検証を欠いていたことを指摘している。そのうえで，小売業態盛衰の動因を実証的に整理する枠組みとして「業態盛衰モデル」を提示している。このモデルは，小売業態の盛衰に関する経験的な発見事項を統合化するための概念枠組みである。この枠組みの特徴は大きく4点あり，具体的には，①小売ミックスを「相対価格」と「サービス品質」の2種の次元に縮約して，それによる2次元空間に小売企業をカテゴライズしていること，②新業態として参入する小売企業は，価格に優位性を持つ「価格イノベーター」，品質に優位性を持つ「品質イノベーター」，価格と品質の両面に優位性を持つ「バリュー・イノベーター」の3種のタイプの可能性を想定していること，③参入過程で脱落したイノベーターは衰退企業となり，参入に成功したイノベーターは覇権市場での支配的企業に成長する，④業態盛衰を生み出す主要な過程として，「新業態の登場」，「覇権市場への参入」，「支配的企業の盛衰」，「衰退企業の死活」の4つあること，である。

そしてこの業態盛衰モデルを用いて，専門量販店，スーパーマーケット，

百貨店，ネット通販の業態を対象に分析を行っている。その中でスーパーマーケットについては，経営破たんしたダイエーと西友，2強となったイトーヨーカ堂とイオンの総合スーパー業態を扱っている。分析の結果，①1970年代は4社とも，国内総生産の成長率をはるかに超える売上高成長率を見せ，覇権市場での支配的地位を確保していた，②大型店規制により4社の売上高成長率は鈍化し，総合スーパーのバリュー・イノベーターとしての立ち位置は1980年代半ば以降ほぼ成立しなくなった，③バブル崩壊が追い打ちをかけ，総合スーパーという本業の収益性を示す売上キャッシュ利益率と本業の成長性を示す事業資産回転率は4社共に著しく低下した，④その結果，ダイエーと西友は経営破たんを招き，イトーヨーカ堂とイオンも退化経路をたどったものの，イトーヨーカ堂はセブン＆アイ・ホールディングスの子会社化によって表面上の経営破たんを免れ，イオンについては，ヤオハン，寿屋，マイカルなどのM&Aによる事業資産の安価取得によって事業資産回転率が向上したおかげで経営破たんを免れている，⑤とはいえ，破たんを免れているイトーヨーカ堂とイオンの総合スーパーの損益分岐点売上高比率は2000年代には95％を超えており，売上高が数％変動すれば赤字に転落するという薄氷を踏む経営状態になっている，という支配的企業の盛衰の転換過程となる5つのポイントが明らかになっている。

このように田村（2008b）の業態盛衰モデルは盛衰のプロセスや死活の分岐点を体系的に分析できる枠組みであるが，各業態内の競争を扱うに留まっている点が課題である。久保（2017）は，この課題に着目し，異業態間の経時的競争を扱った実証分析を行っている。久保は，「小売の輪」仮説以降の小売業態発展論の課題として，①在庫回転とグロス・マージン率のトレードオフを強調するあまり，格上げと格下げしか議論されておらず，在庫回転とグロス・マージン率の双方を高めるような可能性を考慮していないことと，②小売業態の歴史的傾向を観察するための長期間にわたるデータに基づいた定量分析が欠如している，の2点を指摘したうえで，小売サービス（グロス・マージン率）と価格（在庫回転率）の2軸による技術ポジショニングの枠組みを用いて，小売業態の参入時の技術ポジション（破壊的技術なのか革新的技術なのか）と格上げ・格下げの関係を分析している。その結果，①食品

スーパー，総合スーパー，家電量販店，ドラッグストア，ディスカウントストア，100円ショップは破壊的技術によって，ホームセンターとSPA（Speciality store retailer of Private label Apparel）が革新的技術によってそれぞれ参入したこと，②家電量販店，ホームセンター，ドラッグストア，ディスカウントストア，SPAは格上げになったが，百貨店，食品スーパー，総合スーパー，コンビニエンスストア，100円ショップは格上げにも格下げにもならずに技術が持続されたこと，の２つが明らかになった。この結果は従来の小売業態発展論に対し，革新的な技術を伴う参入と革新性の持続を考慮する必要性を示唆したものと言えよう。

2-4. 最新フォーマットに関する議論

また高橋郁夫（2016）は，新型フォーマットの１つであるネットスーパーに着目し，ネットスーパーの利用者に対して２時点（2012年と2016年）で聴取した意識と行動に関するデータの分析を通じて，ネットスーパーの革新性と業態としての成熟度の関係について，「小売の輪」仮説に当てはめて考察している。分析の結果，他のネット店舗や実店舗との比較検討の度合いを指す「競争要因」つまりネットスーパーとしての差別化要因が当該ネットスーパーに対する信頼性や満足度に影響していないことが明らかになった。この結果から，「小売の輪」仮説で言うところの「参入企業間の差別化競争による格上げ」の段階にはまだ至っておらず，新業態として依然として発展途上の状態であることと，現在新業態としても既存のスーパーマーケットのオムニチャネルとしても発展途上ゆえに今後様々な方向性が存在し得ると考察している。

3 小売流通革新論における革新の捉え方

小売業態発展論は，前節で見てきた通り，小売業態を分析単位として小売業態の革新の動態的な特徴を捉えるアプローチであり，新規参入業者による業態革新と業態への収斂化の傾向を想定したものである。これに対し小売流通革新論は，特定業態における技術革新の特徴を企業の事例分析に基づいて

捉えるアプローチである（高嶋，2007）。

　小売流通革新の捉え方について，高嶋（2007）は，「抜本的革新なのかそれとも漸進的革新なのか」という次元と，「アウトプット革新なのかそれともプロセス革新なのか」という2つの次元を提示している。これらの次元はそれぞれどのようなことを指すのか，以下，高嶋（2007）の主張内容の要約を交えて詳しく見てみる。

　まず，抜本的革新と漸進的革新について見てみる。抜本的革新は，従来から小売業態発展論で扱われてきた革新のタイプである。小売業態発展論では，ある企業家が従来の業態とは大きく異なる新しい業態のコンセプトやビジネスモデルを考案し，店舗への投資を通じて実現した場合における革新を業態革新として捉えられてきている。小売業態発展論では，非連続的な革新によって新業態が誕生するパターンが歴史的に繰り返されることに注目しており，業務プロセスを連続的に改善していくような漸進的革新を積極的に評価していないという傾向にある。

　それに対し，小売流通革新論では，小売企業における店舗レベルも含めた漸進的革新が，その企業の競争優位の基盤となるという考え方であるため，抜本的革新だけでなく，漸進的革新も研究対象とされる。小売業の革新では，集中的で非連続的な抜本的革新だけでなく，分散的な連続的な改善が積極的に展開されて，それが業態内に普及して1つの業態を形作っていくとともに，その業態の企業における競争優位を築いていくため，抜本的革新と漸進的革新を包含して議論することが重要であると考えられる。

　次にアウトプット革新とプロセス革新については，経営学における技術革新の分類を援用している。経営学分野では，技術革新について，「製品革新」，「プロセス革新」，「サービス革新」の3つに分類されており，これらのうち，製品革新とサービス革新は，製品やサービスなどの企業が算出するアウトプットにおける技術革新であり，プロセス革新は，生産などのようなプロセスにおける技術革新という理解になる。そして技術革新がアウトプットかプロセスかによって，革新の普及や革新のための情報の捉え方が大きくことなるため，アウトプット革新とプロセス革新の2分類で考えることとしている。

第4章　小売業態論とスーパーマーケット

アウトプット革新とプロセス革新の違いは，①革新の普及の捉え方，②革新のための情報収集源の2つの点にある。①革新の普及の捉え方については，アウトプット革新の場合は製品やサービスが顧客の購買として受容されることを普及として捉えるのに対し，プロセス革新の場合は同業者や異業者間で水平的にノウハウが伝えられることで普及と捉える。②革新のための情報収集源については，アウトプット革新の場合は顧客からの情報収集が重要であるのに対し，プロセス革新の場合はノウハウを持った企業からの情報収集が重要となる。ただし，小売業のようなサービス業においては，アウトプット革新とプロセス革新が密接に関連しているケースが多いため，ある革新がアウトプット革新に該当するのかそれともプロセス革新に該当するのかという識別が曖昧になりやすいことがある点は留意しておく必要がある。
　以上，高嶋（2007）の主張内容を見てみたが，この革新の分類の考え方は，様々な小売流通革新の事例を分析していくうえで，大きな助けになるだろう。

4 ｜ スーパーマーケットに関する革新論の検討

　それでは，スーパーマーケットにおける革新の状況はどうなのであろうか。抜本的革新は，文字通り「根本を覆すような飛びぬけた革新」であり，漸進的革新は「一歩一歩，徐々に積み増していく革新」という違いがあるが，スーパーマーケットは新しい小売業態として市場参入した時点，いわゆる流通革命の際に抜本的革新をすでに遂げており，そのあとは，ライフサイクルの各段階において漸進的革新を積み増しながら今日に至っているわけである。よってここでは，スーパーマーケットの漸進的革新を中心に事例を見てみる。
　スーパーマーケットは1950年代から登場した歴史の長い業態であり，その中での漸進的革新事例は非常に多岐にわたる。そのような中，岸本（2015）はスーパーマーケットの小売流通革新をライフサイクルごとに捉える枠組みを提示している。岸本はスーパーマーケットの業態における競争の激化度と需要の不確実性の2つの軸をもとに，1950年代後半から1970年代前半にかけ

ての需要の不確実性が高く，競争の激化度が低い時期を「導入期」，1970年代後半から2000年頃にかけての需要の不確実性が低く，競争の激化度が高い時期を「成長期」，需要の不確実性と競争の激化度が共に高い2000年以降を「成熟期」に分け，それぞれの期における主要な革新事例を整理している。以降では，この岸本（2015）の枠組みに沿って，各期の主な革新事例を見ていく。

4-1. 導入期

「導入期」においては，スーパーマーケットの「生鮮食品の鮮度管理技術」と「店舗作業の標準化・円滑化」の技術革新が挙げられる（矢作，1997；石原，1998）。石原（1998）は，関西スーパーマーケットの取り組み事例を扱う中で，生鮮食品の取り扱いにおける技術革新のポイントとして，①鮮度管理のシステム化，②インストア加工，③ロス管理と値入ミックス，の3点を挙げている。①については，青果物用の冷蔵庫が開発されていなかった中でその開発を進めたり，鮮魚の販売をプリパックのセルフサービス方式にして来店ピーク時にも短時間で対応できるようにしたり，食肉については部位表示を明確にしてそれぞれ異なる価格で販売するようにしたりなど，朝から夕方まで安定して同じ鮮度の商品を売り続けることを可能にした。②については，生鮮食品の加工作業を1カ所で集中的に行うセントラルパッケージ方式を先進的なスーパーマーケットが採用する中，はじめから加工施設を各店舗に付設するインストア方式を採用した。③については，生鮮食品は一般的にロスの多い商品である中，鮮度管理とインストア加工によって売場での精度の高いロス管理を実現したのと，独自加工としての付加価値付けによって高マージンの確保を実現した。関西スーパーマーケットにおけるこのような生鮮食品の取り扱いの技術革新は「関スパ方式」と呼ばれ，他のスーパーマーケットにおいても技術普及が進んだのである（矢作，1997）。

4-2. 成長期

「成長期」においては，主に①小売チェーンの情報ネットワーク組織化と情報処理機能の内部化，②品揃え形成の協働化，③製販統合の進展，の3点

が挙げられる。

①について矢作（1996）は，小売チェーンの情報ネットワーク組織化と情報処理機能の内部化のポイントとして，POSシステムの普及を中心とした情報技術革新を挙げている。1983年に電子的に商品情報を読み取るためのバーコード（JAN：Japanese Article Number）がJIS（日本工業規格）規格化され，JAN型POSシステムは1987年には1万店，4万台を突破した。通産省の「1995年度　我が国流通の現状と課題に関する調査」によると，総合スーパーの92％，食品スーパーの82％がPOSシステムを導入済という状況であった。このPOSの普及と小売チェーンとしての強みである店舗の多数性，小売業態の共通性，組織運営の中央統制が相俟ってスーパーマーケット各社の情報ネットワーク組織化は急速に進んだ。またこのネットワーク組織化に伴い，従来メーカーや卸売業者といった供給業者が担っていた情報処理機能を部分的に内部に取り込むことに成功したのである。

②について浦上（2004）は，品揃え形成の協働化の背景として，店舗作業の合理化による競争力の向上を目指した一括物流を供給業者と行うようになったことを挙げている。一括物流とは，特定の商品部門の在庫管理・流通加工・配送を一括して，特定の卸売業者や物流業者に委託するものであるが，スーパーマーケットの企業は，この一括物流に加えて，品揃え計画の作成支援とバイヤー業務支援を供給業者から得ることで，スーパーマーケットの企業側の品揃え形成能力の向上を図ったのである。

③について石原・石井（1996）は，製販統合とは，「特定の生産者と特定の商業者が，長期的な取引関係を前提として契約を取り結び，相互に関係特定的な投資を行うこと」と定義しているが，ここでの製販統合の革新的ポイントは，一般的な取引関係の中では公開されない生産情報や在庫・販売・店頭情報を相互に公開し合うという「情報の共有」と，プライベートブランドなどの共同マーケティングやベンダー・システム，クイックレスポンスなどの「意思決定の統合」にある，としている。

4-3. 成熟期

「成熟期」においては，主に①個店主導のチェーン展開，②POS情報開示

によるチャネル・パートナーシップ，③新型フォーマットの展開が挙げられる。

　①について岸本（2011）は，ヨークベニマルの取り組み事例を扱う中で，成熟期の多様化した需要に対して競合よりも的確に素早く顧客に対応するために，本部には店舗運営に重要な権限を残しながら，店舗には顧客や競争相手に対して迅速に対応できる権限を委譲するような，個店主導型の組織内管理の革新を挙げている。また清水（2016）は，セブン＆アイ・ホールディングスとイオンの２大流通グループの『有価証券報告書』における「対処すべき課題」部分の記載内容を分析したうえで，個店が主体となる運営体制に転換する方向，いわば「脱チェーンストア」の動きが盛んになっていることを指摘している。

　②について近藤（2010）は，コープさっぽろによるPOS情報の全面開示と供給業者との協働マーチャンダイジング（MD）の組織化を事例に挙げ，模倣困難なチャネル・パートナーシップの構築を革新的なものとして指摘している。具体的な革新のポイントは，マーチャンダイジングを「業務領域」に，供給業者とのMD研究会やMD協議会を「緊密なコミュニケーション」の場として機能させ，「双務的かつ対等な協調関係」を供給業者とのwin-win関係において実現したことと，この仕組みは過去の経験や知識・ノウハウが経路依存的であり，「何をすればどのような結果につながるか」という因果関係が不明瞭であるゆえに，他社が模倣しようとしても容易にできないことにあるとしている。

　③について片野（2014）は，クイーンズ伊勢丹の前身の伊勢丹ストアからのリモデリングに際し，「上質スーパーマーケット」という食品スーパーの業態として新たな小売フォーマットを開発したことを事例に挙げ，抜本的革新だけではなく漸進的革新による新業態誕生の可能性もあることを指摘している。この事例は，小売業態の成熟期には，競争優位の基盤がオペレーションの合理化・標準化に向かいがちな中で，小売マーケティングミックスを中心とした差異化の追求によって競争優位を維持した反証例を提示したものである。

　髙橋広行（2016）は，消費者が買い物の仕方や店舗内でのふるまい方をパ

ターンとして認識する「スクリプト」の概念に着目し，スクリプトのパターンを変えるような小売マーケティングミックスの革新事例を示している。具体的には，イオンが展開している「まいばすけっと」などのミニスーパーは，「コンビニエンスストアほどの気軽さはないが，食品スーパーよりも近く，必要な食材を中心に，比較的安く，簡単に買い回りできる」という点が，阪急オアシスなどの高質型スーパーは，「店舗内の体験やそれを通じた経験を豊かにし，感情的・情動的な価値を高めていく店舗内行動を醸成することで，ストレスの多い買い物を"ショッピングモード"に変換する」という点がそれぞれ革新であることを示している。

このように，スーパーマーケットは，ライフサイクルの各段階で漸進的革新を行っている。成長期には，設備などのインフラ構築や内部の業務効率化という部分での革新が多いのに対し，成熟期には競争が激化している中で取引先となる供給業者との取り組みでリードしたいという思惑があってか，供給業者との取り組み方による革新が多いのが特徴と言えよう。また，高嶋（2007）の指摘のように，小売業に関してはアウトプット革新とプロセス革新の識別が難しい事例が多いものの，どちらの比重が大きいかという点で考察してみると，成長期の方が消費者にとって目に見えて変化がわかる，いわゆる小売マーケティングミックスを中心としたアウトプット革新が多いのに対し，成熟期の方は消費者には見えづらい企業内・企業間のオペレーションを中心としたプロセス革新が多い傾向にあると言えよう。

5 本章のまとめ

本章では，小売業態論の研究レビューを通じて，スーパーマーケットの立ち位置について見た。まず小売業態発展の主要研究を要約したうえで，日本の研究者による小売業態発展論の検討状況について見ていった。その検討結果のポイントとして，旧来の小売業態発展論に対し，①技術革新の境界線と消費者行動の視点を導入すること，②業態自体が時代とともに変容していく点を考慮すること，③盛衰のプロセスや死活の分岐点を体系的に捉えること，④革新的な技術を伴う参入と革新性の持続を考慮すること，などが指摘

されていることがわかった。

　次に，特定業態における技術革新の特徴を企業の事例分析に基づいて捉えるアプローチである小売流通革新論について，漸進的革新を中心にスーパーマーケットにおける革新事例を見てみた。スーパーマーケットの導入期においては，「生鮮食品の鮮度管理技術」と「店舗作業の標準化・円滑化」が，成長期においては，「小売チェーンの情報ネットワーク組織化と情報処理機能の内部化」，「品揃え形成の協働化」，「製販統合の進展」が，成熟期においては，「個店主導のチェーン展開」，「POS情報開示によるチャネル・パートナーシップ」，「新型フォーマットの展開」がそれぞれ革新のポイントであることがわかった。

　日本において小売業態発展論の中でスーパーマーケットが扱われたのは，この業態自体が成熟段階に突入し，カテゴリー・キラーと呼ばれる新業態が脅威となった時期とほぼ重なる。つまり小売業態発展論の中では，スーパーマーケットは分析の主役ではなく，相手役として扱われていたと言えよう。小売業態発展論の中で主役を張れなくなったスーパーマーケットが，次なる主役の場として扱われたのが小売流通革新論である。この中でも漸進的革新という論点において，様々な革新事例を学界に提供することとなった。ただし，革新事例の特徴としては，供給業者との取り組み方に関するものが多い。つまり，消費者には見えづらい企業内・企業間のオペレーションを中心としたプロセス革新の比重が強く，消費者にとって目に見えて変化がわかる小売マーケティングミックスを中心としたアウトプット革新の比重が弱い傾向にある。この事例については，本章の中でも片野（2014）や髙橋広行（2016）を取り上げたが，まだまだ議論の数が少ない状況である。今後は，アウトプット革新の比重を強くしたスーパーマーケットの革新事例の発掘とそれに対する議論をもっと盛んに行うことが必要であろう。

(1) ここで扱う「小売の輪」仮説，「真空地帯論」，「小売業態ライフサイクル論」，「アコーディオン仮説」の要約は，関根（2000），髙嶋（2007），および懸田（2016a）による整理を参考にしている。

第4章　小売業態論とスーパーマーケット　｜　83

第5章 流通情報マネジメント論とスーパーマーケット

　本章では，流通情報マネジメント論の研究レビューを通じて，スーパーマーケットの立ち位置について見ていく。田島（1989）は流通情報化を「情報の処理と伝達面における技術進歩の成果を流通過程に移転する動き」としており，流通情報の管理と意思決定に活用するシステムとしてオペレーションにかかわるものとマーケティングにかかわるものがあるとしている。前者は日常業務を情報システム化によって効率化しようとするもので，後者は各種の情報をマーケティング意思決定に活用するためのシステム化であり，POSやPOSの高度利用となるスキャンパネル，広告・プロモーションの効果測定，顧客情報管理などが挙げられる。本章では，流通情報のシステム化によってスーパーマーケットが顧客との接点をどのように変え，改良していったのかについて着目するため，後者のマーケティング意思決定に活用するためのシステム化に焦点を当ててレビューする。まずは流通情報化の大きな契機となったPOSデータについて取り上げる。

1　POSデータによるマーケティングの変化

　第4章でも述べたスーパーマーケットの成長期における革新の1つとして，POSシステムの導入とそれによる小売チェーンの情報ネットワーク組織化と情報処理機能の内部化が挙げられる（矢作，1996）。このスーパーマーケットにおけるPOSの普及は，取引先であるメーカーに対する優位性をさらに強いものとしたり，小売マーケティングの革新に大きく影響した。前者について法政大学産業情報センター・小川（1993）は，小売業のバイヤーが豊富で正確な販売情報のデータを自由に入手できるようになったことと，小売業によるその情報のもととなるPOSデータの囲い込みがメーカーのマーケティングを難しくしたことを指摘している。具体的には，メーカーのマー

85

ケティング担当者は，新製品の発売直後の売上動向をトラッキングし，自社のマーケティング施策の有効性を検証したいとき，そのための確認手段として担当者は顧客についての市場情報を必要とするわけだが，販売データと店頭施策に関するデータが完備していなければ販売後における製品の手直しがやりにくいという事態に陥っている。その一方で小売業側はこれらの情報を持ち，販売データを公開しない方針を堅持することによって情報力の優位性を保っているのである。法政大学産業情報センター・小川（1993）は後者についても，マーケティングの基本モードである「マス・マーケティング」の有効性が失われつつあることを指摘している。マス・マーケティングは，新製品の発売にあたって，マスメディアを駆使して，製品やブランドについての情報をターゲット顧客グループに効率よく伝え，大規模にチェーン展開している販売店チャネルを通して商品を確実に配荷する，という方法である。これがPOSデータをはじめとしたデジタル情報化とネットワーク技術の普及によって，マス・マーケティングの有効性が失われつつあり，それにとって代わって顧客ニーズに個別に対応する「ワンツーワン・マーケティング」が登場してきたというのである。

　このPOSデータは，スーパーマーケットの店内の生産性を改善するための手法開発にも活用されるようになる。その手法の体系としてスーパーマーケットや供給元であるメーカーに大きな注目を浴びたのが「インストア・マーチャンダイジング」である。

　インストア・マーチャンダイジング（ISM）とは，「小売店頭で，市場の要求に合致した商品および商品構成を，最も効果的で効率的な方法によって，消費者に提示することにより，資本と労働の生産性を最大化しようとする活動」を指す（田島，1989；流通経済研究所，2016a）。日本では，流通経済研究所が1980年代から消費財業界に向けて，ISMに関する共同研究プロジェクトを立ち上げたのが起源として言われている。ISMは大きく，レイアウトや各売場の棚づくりを進める「スペース・マネジメント」と販売促進の「インストア・プロモーション」の2つに区分されて推進されるものである。次節以降では，スペース・マネジメントとインストア・プロモーションの2つの区分から，流通情報の活用状況についてレビューする。

2 スペース・マネジメントの活用

　スペース・マネジメントは，スーパーマーケットの小売店舗のROI（投下資本収益率）の向上を目的として売場の再配分や再配置を行うことであり（田島，1989），店頭で商品露出力を高めるために商品の陳列配分や陳列位置をコントロールする施策である（流通経済研究所，2016a）。スペース・マネジメントは大きく，各商品カテゴリーにどの売場をどれだけ割り当てるかという「フロアレイアウト（売場構成）」と，商品のサブカテゴリーやさらに各アイテムをゴンドラやその他の陳列台にどのくらいの配分や量で陳列するかという「プラノグラム（棚割）」の2つのテーマで構成される。このスペース・マネジメントはISMの中核的な概念であり，この部分を狭義のISMと呼ぶ場合もある（流通経済研究所，2016a）。

　スペース・マネジメントが必要な背景として，田島（1989）は，スーパーマーケットでの非計画購買の多さを挙げている。非計画購買とは，「ある店舗に来店した消費者が当該店舗内で行った意思決定の結果，来店前には意図していなかった商品を購入すること」（青木，1989）であるが，消費者がスーパーマーケットで購買する商品のうち，非計画購買が大半を占めているという実態（大槻，1980）を受け，この非計画購買を促す手段としてスペース・マネジメントの意義が大きいとしている。流通経済研究所（2016a）は田島（1989）の研究をもとに近年の市場環境に併せて再編し，スペース・マネジメントのマクロ的な意義として，①人口減少・高齢化に伴い，消費者の買物負荷を減らすような小売サービスが求められていること，②業態内・業態間の競争激化に伴い，店舗の使い分けを前提とした消費者対応が求められていること，③ネット流通の拡大に伴い，店舗にはネット流通との差別化が求められていること，④労働力不足と人件費の上昇に伴い，店舗での労働生産性の向上が求められていること，の4点を挙げている。

　スペース・マネジメントは，今までスーパーマーケットの店舗スタッフの経験や感覚で行われてきた売場作りを「科学的に行う」という概念，手法であったことから，小売店舗の売場作りの基本的なガイドラインのような位置

づけになり，多くのスーパーマーケットに導入されていったのである。

3 インストア・プロモーションの活用

　もう一方の区分であるインストア・プロモーションは，特定の商品に付加的な店内刺激を加えることによって購買の促進を図る活動の総称である（田島，1989）。スーパーマーケットならびにそこに商品を供給するメーカーは各々の立場からインストア・プロモーションに積極的に取り組んでいるが，その盛んに行われている背景として，田島（1989）は，①顧客の吸引を第一義とするスーパーマーケットと，自社ブランドの売上増を第一義とするメーカーとの利害の接点は店頭に限定されること，②スペース・マネジメントと同様に，スーパーマーケットにおける購入アイテムの店頭決定率が高い（非計画購買が多い）こと，③POSシステムが普及し，アイテムの売上を単品レベルでリアルタイムに把握することが可能になったこと，の3点を挙げている。特に③については，一定期間蓄積したデータを戦略軸に沿って分析する（例えば，季節別，時間帯別，来店客層別，売価別，売場位置別，プロモーション要因別，同時購入率の高低など）ことによって，さらに新しいインストア・プロモーション手法を創造することも可能となるとしている。
　このように，インストア・プロモーションはスーパーマーケットの立場と，そこに商品を供給するメーカーの立場からそれぞれ盛んに行われていることもあり，日本国内における研究蓄積も豊富に存在する。
　例えば，法政大学産業情報センター・小川（1993）はPOSデータや消費者の購買履歴を示すスキャンパネルデータを用いて，価格弾力性やインストア・プロモーションの効果測定をはじめ，ブランド間の競争構造分析やブランドの売上予測など，マーケティングの活用に向けた分析手法を多面的に示している。恩蔵・守口（1994）は，セールス・プロモーションにテーマを絞り，欧米における先行研究を詳細に整理したうえで，日本市場のPOSデータやスキャンパネルデータを用いて，価格プロモーションを中心に効果測定を行っている。特にスーパーマーケットにおける主要商品カテゴリーにおける価格プロモーションによる売上比率が高いという実態もあることから，

スーパーマーケットに陳列されている商品の価格弾力性と値引き反応の把握についての研究は精力的に行われた（例えば，中島ら，1988；守口，1993）。

また価格プロモーション以外の，いわゆる非価格プロモーションについても多くの研究が行われてきている。スーパーマーケットにおける非価格プロモーションの要素として，エンドや島陳列などの「特別陳列」や，チラシ，店頭POP，デモンストレーション，クーポニングなどがあるが，スーパーマーケットのフィールドでの実験やそのフィールドをベースに収集されたPOSデータ，スキャンパネルデータを用いた実証研究については寺本（2012）が整理している。

2000年代に入ると，第2章でも扱ったが，スーパーマーケット各社の「狂気の出店」や当時のデフレ傾向も相俟って，スーパーマーケットにおける価格競争の熾烈化による利益低下が問題視されるようになってきた。そのためこの時期には，「価格競争からの脱却」や「価格訴求から価値訴求への転換」というのがセールス・プロモーションのキーワードになった。例えば，中村・白樫（2010）は，調理食品の単品の価格訴求ではなく，その調理した結果の総合的なコストを訴求するという「メニュー経済価値訴求」を提案している。中村らは，シチューの商品の単品価格訴求の陳列と，単品および調理に必要な関連商品も含めた「一皿XXX円」という経済価値訴求の陳列を実験的に展開した結果，メニュー経済価値訴求の方が単品の価格訴求の陳列に比べて来店客の立寄率，検討率，購入率が高いだけでなく，メニューの関連商品の同時購買率も高いことが明らかになった。上田ら（2011）も「価値創造型プロモーション」の有効性を提案している。具体的には，消費者の深層心理の探索から陳列商品に求められている価値を仮説として導き出し，それをスーパーマーケットの店内での特別陳列実験を通じて効果を測定している。その結果，消費者が商品に対して求めている，いわばモチベーションをうまく訴求した陳列を展開すれば，値引きをさほどしなくても売上実績を確保できることを示している。

このように，インストア・プロモーションは，分析データが急速に充実した1990年代には価格プロモーションの有効性についての議論が多かったが，2000年代に入り，スーパーマーケットの業態内の競争激化や，デフレ，リー

マンショックといった経済変動も相俟って，"価格に頼らない"インストア・プロモーションの在り方に関する研究が盛んに行われるようになったのである。

4 カテゴリー・マネジメントの運用

　先に述べたスペース・マネジメントの中のプラノグラムやインストア・プロモーションについて，スーパーマーケットはメーカーとの協働のもとで運用するケースが多い。それは前述にもあるが，顧客の吸引を第一義とするスーパーマーケットと，自社ブランドの売上増を第一義とするメーカーとの利害の接点は店頭に限定されることにあるためである。店頭というと，取り組みの実働は個店ベースになるわけであるが，この取り組み自体をスーパーマーケットの企業とメーカー企業の協業と捉える際に，協業の成果を捉える単位をどこに設定するのかが問題となってくる。そこでその成果を捉える単位を商品カテゴリーに設定した「カテゴリー・マネジメント」が米国で誕生し，それが日本にも導入され始めた。

　Blattberg and Fox（1995）によると，カテゴリー・マネジメントの定義は，「商品カテゴリーを①戦略的事業単位（SBU）と捉え，②カテゴリーごとに目的を設定し，③競争環境・消費者行動に基づいたカテゴリー計画を策定し，④それらに基づいたマーチャンダイジング・販売促進・商品ミックス・価格設定を行い，⑤調達・物流・販売・広告など機能別にではなく，企業全体の観点から意思決定し，⑥メーカーと小売業がそのためにコラボレーションする」というものである。つまりスーパーマーケットの目標は，自社が持つ各店舗の生産性を上げることであり，一方サプライヤーであるメーカーの目標は，自社が持つ製品ブランドの生産性を上げることである。スーパーマーケットとメーカー各々の目標のレベルには乖離があるが，それをカテゴリーというレベルに合わせれば双方の利害が一致するため，カテゴリーの生産性向上を共通目標として協業しようという考えである。

　カテゴリー・マネジメントの基本的な進め方は次のような「8ステップ」と呼ばれているビジネスプロセスで構成されている。

①カテゴリーの定義：戦略的事業単位としてのカテゴリーの範囲と内部構造を定義する
②カテゴリーの役割：小売業の企業戦略に基づいて，カテゴリーの相対的重要度を決める
③カテゴリーアセスメント：小売業の保有データ，サプライヤーの保有データを合わせて，カテゴリーの状況を分析し，改善機会がどこにあるのかを明らかにする
④カテゴリーの業績指標：カテゴリーの業績目標数値を設定する
⑤カテゴリーの戦略：カテゴリーの業績目標を達成するための戦略を設計する
⑥カテゴリーの戦術：カテゴリー戦略に基づく戦術として，具体的な活動計画（品揃え，価格，棚割，販売促進）を策定する
⑦プランの実行：活動計画を店舗において実行する
⑧カテゴリーレビュー：活動計画の実行状況と業績目標の達成状況を把握する

つまり，①から⑥のステップでカテゴリーの生産性向上に向けた改善計画を立て，⑦で実行，⑧でレビュー，という"Plan, Do, and Check"のプロセスを採ったものである。

しかし，カテゴリー・マネジメントを運用するうえで実際に様々な問題点が出てきたことを加藤（2007）は指摘している。具体的には，2003年に西友／Walmartとコープさっぽろがカテゴリー・マネジメントの運用を期待すべく，メーカーにPOSデータを開示したのを契機に，多くのチェーン小売業がPOSデータの開示に動いていた。しかし，POSデータの開示やカテゴリー・マネジメントの運用について次のような批判が出てきたとしている。

・データの加工・分析に大変な時間と労力がかかり，効率が悪い，生産性が低下する
・売上や利益の増大に必ずしも結びつかない。必ずしも有効な施策につながらず，効果がいま１つである

・小売業が本来やるべき仕事をメーカー，卸売業に押し付けているだけではないか

　この批判に対して，加藤（2007）は，①計画・実行・評価サイクルを重視した簡素化プロセスの実施，②カテゴリー・ベストプラクティスの開発，③店舗全体における各部門・カテゴリーの役割・目標の明確化，の３点を提案している。①については，先に示した８ステップをすべての協業相手に対して行う必要はなく，特に取引規模がそれほど大きくない協業相手については分析する項目や内容を絞り込んでしまうのが適切であることを，実際の欧州での簡素化事例を踏まえながら示している。②については，消費者の購買行動・ニーズから見て，協業の単位となるカテゴリーの最も優れた品揃え，最も優れた売場位置・棚割，最も優れた価格設定，最も優れた販売促進とは何かという，売り方ノウハウを研究・蓄積して，いろいろな状況を想定しながら具体的な施策の打ち手をメニュー化しておくことが重要だとしている。③については，この問題に根本的に応えるためには，顧客ID付きPOSデータやスキャンパネルデータに基づくマルチカテゴリーの徹底的な分析が必要であるが，さしあたっての課題として，ロスリーダー施策の検証が必要であることを提起している。例えば，スーパーマーケットにおけるインスタントコーヒー，冷凍食品などの価格訴求による集客施策は本当に店舗全体の利益に貢献しているのであろうかという疑問があり，カテゴリー単位のマーチャンダイジング計画とロスリーダー施策は，多くのカテゴリーにおいて矛盾を来してきていると考えられるためである。

　このようにカテゴリー・マネジメントは，スーパーマーケットとメーカーの間の関係性などによってこのプロセスのいずれかの部分を省略したりする場合もあるが，近年では多くのスーパーマーケットとメーカーはこのプロセスを用いて生産性の向上に向けた協業を行っている。例えば，コープさっぽろがPOSデータの開示とそのPOSデータの活用をベースにした取引先メーカーとのMD研究会やMD協議会の運営事例（近藤，2010；坂川・小宮，2013）やサンキュードラッグが顧客ID付きPOSデータの開示をもとにした潜在需要発掘研究会の運営事例（中川・守口，2012）などがある。

5 顧客管理と FSP

　カテゴリー・マネジメントの概念が日本に導入されたのとほぼ同時期となる1990年代後半には，スーパーマーケットにおける顧客管理，具体的にはフリークエント・ショッパーズ・プログラム（Frequent Shoppers Program：以下FSP）についても盛んに議論されるようになった。

　中村（1998a）によると，FSPは会員カードを利用して顧客を囲い込む仕組みのことであり，このパイオニアはアメリカン航空であるとしている。同社は，例えば，顧客のアメリカン航空による飛行距離が3万マイルであれば，米国本土からハワイまでのチケットを無料にするなど，顧客の飛行距離に応じて様々なサービスや特典を供して成功したのである。つまり，顧客はアメリカン航空を利用すればするほど，多くのサービスや特典を手に入れることができるのである。この考え方や仕組みをスーパーマーケットにも応用していこうという流れである。

　スーパーマーケットにおけるFSPの可能性については，1980年代に田島（1989）がスキャンパネルデータを応用して，店舗の顧客に対して即時もしくは月の累計購入額に応じて何らかの割引サービスを行うことも有り得ることを指摘している。しかし，スキャンパネルデータはスーパーマーケットの数店舗の，しかも店舗利用顧客のごく一部の顧客の購買履歴を吸い上げる仕組みであるため，あくまでスキャンパネルデータを活用して展開するFSPの施策は実験や試行の域を出ないのである。それに対し，この時期に議論になった点は，店舗利用顧客の大半をFSPとして管理する仕組みを作り，それを運用するということであった。

　この議論の口火を切ったのが，中村（1998a；1998b；1998c）である。中村は，米国での先進事例を詳細に収集・整理したうえで，日本でのFSPの展開の可能性について提起している。具体的には，中村（1998a）では，米国全体でのFSPの導入状況をレビューしたうえで，FSPの先進企業である，Dorothy Lane Market，Ukrop's Super Markets，Food Lionの3社の導入状況と成果について説明したうえで，FSPを導入するうえでの前提と意義

について示されている。まず前提として，「顧客は平等でないこと」を示している。FSPを導入したいずれの企業も，顧客の自店での購買金額の多少によって，顧客を区別している。つまり，自店で多くの購買をしてくれる，いわゆる「優良顧客」とそうでない顧客を区別するのが，FSP運用の前提になるということである。次に意義として，「優良顧客を維持する方が利益増加をもたらす」ということである。新規顧客を開拓するコストは既存顧客を維持するコストよりも高いため，新規顧客獲得のためにマーケティングの投資を行うより既存顧客維持のための投資の方が効率が良いうえ，上位20％の優良顧客によって顧客全体の売上や利益の80％を占めているというパレートの法則になぞらえると，小売業は顧客を失うことに臆病であるが，失うべき顧客は失い，優良な顧客の維持に努力を払う方が利益が改善されるということである。

中村（1998b）では，FSPの活用レベルと業界内の競争インパクトの関係について述べられている。FSPの活用レベルは次の5つの段階がある。

レベル1：カード使用の構築
レベル2：優良顧客の確保
レベル3：顧客のマネジメント
レベル4：特定アイテムのプロモーション
レベル5：他のマーケティングデータベースとの結合

レベル1では，構築の目安として，売上に占めるカード利用比率を70％にすることを提示している。この比率に達しないと，FSPで得られる顧客をプロモーションやマーチャンダイジングに活用することが難しいためである。レベル2では，優良顧客を確保するために，一定の購買金額を超えたら報酬を得られる「継続プログラム」や購買金額に応じてポイントがたまり，ポイント獲得数に応じて報酬を得られる「ポイントプログラム」などの運用を提示している。レベル3では，優良顧客の維持や新規顧客の獲得，購買金額減少顧客や離脱顧客の分析や各顧客層へのアプローチを提示している。優良顧客の定義は，RFMと呼ばれるRecency（直近の購入経験があるか），

Frequency（来店回数がどのくらいあるか），Monetary（購買金額がどのくらいあるか）の3つの指標をもとに設定する。レベル4では，優良顧客と通常顧客との間でディスカウント比率に差を付けたり，購買履歴に応じて特定アイテムのクーポンを提供するなどが提示されている。レベル5では，カテゴリー・マネジメントとの結合やレイバースケジュールとの連動が提示されている。

中村（1998c）では，FSPを導入して成功しているDorothy Lane Marketを例に，FSPを用いた顧客データ分析の構成を説明している。分析の構成は大きく，①顧客情報およびカードのメンテナンス，②製品属性グループのメンテナンス，③POSデータのロード，④顧客の購買行動のレビュー，⑤ターゲットの選定とリストの作成，の5つである。このうち④顧客の購買行動のレビューと，⑤ターゲットの選定とリストの作成，の2つが最も重要な分析であるとしている。

この中村（1998a；1998b；1998c）をきっかけに，実際にスーパーマーケットの顧客データを適用した分析事例やスーパーマーケットでの導入事例が盛んに行われるようになった。前者については，大手スーパーマーケットの特定店舗の顧客データを用いて顧客の上位集中化と上位顧客の特性を導き出した（中村，2000）り，会員獲得に関するポイントプログラムと会員価格の効果と単品ポイントプログラムの効果（中村，2003），通常顧客から優良顧客にランクアップした過程を対象顧客のプロモーション性向や購買カテゴリーの関係から導き出した（清水，2004）もの，優良顧客の購買履歴をもとに同時購買傾向を導き出し，その傾向を反映したカテゴリーの棚割提案（中村，2008）などがある。

後者については，FSPの運用レベルが世界最先端と呼ばれている英国のTescoの導入・運用事例（南，2006）や，山梨県を中心に展開するスーパーマーケットのオギノの運用事例（中村，2007），サンキュードラッグの運用事例（中川・守口，2012）などが挙げられる。中でもオギノやサンキュードラッグは，優良顧客をターゲットにしたプロモーションやマーチャンダイジングをメーカーと協働で展開する「コラボレイティブCRM（中村，2006）」を行っている。

6 本章のまとめ

　本章では，流通情報マネジメント論の研究レビューを通じて，スーパーマーケットの立ち位置について見た。具体的には，POS データの登場によってマーケティングが変化し，具体的に，スペース・マネジメントやインストア・プロモーションといった ISM や，カテゴリー・マネジメント，FSP の活用に関する研究を見ていった。これらの指針，手法は当然ながら今日のスーパーマーケットをはじめとした流通業界の発展に大きく貢献してきたものであるが，敢えてこれらの課題について考えてみたい。

6-1. ISM の課題

　スペース・マネジメントやインストア・プロモーションで構成される ISM の概念の誕生により，今までスーパーマーケットの店舗スタッフの経験や感覚で行われてきた売場作りが「科学的に」行われるようになった。そのため，ISM は小売店舗の売場作りの基本的なガイドラインのような位置づけになり，多くのスーパーマーケットに導入されていったのである。

　しかし，多くのスーパーマーケットで活用されてきているゆえの副作用というものをここで考えてみたい。まずスーパーマーケットの中で，「ISM を押さえておけば OK！」という流れになっていないかという点である。ISM は売上との関係が分かりやすいゆえ，スーパーマーケットをはじめとした小売業の販売方法，販売技術の底上げには貢献してきた。しかし一方で，ISM の手法以上の売り方の研究努力をスーパーマーケット自身がしなくなった可能性がある。そのため，スーパーマーケット各店の個性・色の出ない，画一的な店舗が多くなってしまっていないかということである。

　次に，「消費者の理解」から「消費者への迎合」へ向かってしまっていないかという点である。ISM は消費者の行動結果のデータをもとに作成しているため，「消費者の実態を踏まえた指針」と言うと聞こえは良い。しかしながら，ISM を活用するスーパーマーケット各社がその結果に依存してしまうと，消費者自身の行動が硬直化してしまう。「消費者は現状こういう動

きだけど，それをこう変えてやる！」という企業側が消費者を育成するという思考を停止させてしまう可能性がある。

　例えば，ISM の指針の 1 つとして，消費者の情報探索の広さと深さをもとにしたカテゴリーのタイプ分類の方法として，ブランド・コミットメント（BC）とバラエティ・シーキング（VS）という 2 軸による考え方がある。BC は，「カテゴリーの中にいつもお気に入りでお決まりのブランドがある」という傾向の強さを表すものであり，VS は「カテゴリーの中でもいろいろなブランドを試しながら買ってみたい」という傾向の強さを表すものである。この BC と VS の指標の高低により「複数ブランドロイヤル型」，「特定ブランド固執型」，「バラエティ・シーキング型」，「慣性的購入型」という 4 つのカテゴリータイプに類型化できる。例えば，「慣性的購入型」とは，BC と VS の両方が弱い傾向のあるカテゴリー，つまり「特にお気に入りのブランドがないし，いろいろ試してみたいという気持ちも起きないカテゴリー」ということになる。このような特徴のカテゴリーには，限定的な品揃えで対応可能なこともある，というスーパーマーケットへの対応指針を示している。これはたしかに現状の消費者の心理を捉えたものであるが，消費者が商品に対する関心が弱いカテゴリーだからと言って，それに併せて限定的，集約的な品揃えをしたら，消費者の関心度はますます低下してしまうおそれがある。

　慣性的購入型に該当するカテゴリーにおいて，消費者の関心を植え付ける売場事例もある。例えば，流通経済研究所・読売広告社（2010）では，消費者にいくつかの売場の評価をさせ，その結果を情報感度の高い消費者とそうでない消費者との間での傾向の違いについて見ている。その中で，「全国乾麺祭り」という売場が，情報感度の高い消費者とそうでない消費者との間で，売場に対する購入意向の差が最も大きいという結果が出た。また自由回答では，「諸国の麺に興味，たくさん試してみたい！」，「食べたことのない麺に出会えそう」という回答があった。乾麺のカテゴリーは，慣性的購入型に該当するため，スーパーマーケットの多くでは，売れ筋に限定した品揃えを展開しているが，今回の調査結果で見られるように，消費者の関心度が低いカテゴリーであっても，売り方の工夫次第では選ぶ楽しさ，カテゴリーに

関する新しい知識の提供に貢献でき，消費者の関心度を高めることができる可能性があるのである。よって，消費者を理解することは非常に重要であるが，消費者の現状に迎合しないという発想も非常に重要ではなかろうか。

6-2. カテゴリー・マネジメントの課題

　カテゴリー・マネジメントについても，多くのスーパーマーケットとメーカーとの間で導入され，多くの協業が行われている。しかし，前述のISMと同様に，カテゴリー・マネジメントについても，消費財業界で多く活用されてきているゆえの副作用というものをここで考えてみたい。

　カテゴリー・マネジメント活用，普及による弊害として，「カテゴリー依存による視野の狭小化」というものが考えられる。スーパーマーケットと取引先となるメーカー間においてカテゴリー単位による商談がエスカレートしたことにより，自社取り扱いのカテゴリー以外の調査分析成果を軽視する傾向が見られる。そのため，生活者・買物客の行動の中でのカテゴリーのポジションを冷静に見ることのできないメーカー営業スタッフが増えてきていることが懸念される。また，自社取り扱いとは異なるカテゴリーの分析結果であるものの，それを自社カテゴリーに活用しようとする応用力も育たなくなってきている点も懸念される。それはスーパーマーケットのバイヤー側も同じで，バイヤー自身が担当する部門・カテゴリー以外の事例については，「自分のカテゴリーとは関係ないから」ということで排除する傾向にある点が懸念される。カテゴリーを生産性向上の共通目標にするのは非常に重要であるが，カテゴリーに囚われない，発想力や柔軟な応用力の養成というのも非常に重要ではなかろうか。

6-3. FSPの活用の課題

　FSPの前提は優良顧客の囲い込みであり，それによって業績を維持できている企業もあれば，中村（1998b）で示されたFSPの活用レベルで上位レベルに一向に進めない企業もあろう。ここではFSPの活用についての課題については触れずに，FSPの前提としての課題と優良顧客の定義についての課題について指摘したい。

まずFSPの前提としての課題であるが，店舗の優良顧客の囲い込みというのは競合店舗からの防衛戦略として有効であるが，これでは，既存店の業績維持はできても業績拡大が難しいという問題が生じてしまわないだろうか。第2章でも述べたように，多くのスーパーマーケットにおける業績拡大の構造は「新規出店の繰り返しによる売上の積み増し」であり，「既存店の活性化による売上の積み増し」ではない。FSPの前提を維持することは，前者の構造から抜け出せなくなることを意味するのではなかろうか。もし後者を狙うのであれば，既存店における新規顧客の獲得というのが不可欠な要素になってくる。優良顧客は，最初から店舗の売上と利益に大きく貢献してくれている顧客であるため，彼らを中心にさらなる売上増，利益増を狙っていくのには当然限界があるからである。

　次に，優良顧客の定義についての課題であるが，優良顧客の定義は，RFMと呼ばれるRecency（直近の購入経験があるか），Frequency（来店回数がどのくらいあるか），Monetary（購買金額がどのくらいあるか）の3つの指標をもとに設定するのが基本である。つまり，これは「たくさん買ってくれる」顧客や「よく買いに来てくれる」顧客が優良だということである。顧客の購買が売上や利益に直結するため，その捉え方は当然重要であるが，この捉え方に依存して良いのだろうかという問題が生じる。例えば，店舗の顧客が友人，知人に「あの店すごくいいよ！」と勧めることによって，その友人，知人が新規顧客として来店し，購入したとしたら，その顧客も「自店を勧めてくれた優良なお客様」ではなかろうか。このように，購買実績だけでない視点での優良顧客の定義も検討すべきではなかろうか。

7 先行研究のまとめ

　第1章から第5章まで，小売ブランド研究や流通論の観点から，スーパーマーケットの立ち位置に関して先行研究をレビューした。本節では，このレビューのまとめとして，各章の課題を簡単に振り返ったうえで，スーパーマーケットの全体的な課題について指摘したい。

7-1. 各章の課題の振り返り

　まず各章の課題を簡単に振り返る。第1章では，日本における小売ブランドの研究を見てみたが，とにかく小売ブランドという観点からの議論が非常に少ない。そして数少ない研究事例についても，欧米で議論されている概念を整理したものや欧米で試行された測定手法を応用して日本の小売ブランドに適用したものがほとんどであり，日本における小売ブランドの在り方や方向性にまで踏み込んだ研究はほとんど見られない状況であることを指摘した。スーパーマーケットを展開する小売企業各社がブランド化に力を注いでこなかったのはなぜなのか。そしてスーパーマーケットのブランドについて流通やマーケティングの研究者たちがほとんど議論して来なかったのはなぜなのか。この点について明らかにすべく，第2章以降では，流通研究の中でスーパーマーケットを対象に議論されてきた論点を中心にレビューした。

　第2章では，スーパーマーケットの発展経緯を見た。スーパーマーケットは，流通革命の担い手として，「消費者にとっての利便性の向上」に多大な労力を費やしてきたわけであるが，その強い使命感が利便性向上の過剰追求に向かってしまった可能性があることを指摘した。さらにはスーパーマーケット各社の規模拡大がエスカレートしたことによって，企業間での競争が激化し，それによって消費者に対する利便性アピールがエスカレートし，利便性向上のための消費者理解がいつしか消費者迎合になってしまった可能性があることも指摘した。

　第3章では，商圏論からスーパーマーケットの立ち位置を見た。スーパーマーケットは商圏分析の中で主役として扱われてきているが，商圏分析における良いスーパーマーケットというのは，小売吸引力の強い店舗を指すことになる点が課題であることを指摘した。これが成果指標になると，商圏内の消費者には誰かれ問わずとにかく来てもらう，来店顧客をかき集める，という判断になってしまうわけである。この点を踏まえて，ここで来店を見込まれる客が店舗にとって望ましい顧客なのか，それともそうでないのか，という視点での商圏分析も今後必要になる点を提起した。また，小売吸引力を説明するスーパーマーケットの魅力度に関する属性が機能的部分に集約されて

しまっていることも課題であることも指摘した。これでは，第2章で述べたように，「利便性」という部分での魅力度の議論に留まってしまい，例えば，「癒しを感じる」，「楽しみを感じる」，「幸せを感じる」といったような情緒的な議論が進まなくなっている可能性があるからである。

第4章では，小売業態論からスーパーマーケットの立ち位置を見た。スーパーマーケットは，小売流通革新論の中でも漸進的革新という論点において，様々な革新事例を学界に提供することとなったが，革新事例の特徴としては，供給業者との取り組み方に関するものが多いことを指摘した。つまり，消費者には見えづらい企業内・企業間のオペレーションを中心としたプロセス革新の比重が強く，消費者にとって目に見えて変化がわかる小売マーケティングミックスを中心としたアウトプット革新の比重が弱い傾向にあることを指摘した。

第5章では，流通情報マネジメント論からスーパーマーケットの立ち位置を見た。POSデータの登場によってISMや，カテゴリー・マネジメント，FSPが導入され，これらの活動指針，管理手法が今日のスーパーマーケットをはじめとした流通業界の発展に大きく貢献してきたが，ISMの手法以上の売り方の研究努力をスーパーマーケット自身がしなくなった可能性がある点や，消費者の行動の"結果"であるデータに依存するがゆえに「消費者の理解」から「消費者への迎合」へ向かってしまっていないかという点，カテゴリー依存による視野の狭小化が生じている可能性がある点，FSPによる既存店活性化の難しさや購買実績に依存した優良顧客の定義に対する問題点など，これらの流通情報革新による副作用について提起した。

7-2. 課題のまとめ

各章で指摘した課題は多くあるが，それをまとめると，スーパーマーケットのブランド化が進んでいない背景として3点に集約できる。

まず1点目は，「客数と売上にこだわり過ぎたこと」である。スーパーマーケットは規模拡大にまい進し，常に競争激化を自ら起こしてきた業態である。そのような中で，「とにかく客数を増やす」，「とにかく売上を伸ばす」ことに躍起になった。そのため，「来てくれる，買ってくれるお客様なら誰

でもよい」というスタンスになってしまい,「自社に沿うお客様はどういう方か」,「どういうお客様に来てもらいたいのか,買ってもらいたいのか」という自社の顧客のターゲット像を議論することに注力してこなかったのではないかと考えられる。また「良いお客様」の定義も,「よく来てくれる,たくさん買ってくれるお客様」という形に依存してしまっており,顧客の購買後の行動についても,「買ってくれたお客様がまた来店して買ってくれるようにするためにはどうすれば良いのか」という顧客各々のリピート行動にしか着目せず,「自社や自店の情報がお客様の間でどのように話題になるのか」,「自社や自店の情報をお客様の間で広めてもらうにはどうすれば良いのか」というように,顧客間での相互作用に着目するまでには至っていないのではないかと考えられる。

　2点目は,「消費者にとっての利便性を追求し過ぎたこと」である。スーパーマーケットは流通革命の担い手という自負のもとで,消費者の買い物における利便性の向上に向けた多くの革新を遂げてきた。しかし1点目のところで述べたように,企業間での競争が激化し,それによって消費者に対する利便性アピールがエスカレートし,利便性向上のための消費者理解がいつしか消費者迎合になってしまったのではないかと考えられる。また利便性ばかりに焦点を当ててしまったため,スーパーマーケットの各店舗はますます日常的な買い物に対応する場としての性格が強くなってしまい,「癒しを感じる」,「楽しみを感じる」,「幸せを感じる」などのような,非日常的で情緒的な雰囲気を出す場としての余地がますます狭まってしまっているのではないかと考えられる。

　3点目は,「消費者の目に入る革新的差別化が不十分であったこと」である。消費者の買い物における利便性の向上に向けた多くの革新を遂げてきたが,消費者には見えづらい企業内・企業間のオペレーションを中心としたプロセス部分の革新が多く,消費者にとって目に見えて違いのわかる小売マーケティングミックスを中心とした革新が少ない傾向にある。またPOSデータの普及によって広まったISMをはじめとした利便性向上に向けた活動指針や管理手法についても,消費者にとって「この店は他の店と違う!」と思えるほど露骨な施策ではないうえに,多くのスーパーマーケットが導入した

ために，スーパーマーケットの企業間においても個性・色の出ない，画一的な店舗が多くなってしまったのではないかと考えられる。そうなってしまうと，消費者にとってスーパーマーケットは「どの店に行っても一緒」であり，ブランドの要件の一部である「個性」，「特色」という次元でスーパーマーケットを見てもらえなくなっているのではないかと考えられる。

このようにスーパーマーケットのブランド化が進んでいない背景を述べたが，実際にブランド化に向けて鋭意努力している企業も存在する。次章では，スーパーマーケットのブランドづくりの先進事例を分析し，ブランドづくりに向けた要件を抽出する。

第6章 スーパーマーケットのブランディング事例[1][2]

　前章までにおいては，スーパーマーケットを対象にしたブランドづくりが議論されていない背景について流通論の先行研究において議論されてきた点から述べてきた。しかしながら，ブランドづくりについて先進的な取り組みを行っているスーパーマーケットも存在する。

　本章では，スーパーマーケットのブランドづくりの先進事例を分析し，ブランドづくりに向けた要件の抽出と次章以降の分析課題について提起したい。具体的なスーパーマーケットの事例として，日本国内と米国の小売業を扱う。日本国内については成城石井と阪急オアシスを，米国についてはNiemann Foods，Dorothy Lane Market，Roundy's をそれぞれ扱う。

1 ｜ 日本国内の事例1：成城石井

　成城石井は，1927年に東京・成城（現在世田谷区成城）にて果物を扱う「石井食品店」として創業した。1950年に「成城石井」に改名して株式会社化を行い，1976年のスーパーへの業態転換により，ワインやチーズなどの輸入品を豊富に取り揃える高級スーパーに発展した。2004年に焼肉チェーンの牛角などを展開するレックス・ホールディングス傘下に，2014年にはコンビニエンスストアのローソン傘下に入る[3]。2018年2月期現在で164店舗を展開しており[4]，同期の既存店売上高対前年比は101.7％と好調を維持している[5]。

1-1. 顧客ターゲット

　同社は「おいしい，こだわったものを食べたい」という，食に関心の高い消費者ニーズに対応した「食のライフスタイルストア」を目指しており，「成城石井に来ると，面白い商品が揃っていて，値段を見てもさほど高くな

い」というポジションを狙っている。

　顧客層のボリュームゾーンとなる年代は40〜50歳代だが，高齢化が進展するということは，若年層が食べるものをシニア層に移行しても食すようになるということであり，売れ筋拡大につながると同社は捉えている。最近流行しているエスニック惣菜も，70歳代の顧客がよく購入している。一般的に，シニア層はさっぱりした食事を好むと言われているが，実態は全く異なっている。バブル景気の全盛期に30〜40歳代だった消費者は，当時本格的なイタリアンやエスニックなどを食しており，あれから約30年が経過した現在でも，本格的な惣菜を求める傾向にあると捉えている。エスニックの売れ行きが伸びれば，例えばタイ料理だけでなく，ベトナム料理，インド料理，シンガポール料理などバリエーションの拡大にもつながる。また都心部や駅ナカの店舗に来るシニア層は，若年層よりも新しいものにトライするというように，情報感度が高い傾向にある。

1-2. フォーマット・店舗立地

　同社は，普段より少し良質の商品を食べたいという消費者のニーズに応えるため，質にこだわる消費者が集まってくる地域を中心に出店している。具体的には，大規模な複合商業施設内と駅ナカ・駅ビルへの出店が中心となっている。従来は東京や神奈川をはじめとした関東エリアが中心であったが，消費者のニーズの広がりとともに東北や東海，関西にもエリアを拡大している。出店する際の業態・商品分野は，デベロッパーの考えに合わせて柔軟に対応している。例えば，最大規模の店舗の売場面積は198坪であるが，最小規模の店舗では7.4坪というように，固定のフォーマットを用意せず，幅広く柔軟な店舗設計を行っている。

　また出店する場所というのは，消費者がどこで買うのかという購買行動に大きく関係するとしている。専業主婦が平日の昼間に買い物をするというスタイルは徐々に減ってくるのに対し，時間がないので家でネットショッピングができれば便利だと考える消費者は当然増えてきているし，買い物に出向くのが不便だとする高齢者も増えているという状況である。また，仕事帰りに買い物をした方が便利だと思う消費者も増えている。仕事を持っている消

費者の多くは平日の昼間に買い物に行けないが，とはいえ貴重な休日に買い物で時間を使いたくないとする消費者も多いのが現状である。このような現状を踏まえ，住宅地の居住者だけでなく，特に通勤をはじめとした「移動者」を意識した出店を積極的に行っているのである。

また同社は創業90周年を機に新たな挑戦として，スーパーと体験型レストランを一体化させた「グローサラント」型の新業態店舗も出店を始めた。具体的には，食品売場の中にテーブルや調理場の一画を設け，レストランのように飲食してもらい，気に入った食材を売場で購入してもらうという顧客体験を演出した業態である。消費者のニーズの多様化と言われている中で，「すぐに食べたい」，「ここにしかないものを食べたい」というニーズも広がってきており，ここに商機を捉えたことが背景にある。

1-3. 商品開発・品揃え

同社では，品揃えとしてNB商品をほとんど扱わない方針を採っている。他社はNB商品があったうえで輸入商品を扱っているケースが大半であるが，他の店舗では扱われていない商品を集めて，ユニークな専門店に近い雰囲気を出すことに努めている。かつての差別化は，海外では評判だが日本での流通がほとんどないような既製品を調達し，それを集めることで品揃えの独自性を持たせることにあった。しかし，いまは競合となる企業も増えたこともあり，独占的に商品を買い付けることが難しくなっている。そのため，近年は既製品ではなく，原材料の段階で調達し，それを独自に加工してオリジナリティを出す，いわば「製造小売業」としてのポジションを取っている。特に日本の消費者は，味だけでなく機能性についても要求が高いため，海外の既製品よりもむしろ原材料を調達して日本国内で加工するという方式の方が消費者のニーズに応えられるケースが多いと捉えている。例えば調味料などは，海外の既製品だとパッケージが脆弱なものが散見されるが，原材料を調達し，日本国内で強度が高く，利便性の豊かなパッケージに詰めて販売することで顧客からの高い評判を得たりしている。

また既存店を活性化させるためには，商品開発力の強化が生命線であるため，オリジナル商品の開発に重点を置いている。同社では，PBとは絶対言

わず「オリジナル商品」と呼んでいる。他店にないオリジナル商品は一般的な呼び方からするとPBかもしれないが，PBと言われている商品に見られるようなデザインの統一などはしてはならないというスタンスを採っており，NBとの比較対象品というポジションを超越するような商品開発を進めているのである。

　成城石井のユニークな商品の構成として，主に「直輸入品」，「自社工場商品」，「オリジナル商品」，「各地のこだわり商品」の4種類がある。「直輸入品」は，バイヤーが現地で買い付けて直輸入することで独自の品揃えを実現できること，低価格を実現できることのほか，流通を直接管理することで商品の品質を維持することにもつながっている。「自社工場商品」は，一般的には大量生産をして価格を下げることが目的になるが，成城石井の場合には，キッチンが確保できない狭い店舗でもこだわり商品を販売できるようにとセントラルキッチンを設けており，一流レストランなどの出身の職人が素材や製法にこだわって作っている。「オリジナル商品」は，いわゆるPBになるが，これも一般的には価格を安くするために作られることが多いが，他にはない商品を自分たちの手で作ることが同社の方針であり，「安心・安全でおいしさにこだわった商品」というコンセプトで作っている。「各地のこだわり商品」は，大量生産されていないゆえに，あるいは東京圏への販売ルートがないために流通できていない各地のこだわり商品を消費者に届けようというものである。

　ユニーク商品のうち，オリジナル商品の販売構成比はSKU（Stock Keeping Unit）ベースで4割を占めているだけでなく，近年では，他の小売業への卸売も展開している。卸売において，「成城石井のロゴの商品が欲しい」という要望を多くの同業小売業から受けていることからも，同社の商品開発力とブランド名に関して同業他社からも高い評価を受けている。

1-4. 価　　格

　同社は，価格戦略としての商品開発が重要であり，価格競争に巻き込まれないための強い商品開発力が必要であるとしている。同社では原材料や製法にもこだわったオリジナル商品を開発している。その理由は，他では売ら

ていないようなユニークな商品でないと，NB の価格が壊れていくとどうしてもそれに引きずられてしまうためである。

　また，価格競争の効果についても疑問を持っている。価格競争で目先の売上を伸ばしたところで，次第に効力が薄れ，以前よりも利益が出なくなると捉えているのである。よって，同社は価格を頻繁に上げ下げすると，顧客に不信感を持たれてしまうことから，安易な値下げはしないという方針を採っている。商品の価値にふさわしい値付けをし，満足してもらえれば，売上は自然とついてくると確信しているからである。

　このように価格競争には乗らないという強いスタンスを採っているため，各店舗に売価決定権を与えないようにしている。そのため，競合店が安売りしているからといって，対抗して値段を下げることはない。消費者に同社のこだわりを理解してもらい，あくまで他店舗と同社の店舗を使い分けしてもらうことに注力しているのである。

　ただし，価格に絡んだプロモーションをまったくやらないというわけではない。例えば，一部店舗では，買上金額に対して5％OFF のクーポンを発行して，既存顧客の来店促進を促すキャンペーンを展開したり，オリジナル商品の増量キャンペーンを展開するケースもある。これらのプロモーション内容からも分かる通り，単品の表示価格のディスカウントには安易に手を付けないというのが一貫したスタンスなのである。多くのスーパーマーケットの既存店売上高がマイナス傾向の中，同社の既存店売上高が前年度比を維持できている背景には，品揃えや売場の魅力だけでなく，このような一貫した価格コントロールも寄与しているのである。

1-5．売場作り

　同社では，値段を下げずに商品の価値をアピールするための売場作りについて工夫と努力を行っているが，その中で5つの方法を徹底している。その5つとは，①優位置に置く，②フェイスを広げる，③商品をどんと積む，④POP をつける，⑤接客をする，である。これらの具体的な展開として，毎月，店舗の各売場で「店長の一品」というものを決めて，それを明示したPOP をつけて重点的に売り込む商品が8アイテム，「私の一品」という各店

の売場担当者が毎月決めて，POPにその売場担当者の手書きのコメントを書いて，各売場で売り込む商品が8アイテム。それに加えて，商品部の方で重点的に売り込む128アイテムを毎月決めている。この128アイテムは，「人気商品」と「こだわり商品」の2つのタイプがあり，8部門，2タイプからそれぞれ8アイテムずつの16アイテムを選定し，トータル128アイテムを選定している。

　このような売場を作っていくためには従業員のモチベーションが重要になってくる。顧客に満足される売場というものはやはり従業員自身が作るほかなく，顧客に満足してもらえるために必要なことは何かを，着実に地道にやっていくことが，企業価値を上げるためには必要だと捉えている。従業員のモチベーションを上げるためには，従業員を前面に出すことである。例えば，各店舗の売場担当者が，自身が食べたり使ったりした際の率直な感想を手書きで店頭に掲載する。このような活動をすることにより，売場担当者は自分が提供する情報に対して責任を持つことになるので，売場作りに対してより一層の努力をすることになるし，消費者にとっては商品情報という認知的な部分と「真心がこもった」情報という情緒的な部分の両面で商品の良さを理解してもらい購入に繋げているのである。

　また売場作りも含めて良い店舗，具体的には「あの店が好き」，「あの店は感じが良い」，「あの店に行きたい」という顧客を増やすためのポイントとして，「挨拶をきちんとすること」，「クリンリネスを徹底すること」，「品切れを減らすこと」，「安心・安全の鮮度管理を徹底すること」の4つが重要だとしている。例えば，「挨拶しろと命令する」，「朝礼で挨拶を言う」，「挨拶強化月間を掲げる」，「挨拶の良い店員を店に貼る」というような取り組みをしても挨拶は良くならず，挨拶を徹底する方法は，まず店員が仕事に対する誇りや満足感を持っているかどうかが重要だとしている。そのため，従業員同士がお互いの仕事を褒め合い，尊敬しあう風土づくりを目指している。仲間同士で褒め合うことで，お互いの自信につながり，それが仕事に対する誇りにつながるという好循環を目指しているのである。また，仲間の仕事を褒めるためには，仲間の長所を見つけるべくその仲間の行動をよく観察するようになる。つまりその行動によって人を観察する能力が養われることになり，

この観察能力を顧客に対しても応用することで，顧客への気遣い，さらには顧客ニーズの汲み取りに発展できるのである。

このように成城石井は，「質にこだわる消費者がいつもと少し違う買い物として来ること」，つまり他のスーパーマーケットとの使い分け需要を前提にし，価格競争には乗らないという戦略を含めた強力な商品開発力を強みとして展開している。またその強力な商品開発力だけでなく，それを売場で活気良く展開するための売場作りや従業員のモチベーションづくりもうまく機能させていることが言えよう。

2 日本国内の事例2：阪急オアシス

阪急オアシスは，大阪府豊中市に本社を構え，大阪府，兵庫県，京都府，滋賀県に80店舗を展開しているスーパーマーケットである[6]。2017年3月期現在の売上高は1,148億5,100万円であり，前期までは7期連続で増収増益を達成していた[7]。同社は阪急・阪神百貨店を核に小売事業を展開するエイチ・ツー・オーリテイリング（H_2O）グループの一員として，「食品スーパー」事業を担っている。2016年6月に，「阪食」から「阪急オアシス」へ社名を変更している。

「阪急オアシス」のブランド再構築を開始したのは2013年からであった。このプロジェクトでは，「無形不変」，「有形不変」，「有形可変」の大きく3つに分類して掘り下げて，変えるべきものと変えてはいけないものの識別と整理を行った。「無形不変」では，自社のスーパーマーケットとしてのフォーマットで実践される「専門性」，「ライブ感」，「情報発信」を具現化した売場作りや，洗練された店舗イメージを伝えるためのコンセプトを練り，ブランドステートメントとして「食のプロフェショナル」，「安心安全な高品質食品」，「ライブ感あふれる市場」を掲げることとした。「有形不変」では，顧客向けのスローガンや店舗ロゴ，PBのネーミングやデザインをまとめていくこととした。「有形可変」の部分では，対顧客向けとして売場の備品，包装紙，Webページなど，対取引先向けには名刺や営業案内といった「阪急オアシス」のブランドの価値を視覚的に訴求するツールを見直すこと

とした。このようなブランド再構築の中で，どのように具体的な小売マーケティングミックスを行っていったのかについて以下より見ていく。

2-1. 顧客ターゲット

　同社の顧客層を年代で見ると，40〜70歳代の範囲にわたっている。一般的なスーパーマーケットでは30〜60歳代の範囲が多いことから，顧客の年齢層は高い傾向にある。60歳代前後がボリュームゾーンになるが，この年代の中でも食や生活についての情報感度が高い顧客が多い。

2-2. フォーマット・店舗立地

　同社は，「高質食品専門館」をコンセプトとした店作りを進めている。「高質といっても富裕層を狙った高級スーパーではなく，人口が減り，高齢客が増えて競争が激しくなることが予想される状況下で，街中で支持される商品販売店の在り方を考えたときに，昔ながらの「市場」，西洋で言う「マルシェ」が見えてきた。市場はモノの行き交いに人が介在し，人が主役の商売である。そのため躍動感やぬくもりに溢れている。そして鮮度感に満ちている。そうしたいままでのスーパーマーケットに捉われない現代版の市場を「高質」という言葉に置き換えているのである。(千野氏)」[8]というように，躍動感，ぬくもり，鮮度感を凝縮した店舗を展開する方針を掲げている。

　この高質食品専門館は，2009年7月に開店した千里中央店を皮切りに，このタイプの店舗の新規出店や既存店改装を進め，現在では全体の3分の2超がこのコンセプトを体現した店舗となっている (清水, 2016)。フォーマットのパターンは200坪，300坪，500坪という売場面積の異なる3つを展開していたが[9]，2016年からは150坪の都市型小型店のフォーマットも展開している[10]。

　同社の店舗網は京都市北部から神戸市中心部までの範囲に広がっている。これらを3つのゾーンに分け，北摂から阪神間をAゾーン，大阪市内から北のエリアと京都市内をBゾーン，大阪の南部と門真市や寝屋川市から北東に伸びるエリアをCゾーンとそれぞれ設定している。今後Cゾーンについては極力新規出店，既存店改装はせず，AとBゾーンに注力する戦略を

採っている。Cゾーンへの強化を抑制する理由は，「「商売が厳しい」エリアだからだ（千野氏）」としている[11]。このゾーンは価格に対して非常にシビアなエリアであり，競合店との価格競争も激しいことから，ここで価格に頼って集客する商売はもう限界だと捉えているためである。今後はエリアを広げず，自社のドミナントをいかに固めるかに注力する方向としている。

さらに高質食品専門館を発展させた新業態の展開も進めている。2018年4月には新業態として，関西発のグローサラント型店舗を開店した。今後は新店や既存店改装の際にこの業態の要素を導入していく計画である[12]。

2-3. 商品開発・品揃え

同社の商品開発の方針は「高質食品専門館」の展開に伴い，大きく変化した。具体的には，この業態の展開を機に，商品の加工度を高めていくことにした。例えば，デリカを増やすだけでなく，生鮮も寿司，惣菜，カットフルーツ，搾りたてジュースなどへ加工度を高めた品揃えを増やしていった。またPBの開発も進めてきた。「ハートフルデイズ」という価格対応型PB，「プライムタイム」という上質PBを展開している。特に使用頻度の高い商品約300品目は，ハートフルデイズとしてPB化し，競合他社への価格対応力を備えている。

商品開発・調達に関する提携も進めている。PBの留め型の開発も行っており，地域が離れているゆえに競合店のないハローデイ（福岡県・熊本県・山口県を中心に展開），サンシャインチェーン（高知県を中心に展開），エブリイ（広島県・岡山県・香川県を中心に展開）と4社で共同開発することでスケールメリットを高めている[13]。また2014年11月には香港のCitysuperと業務提携を開始し，同社が持つ世界的な仕入れネットワークを活用し，品揃えの差別化を図っている[14]。

同社は他のスーパーマーケットとの業務提携も含めて商品開発を積極的に展開しているが，競争環境や人口動態を踏まえると，スーパーマーケットとしての展開だけでは永続的な成長は難しいと捉え，食品製造小売業への移行を進めている。H_2Oグループへの商品供給だけでなく，他社スーパーマーケット企業や専門店への卸売も強化している[15]。その中でPB商品の拡充を

進めており，従来の価格対応型PB「ハートフルデイズ」と上質PB「プライムタイム」に加え，2017年3月期からヘルシー型PB「ファイン」を新たに投入して3つのラインのPBで展開している[16]。また2018年4月から展開している新業態では，グロサリー・日配品の中に占めるNBの構成比は3％に抑え，97％を独自で調達・開発した商品で構成している[17]。

2-4. 価　　格

　同社のPBのラインからも見られるように，価格競争に対応していく商品と上質を追求し高価格で展開していく商品を分けている。またNB商品については，競合店舗に対抗できるような価格設定を行っている。その理由として，独自の商品を強化しているとは言っても，現状として売上構成比の高いNB商品を確実に売っていかなければならないという事実がある。NB商品については，最近ではスーパーマーケットのみならず，ドラッグストアやコンビニエンスストアのような他業態とも取扱商品が似通ってきて，競合するようになっている。このような状況で，顧客に選んでもらうためには，他社と勝負できるNB商品の販売価格を打ち出す必要があるからである。しかし，NB商品の価格を安く設定すると収益性が低下してしまうため，収益をカバーするための商品開発力・調達力が重要となってくる。巨大スーパーマーケットのPB商品であれば，スケールメリットで十分な収益源になるであろうが，同社ではそこまでのスケールはないため，顧客に喜んでもらえる「独自のもの」，「新しいもの」を国内外で探す，または創ることが収益確保の重要手段となっているのである。

　また同社の社名，店舗名にもある「阪急」の名の影響はプラスに働いていると捉えている。同社のブランディングにおいて，阪急百貨店を基盤とする上質な「阪急」イメージは間違いなくプラスに働いており，独自性を訴求するうえで，大きな「財産」となっている。しかし実際のところ，百貨店とスーパーマーケットとの間では，取扱商品の「レベル感」や「価格帯」が大きく異なる。百貨店が「非日常」の消費や演出を主要領域とするのに対し，スーパーはあくまでも「日常」の消費を対象とし，その範囲内で「安いもの」も「新しいもの」も取り扱うというバランス感覚が必要になってくる。

価格戦略についても，「阪急」のイメージとしての上質路線とスーパーマーケットとしての「Hi-Lo」あるいは「EDLP（Everyday Low Price）」路線のバランスを常に取りながら，ブランド力と収益性を守ることができるスタイルを考えているのである。

2-5. 売場作り

　同社では，主力業態として展開している「高質専門食品館」の売場作りを実現する方法として，「専門性」，「ライブ感」，「情報発信」の3つをキーワードに設定している。「専門性」は，商品の見せ方，売り方，また色彩や什器などの店内環境にもこだわって，商品の価値を高めていくことを示している。特に販売面で主力となる青果，精肉，鮮魚，デリカ，ベーカリーの5つのカテゴリーは，一目で違いの分かる売り方を目指している。「ライブ感」と「情報発信」は，加工作業を行っているプロセスを実際に消費者に見せて，おいしさや鮮度感を演出し，出来立ての商品をその場で対面販売することを示している。また献立や食育提案を行うキッチンステージ，さらには試食販売も常時行う中で，顧客と対話をしていくのである。

　つまり単なる買い場ではなく，市場同様のコミュニティの雰囲気を重視した売場作りを目指しているのである。

　この背景にあるのが，消費者がスーパーマーケットに求める役割が変わってきていることにある。具体的には，「以前は素材を提供する「冷蔵庫」代わりであったのが，いまは「リビングダイニングキッチン」になっている（千野氏）」[18]ということである。つまり調理済みのような加工度の高い商品を消費者が求めるようになってきていることは，自宅のキッチンと同様の機能が求められていることを意味し，さらにそこに人が集まって食べるという自宅のリビングと同様の機能まで求められていることを意味しているのである。

　同社では，先述した「専門性」，「ライブ感」，「情報発信」の3つのコンセプトに基づく売場モデルを「コンテンツ」と呼んでいる。カテゴリーは農産，水産，畜産，日配，グロサリー，ギフト，デリカ，ベーカリーに分かれるが，例えば，農産では，量り売り，カットフルーツ，生産者直売のおひさ

ん市など10のコンテンツがあり，水産では，魚屋の鮨，魚屋の惣菜，ハーフデリ，サーモン倶楽部など7つのコンテンツがあるなど，50ほどのコンテンツが開発されている[19]。

このように阪急オアシスは，「阪急」という京阪神の地で培われてきたブランドを活かしつつ，市場，マルシェのように「街中で楽しめるスーパーマーケット」としての存在感を出すことに努めている。特に，「専門性」，「ライブ感」，「情報発信」をキーワードにした質の高い売場作りを目指すことをベースに，その売場を具現化するための商品開発力と商品調達力を高めるための他社連携も含めたネットワーク構築を積極的に行っていると言えよう。

3 米国内の事例1：Niemann Foods (Harvest Market)

Niemann Foodsは1917年に食料品店からスタートし，1940年にイリノイ州クインシーを本社とするスーパーマーケットのチェーンとして法人化した。現在，イリノイ州，インディアナ州，アイオワ州，ミズーリ州の4つの州において，スーパーマーケットの他，ホームセンター，ドラッグストア，ガスステーションへの併設型のコンビニエンスストアなどの業態の計101店舗を展開している[20]。

このうちスーパーマーケットは，「Country Market」という業態名を中心に展開している。他のスーパーマーケットを展開する企業と同じく同社もWalmartやKrogerなどの巨大スーパーマーケットやAmazonなどのECの影響で大きな苦戦を強いられている状況である。同社としては，この状況を打破するためには，いままでのスーパーマーケットの業態モデルをリセットしなければならないとして，新生の象徴として「Harvest Market」という新業態を開発し，その1店舗目をイリノイ州シャンペーンに2015年に出店した。ここでは，同社の改革を表現した新業態Harvest Marketのコンセプトと小売マーケティングミックスに焦点を当てて事例を見てみる。

Harvest Marketは，イリノイ大学シャンペーン校の近隣に展開してお

り，顧客の3割はイリノイ大学の学生であるが，家族連れ，特にミレニアル世代の顧客も多いのが特徴である。週当たりの来店客数は約14,000人である。なお，通常の業態であるCountry Marketでは，フリークエント・ショパーズ・プログラム（FSP）を展開しているが，Harvest MarketではFSPを展開しないという方針を採った。それは今までのスーパーマーケットが行ってきた「特定の顧客を優遇する」というスタンスをリセットし，「顧客はみな平等」というスタンスに回帰しようと考えたからである。「顧客はみな平等」のスタンスとして例えば，チェックアウトの列は1列のみにし，空いたレジに順に進んでもらうという方式にも転換した。これもチェックアウト待ちの不平等をなくすためである。

店舗のコンセプトは，顧客に「体験」を提供することである。買い物の中で顧客の冒険心を駆り立てるような店舗作りを常に目指している。例えば店内にバター工場を設置し，近所の小学生を工場見学に受け入れている。ここで子供たちが体験することにより，その経験を家族に伝え，今度は家族で来店し，体験する，という流れを意識している。また生鮮やデリカの売場の随所に，その商品にちなんだ豆知識もPOPとして掲出している。これも，買い物の間にこれらの知識を知ったり，その情報をもとに一緒に買い物に来ている家族や友人と話題にしたり，という展開を意識している。この店舗の中で実際に体験する，ということを大きな付加価値の1つとして考えている。

品揃えについては，商品選定・商品調達の部分を大幅に店舗に裁量を委ねている。本部コンセプトを現場にやってもらう形だと，その徹底が難しいし，各店の個性が出せないためである。また何より，チェーンの本部が主導する，スケールメリットを含めた効率的なオペレーションではもはやスーパーマーケットは伸びないと考えたからである。効率性という点でWalmartやAmazonを超えられる企業はない。ここで競争するのはもはや難しいのである。そのため，本部は営業・販売成果のリクエストに特化し，品揃え，売場作りについては各店舗のスタッフが持つ個性，アイディアのユニークネスを尊重する方針に大きく転換したのである。

品揃えのユニークネスの1つとして，店舗が立地する近隣の生産品の販売を特に重視している。「近隣」の目安として店舗から車で20分以内に立地す

る生産者から調達するという方針を採っている。近隣の生産品を売場に展開する際には，素材や生産の経緯など生産者のストーリーを丁寧に伝えることを徹底している。このような物語とセットにした売場展開により，顧客に「体験」をしてもらうことで，他社との優位性を保っている。なお店舗内のエンドの大半をこのような近隣の生産品の陳列にあてている。エンドという多くの顧客の目に触れる場所を使って，物語を伝えていきたいと考えているためである。通常のCountry Marketのエンドは，他のスーパーマーケットと同様に，NBの大量陳列の場としており，そのブランドを供給するメーカーから陳列の協賛金を得て成り立っているわけである。Harvest Marketでは，このようなメーカーからの協賛金を機会ロスとして捨てる決断をしてまで，物語を伝えることを重視しているのである。また店舗の中央部分に乳製品の売場を大々的に展開している。酪農が盛んで，歴史があるという米国中西部のアイデンティティを表現するために，敢えて中央部分に持ってくるようなレイアウトにしたのである。

　店舗の商品構成については，生鮮・デリカが40％，グロサリーが60％である。通常のCountry Marketでは生鮮・デリカの構成比は20％であるため，生鮮・デリカを2倍に強化した構成で展開している。またNBの品揃えはできるだけ抑えている。ワンストップ・ショッピングをしてもらううえで必要最低限のものを揃えているが，NBを積極的に売ってもWalmartには到底勝てないため，ここを競争軸にはしないという方針を採った。

　価格設定については，NBについては必要な範囲で特売を行っているが，基本的に通常のCountry Marketや他のスーパーマーケットに比べて高級なレベルに設定している。競合店の低価格の流れには乗らないというスタンスを採っている。例えば，サンクスギビングデーのときには，七面鳥の丸焼きの販売が定番であり，七面鳥の価格競争が毎年行われているが，その中で敢えて高級な商品を販売した。各社が低価格の商品を販売する中で高級商品を販売したことで，逆に大きな話題になり，販売も成功したという経緯がある。他社と同じことをやっていては当然ユニークネスを出すことはできないのである。

　このようにHarvest Marketは「顧客体験」，「顧客は平等」，「地元志向」

を新たなキーワードにし，スーパーマーケットにとっての従来の売り方のキーワードであった，「本部主導」，「スケールメリット」，「顧客の識別」，「メーカーからの協賛」などから大きく転換する取り組みを行っている。この大きな転換の背景には，やはりWalmartやAmazonといった巨大小売業の存在があり，これらの企業と同じ競争軸で展開するのがもはや限界であり，この競争から脱却するような根本的に新しい価値づくりが急務であったことが垣間見えよう。

4 米国内の事例2：Dorothy Lane Market

　Dorothy Lane Market（DLM）はオハイオ州デイトンに1949年に創業し，デイトンを中心に3店舗で展開する小規模なスーパーマーケットである。同社は1995年から「クラブDLM」というFSPを開始しており，FSPを活用しているスーパーマーケットの先駆け的存在である。その活用事例について1990年代後半から米国だけでなく日本でも大きく注目されており，その事例に関する議論は多くなされている（例えば，中村，1998a；小林，2000；宮崎，2008；ブライアン・ウルフ，2016）。FSPの事例については他著に譲り，ここでは，同社のブランド構築とそれに合わせた小売マーケティングミックスに焦点を当てて事例を見てみる。

　DLMは，従業員もみな家族，という企業文化を大事にしている。そのため従業員を採用する際にも，この文化を共有できるかという点を特に重視している。この企業文化を大事にする理由は，この文化に賛同した従業員の強く，誇りを持った振る舞いは顧客を心地良い気分にし，顧客はまたこのお店に来たくなるためである。しかも技術はすぐに教えられるが，文化にまつわる精神は簡単に教えられるものではなく，それが他社にはなかなか真似のできない，DLMの大きな競争優位の源泉になっているからである。現在，3店舗という小規模の店舗展開であるが，これはこの文化を大事にしていくためにはこの規模に留めるということが重要であるとしている。例えば，トップは従業員の名前を全員覚える努力をしているが，店舗を拡大すれば，それが不可能になってくる。また，同じ高級スーパーとして位置づけられている

Whole Foods はかつて小規模で非常に良い企業文化を持っていたが，規模拡大に伴いその文化が薄れてしまい，Amazon に買収されてしまった。これは DLM の経営上，非常に大きな教訓になっている。
　DLM は前述の通り，3店舗という小規模出店であるが，各店舗は比較的所得が高く，近隣にハイレベルな学校があるところに立地している。それは，こういう学校に子供を通わせている世帯は，食生活というものを非常に大事にしている。具体的には，食材への関心はもちろんのこと，家族揃って食事をすることを大事にしているからである。こういう食生活を大事にするような顧客に来てもらいたいと考えているためだとしている。
　品揃えとしては，生鮮・デリカを中心に置いているのに加え，グロサリーもオリジナルの商品を中心に構成している。まずデリカでは，食材がセットでパッキングされ，あとは簡単に調理するだけのミールキットの品揃えが充実している。時間はないけど，出来合いのものではなく，しっかり調理したいという世帯が増えていることが背景にある。しかも好みの食材を選んだり，嫌いな食材を避けたりなど，食材の組み合わせを柔軟にできるようにパッキングするセットのタイプも細かく設定している。またグローサラントのコンセプトも重視しているため，ベーカリーについては，店内で粉のグライドから行ったり，ピザについても，ソースやチーズは近隣の生産者のものを用い，顧客からの要望に合わせて特注の窯でその場で焼いたりなど，材料へのこだわりを強く持っているだけでなく，作るプロセスも見せている。さらにこれらの作っている模様をライブ映像で SNS に配信し，チェックアウトのレジの先に大型スクリーンにその映像を流している。これによりチェックアウトで待っている際の暇つぶしになるだけでなく，調理場面を見る楽しさやそれによるシズル感の演出を行っている。
　次に生鮮では，プロデュースと呼ばれる青果売場では，熟練のスタッフによる視覚に強く訴求した陳列（Visual Merchandising）が至るところで行われている。これはマニュアルをもとに簡単にできるものではなく，長年の経験から培われた高度な技術が反映されている。またプリカットのサラダは通常のスーパーマーケットではデリカの部門が担当するケースが多いが，DLM では，野菜の専門家が管理すべきだということで青果売場が担当している。

グロサリーの売場では，NBの品揃えは非常に少なく，PBと独自調達の商品を中心にした品揃えで構成されている。PBは，"DLM" という同社の名称を付けたものが最上級のラインになる。他のスーパーマーケットでは，NBと対比される標準型のPBラインに社名を冠するケースが多いが，同社は他社とは大きく異なり，最上級のラインに社名を冠しているのである。また創業者の写真を入れたパッケージによるPBもあり，品質はもちろんのこと，同社の文化と歴史もメッセージとして商品に織り込んでいる。またこれらのPBについては，実際に売場スタッフが試食，試飲した経験をPOPに織り込み，生の情報として訴求している。

　エンドにはPBや独自調達のオリジナル商品を中心に陳列しており，特に季節感の演出を重視した展開を行っている。毎日来たくなるような雰囲気づくりを出すために，陳列のテーマや陳列商品の変化を常に出すことを重視している。この店内の雰囲気に見合った商品を陳列するというのは非常に重要であり，例えば，DLMで人気のあった商品を近隣のスーパーマーケットに導入しても同じようには売れないというケースが多い。これは，同社で人気がある商品だからといって他社の店で陳列すれば同じように売れるというわけではなく，陳列する商品と店内の雰囲気との相性というのは非常に重要だということをこれらのケースは示しているのである。

　売場作りや商品開発を検討するに当たり，「カスタマーボードメンバー」という売場や商品に関して有効な意見を出してもらう顧客を選出し，顧客の声を実際に会議で聞く機会を設けている。ここに参加する顧客は，FSPに基づく買上実績の上・中・下のそれぞれのランクから選出しており，たくさん買っている顧客だけでなく，あまり買っていない顧客の意見も聞くようにしている。またDLMで食材を調達しているレストランやFSPのランクの高い顧客の名前を店舗内に掲示したり，DLMのショッピングバッグを持って世界各地で撮影してもらい，それをSNSにアップした模様を掲示するなどしてDLMへのロイヤルティを高めてもらう企画も店舗内の随所にちりばめている。

　このようにDLMは，「従業員も家族」という企業文化ゆえに小規模のスモールビジネスを維持している。またこの文化を大事にすることから来る

「誇り」をベースに，熟練の知識や技術を反映させた商品開発や売場作りを展開し，顧客から強い支持を得ているのである。

5 米国内の事例3：Roundy's（Mariano's）

　Roundy's はウィスコンシン州に本拠を置くリージョナルチェーンのスーパーマーケットであり，最高経営者（CEO）はロバート・マリアノ，2014年度の年商は38億5,516万ドル，店舗数は148店舗，『*Supermarket News*』誌による食品リテーラーランキングで40位という規模の小売業である（鈴木, 2016）。Roundy's は「Mariano's」，「Pick 'n Save」，「Copps」，「Metro Market」という4つのフォーマットを展開しており，中でもCEOの名前を冠したMariano's は2010年にシカゴ中心部に初出店され，レベルの高い店舗作りが各界から注目された（Dudlicek, 2015；佐野・若林, 2015）。2015年にKrogerがRoundy's を買収したのであるが，米国最大手スーパーマーケットがMariano's という都市型の繁盛業態を手に入れたということで大きな話題になった（鈴木, 2016）。ここでは，Mariano's のブランド構築とそれに合わせた小売マーケティングミックスに焦点を当てて事例を見てみる。

　Mariano's はシカゴを中心に44店舗（2018年5月現在）を展開し，アッパーミドルやミレニアル世代をターゲットとしている。企業のポリシーとして，「より楽しい買い物を。より美味しい食事を。より良い生活を。(Shop well. Eat well. Live well.)」を掲げており，ECによる購買が増える中で，わざわざ店舗に来る価値をいかに高めるかに工夫を凝らしている。同社は顧客への対応スタイル（Mariano's Way）を次のようにしている。

・明るく，フレンドリーに接すること
・顧客からのリクエストにNoと言わないこと
・地域コミュニティとのコミットメントを持つこと
・常にユニークであること
・常にワクワク感（エキサイトメント）を出すこと
・常に「宝探し」の気分を味わってもらうこと

この対応スタイルに基づいた売場内では，まずストアの入り口横にはグランドピアノが置かれ，週末には生演奏を行っている。プロデュースと呼ばれる青果売場には，プリカットのサラダバーだけでなく，スムージーバー，紅茶キノコを用いたコンブチャのバーも展開されている。デリカの売場では，例えば，地元産のハムの品揃えを充実させるだけでなく，スライサーのマシンを多く用意して，その場でスライスして提供したり，チーズ売場ではモッツァレラチーズをその場で作って提供するなど，「見ていて楽しい」，「選ぶのが楽しい」，「作り立てを味わえる」というライブ感を強く醸し出した演出を売場の随所で行っている。またグローサラントとしてのスペースやイベントスペースも充実させている。週末には夫婦がグローサラントのスペースでワインを飲み，食事をして，長時間滞在するという買い物スタイルをとる顧客が多く，またケーキへのデコレーションのイベントや，食の研究会，ワイン・チーズや寿司・Japanウィスキーのペアリング・イベント，ワイン飲みながら絵描きをするイベントも多数の参加者でにぎわっている。しかし一方で，食材がセットでパッキングされ，あとは簡単に調理するだけのミールキットの品揃えやプリカットのハムやプリメイドのデリカも充実させているように，待っている余裕はないという時短ニーズの顧客への対応も着実に行っている。生鮮やデリカの売場は非常に演出に凝っているゆえに，高級なポジションの価格設定となっている。

　加工食品，日用品といったグロサリーの売場も，演出面では，例えば「ストリート・マーケット」という，世界各国の調味料を多彩に集めたコーナーを大きく展開するなど，見る楽しさ，選ぶ楽しさを惹き出す演出を行っている。しかしグロサリーの売場では高級というよりはむしろ価格訴求を積極的に行っている。Mariano'sは生鮮やデリカを中心に高級志向の売場作りを行っているが，高級志向だけでは敬遠し，離脱してしまう顧客層がいるため，そのような顧客を引き込むため，高級志向を保ちながら，価格訴求を行うべき部分についてはそれを積極的に行っていくというバランスを重視している。価格訴求のPOPは大きな黄色のサインを用いており，これは親会社のKrogerのそれと非常に似た雰囲気を出している。親会社のKrogerによる影響は，ITシステムの共有やグロサリーの調達力によるスケールメリッ

トの部分が大きいということで，Mariano's の売場作りに関して変更を要求されることはなく，むしろこの部分については Kroger 側がエッセンスを取り込める部分はぜひ取り込みたいというスタンスを取っている。

　グロサリーの価格訴求によって，特に NB の商品については実際に競合企業となる Whole Foods より安価なアイテムが多いが，顧客にヒアリングをしてみると，Mariano's の方が高級だと思っているとのことである。価格訴求を随所に行っていても高級なイメージが損なわれないのは，売場作りに関して，顧客をエキサイトさせられるようなイノベーションを意識し，常に新しいものにトライし，それが店舗の雰囲気などの総合力に反映されているからだと分析している。顧客のエキサイトメントの指標としては，来店頻度，滞在時間，買上点数のほか，SNS で発信されるコメント数や内容で捉えている。SNS では 98% がポジティブなコメントである。

　このように Mariano's は高級志向を前提としながらも，価格訴求も避けて通れないという現実問題をうまく調和させた売場作りを行っている。それでもディスカウントなイメージがつかないのは，常にユニークで，エキサイティングで，宝探しの気分を顧客に味あわせるという Mariano's Way が徹底されているからであると言えよう。

6　事例のまとめ

　ここまで，日本国内の事例として成城石井と阪急オアシスの 2 社を，米国の事例として Niemann Foods（以下，Harvest Market），Dorothy Lane Market，Roundy's（以下，Mariano's）の 3 社の計 5 社を扱った。これらの事例からスーパーマーケットとしてのブランド力を備えていくための示唆について，第 1 章で扱った Wileman and Jerry（1997）による企業レベルとしての 6 つの小売ブランドの差別化の基盤に則して述べていく。

6-1.　強力で高品質のストアブランドの開発への投資

　今回事例として扱った 5 社共に，競争優位につながるユニークなストアブランド商品の開発と品揃えに注力していることが言える。

日本国内の成城石井では，NBをほとんど扱わない方針を採っているうえ，世間一般で言われているストアブランド商品の総称である「PB」という言葉は絶対に使わず，「オリジナル商品」と呼ぶようにするなど，ストアブランド商品のポジションに対して強い信念を持っている。そのため，ストアブランド商品の開発において，NBとの対比という観点を一切取り込まず，「他にはない商品を自分たちの手で作る」という強い方針のもとで開発を行っている。阪急オアシスは，価格対応型PBだけでなく，上質型PB，ヘルシー型PBの3つのラインのPBを展開しており，ストアブランド商品の開発を強化している。またそれだけでなく，近年の新業態では品揃えの大半を独自で調達・開発した商品で構成するなど，品揃えの部分でのユニークさも強化している。

　米国のHarvest Marketは，店内にバター工場を設置するなど，店舗内での加工度を強化する形で商品開発を行っている。また商品の調達という点では，「地元志向」の方針を採っており，具体的には店舗から車で20分というのを目安にした近隣の生産者による商品の取り扱いを強化している。Dorothy Lane Marketは，展開しているPBのラインの中で最上級ラインに「DLM」という社名を入れたり，創業者の写真をパッケージに入れたりなど，同社の文化と歴史，そしてそこから得られる誇りをメッセージとしてPBの商品に織り込んでいる。Mariano'sは，Harvest MarketやDorothy Lane Marketと同様に，デリカについては店舗内での加工度を強化する形で商品開発を行っているが，グロサリーのPB開発は他社に比べて積極的ではない。むしろ親会社（Kroger）のNBの調達力を活かしているように，デリカとグロサリーの間でストアブランド商品の開発方針について色分けをしている。

6-2. サプライチェーンとサプライヤーとの関係性への投資

　サプライヤーとの関係性については，前項のストアブランドの開発にも大きくかかわってくる部分であるが，各社ともに強力な推進を行っている。

　成城石井では，ユニークな商品の構成として，「直輸入品」，「自社工場商品」，「オリジナル商品」，「各地のこだわり商品」の4種類があるが，これら

のユニーク商品の品揃えを実現するために，海外の現地との直輸入の体制を構築したり，素材や製法へのこだわりを重視するために，生産・流通過程を直接管理する体制を構築している。阪急オアシスは，国内外のスーパーマーケットとの業務提携を行い，PB開発体制やとユニーク商品の調達体制の強化を進めている。

　Harvest Marketでは，近隣の生産品の品揃えを強みにしていることから，これらの生産者からの調達体制を構築している。Dorothy Lane Marketについても，デリカや上質PBに使用する材料を近隣の生産者やこだわりの生産者から調達する体制を構築している。Mariano'sは，デリカについては近隣の生産者やこだわりの生産者から調達する体制を採り，グロサリーについては親会社のKrogerのスケールメリットを活かした調達体制を構築している。

6-3. マス・マーケティングによるブランドの差別化

　Wileman and Jary (1997) では，マス・マーケティングによるブランドの差別化をポイントとして挙げているが，今回扱った5社はマス広告についての積極的な投資を行っていない。各社とも広域に展開しているスーパーマーケットではないため，テレビなどのマス広告への投資が有効であるとは捉えていない。ただし，マス広告への投資は積極的ではないが，パブリシティを狙った情報発信を積極的に行い，またスーパーマーケットとしてのユニークな経営の成果がパブリシティを呼び込んでいるのが特徴と言える。

　例えば成城石井は，新商品情報や新店情報がテレビ，新聞，雑誌といったマス媒体からの取材・報道対象となることを意識して，話題性という面でもインパクトのある商品開発や品揃えを展開している。阪急オアシスも，流通専門雑誌の『チェーンストアエイジ（現ダイヤモンド・チェーンストア）』が行っている「STORE OF THE YEAR」において，2011年，12年，16年の3回選ばれ，また新日本スーパーマーケット協会が選出する「ベスト店長大賞」にも2014年と2017年にも選ばれているように，同業者や専門家から高い評価を受けている。ちなみに，成城石井と阪急オアシスのパブリシティ指数[21]を見てみると，成城石井は0.59，阪急オアシスは0.37であり，これは，

スーパーマーケットの売上規模の大きいライフコーポレーション（0.17），ヤオコー（0.26），イトーヨーカ堂（0.25），イオン（0.06）よりも大きい。このことから，成城石井と阪急オアシスはパブリシティを強く呼び込む，話題性の高いスーパーマーケットであることがわかる。

Harvest Market は，運営企業である Niemann Foods の最高経営責任者リチャード・ニーマン Jr が全米食品小売業協会（National Grocers Association）の理事長を兼務[22]していたこともあり，協会のトップが一念発起して開発した新業態ということで大きな注目を浴び，『*Progressive Grocer*』をはじめ，全米の流通業界誌に多く取り上げられている。Dorothy Lane Market は，2017年に Super Valu の "2017 Grand Master Marketer" を受賞している。これは，全米の小売業における500以上の先進的なマーケティングプログラムを対象に33部門の優秀事例を選出するものであり，同社は小規模ストア（3万平方フィート以下）の加工食品部門で受賞している[23]。Mariano's は，グローサラントの先駆けとして流通業界誌に頻繁に取り上げられているうえに，2015年に全米最大手スーパーマーケットの Kroger に買収されたことで，さらに業界誌での取り扱いが増えている[24]。

6-4. 直接的な顧客との関係性の構築

直接的な顧客との関係性の構築という観点では，まず Dorothy Lane Market のように FSP を活用して顧客との関係性管理を確立している企業もあるが，ここでは情報技術による接点ではなく，顧客と企業の Face to Face による接点に着目して述べたい。

成城石井は，本格的なものにこだわる，いわゆる情報感度の高い顧客層をターゲットにし，そのような消費者が集まる場所に出店し，ユニークな品揃えでこのような顧客を惹きつける戦略を採っている。阪急オアシスも情報感度の高い顧客を意識し，同社が進める高質を理解する顧客層が集まる場所に出店し，躍動感，ぬくもり，鮮度感を表現した店舗，売場作りを展開することで，顧客とのコミュニケーションを深める戦略を採っている。

Harvest Market は，ミレニアル世代の家族連れをターゲットにし，子供から親まで，家族で買い物をする楽しさを「体験」してもらうことを強く意

識したコミュニケーションを展開している。またこの業態ではFSPをリセットし,「顧客は平等」というスタンスで店内での顧客対応を行っている。Dorothy Lane Market は,「家族で揃って食事をすることを大事にする世帯」をターゲットにし, 調理時間の短縮とこだわった食事のトレードオフを解決するような品揃えによって顧客からの強い支持を得ている。Mariano's は, 食に対するこだわりはあるが, コストも重視するという顧客をターゲットにし, 高級と低価格のバランスをうまく取ったコミュニケーションを展開している。また「ユニーク」,「ワクワク感」,「宝探し」などのMariano's Way をベースに,「見ていて楽しい」,「選ぶのが楽しい」,「作り立てを味わえる」というライブ感を顧客に体感させている。

6-5. ブランドの一貫性

Wileman and Jary (1997) は, ブランドの一貫性とは,「品揃え, 価格設定, 製品品質, プロモーション, 店内サービスなどに反映されるような長期的なブランドのポジショニングと価値に留意し, 短期的な売上や利益の圧力に勝ること」としている。

これを踏まえて各社の状況を見てみると, 成城石井は, 他のスーパーマーケットと張り合うのではなく, 複数のスーパーマーケットの使い分け需要を前提にしているため, 価格競争に乗らないし, 価格の比較をされないためにも, 他のスーパーマーケットにはないユニークな商品を提供していくという, 強力な商品開発力をコアコンピタンスにしている。阪急オアシスは,「食のプロフェッショナル」,「安心安全な高品質食品」,「ライブ感あふれる市場」をブランドステートメントとして掲げ, これらのステートメントをもとにした商品開発, 価格設定, 売場作りを行っている。

Harvest Market は,「顧客体験」を軸にした品揃えや売場作りに徹底するスタンスを採っている。他のスーパーマーケットでは, エンドのスペースをメーカーに提供することによって協賛金を獲得するケースが多いが, その機会を捨ててまで,「顧客体験」を表現したエンド作りにこだわっている。Dorothy Lane Market は, PBや独自調達の商品を中心に品揃えを展開しているが, 店内の雰囲気と陳列商品の雰囲気がマッチしているかどうかという

点に着目しているように，商品の品質や品揃えと店内の装飾などの雰囲気との整合性を常に重視している。Mariano's は，ユニーク商品は高単価，NB 商品は低価格というように，ユニーク商品と NB 商品の価格ミックスを展開する中でも，高級というイメージを維持することに成功していることから，高級とリーズナブルの双方を表現した巧みなポジショニングを形成している。

6-6. 組織の上から下まで行きわたった強いブランド文化

　組織内に浸透した強いブランド文化について各社の状況を見てみると[25]，各社ともに強いポリシー，スタンスを持って事業を行ってきたというプライドがブランド文化として全社的に形成されていることが言える。

　成城石井は，「おいしい，こだわった，安心・安全な食品を，世界中，日本中を歩き回り発掘，開発」し，「商品の本当の良さをアピールし，お客様に，食べる喜び，こだわる喜び，会話する喜び，集まる喜び，を提供」することを経営理念[26]として掲げているように，商品開発をはじめとしたイノベーションの積み重ねとそれを顧客に喜んでもらうことによって成長してきた企業だという強いプライドを全社で共有している。阪急オアシスは，京阪神地区において電鉄や百貨店を中心に根付いている「阪急」という生活インフラとしての強いブランドの支援を得ながら，前述のブランドステートメントにあるようなスタイルを全社で共有している。

　Dorothy Lane Market は，「従業員はみな家族」という文化を築いてきており，店舗数の増加などの事業を拡大には踏み込まず，近隣の競合となる巨大チェーンストアの店舗とは一線を画した経営を貫いてきたというプライドを全社で共有している。Mariano's は，当該業態のオープンは2010年ということで歴史は浅いが，CEO であるロバート・マリアノ自身の名前を冠したというだけでなく，CEO 自身が店舗スタッフと同じユニフォームを着て頻繁に現場に立つという徹底的な現場主義（鈴木，2015）を貫いており，これが従業員のモチベーションを高め，顧客に最高の買い物をもてなすというプライドを醸成している。

7 事例を踏まえた研究課題

　以上，スーパーマーケットのブランドづくりの先進事例として，日本国内については成城石井と阪急オアシスを，米国については Niemann Foods, Dorothy Lane Market, Roundy's をそれぞれ扱い，ブランドづくりに向けた要件を Wileman and Jary (1997) の枠組みに合わせて提起した。前節で示した通り，これらの先進事例はブランドづくりの点で非常に示唆に富んだものであるが，スーパーマーケットのブランディングの研究を進めるうえで明らかにすべき課題も存在する。ここで，その課題について6つの点から言及したい。

　1点目は，ブランドづくりを目指した結果となる「成果指標」の問題である。前章での課題としても指摘したが，各社の成果の把握が集客や売上に焦点が当てられているということである。自社の店舗展開に対して消費者が来店し，購買し，その購買の積み上げとなる売上を達成してこそ，経営が成り立つわけであるため，そこに焦点を当てるのは経営上当然のことである。しかしながら，自社の店舗で購買した消費者が，それを知人や友人などと話題にするのか，それともしないのか，そして話題になった際にはその話題を受けた知人や友人などが来店して購買するのか，それともしないのか，というように，購買の先の話題性の影響の把握ができていないのが現状である。各社は，マスメディアによるパブリシティの活用など，専門家や評論家，ジャーナリストといったプロフェッショナルによる話題性の構築には取り組んでいるが，消費者間での話題性の構築には十分に取り組めていない。スーパーマーケットについて消費者間でのどのような話題が展開され，どのような要素によって話題性が強まるのかについて明らかにすることは，今後，既存の顧客の囲い込みだけでなく，新規の顧客の来店や購買を促すためには重要な観点であると言えよう。

　2点目は，その話題の起点になる消費者というのは，どういう特徴を持っているのか，という問題である。各社の事例を見てみると，日本では60歳代以上のシニア層がターゲットであったり，米国ではミレニアル世代がター

ゲットであったりと，デモグラフィックでは違いがあるものの，共通している点は，これらのターゲットとなっている消費者が，食へのこだわりを持っていたり，買い物についての意識が高い，いわゆる情報感度の高い傾向にあるということである。この情報感度が高い消費者層は，具体的にどのような買物行動をし，またどういう情報を発信しているのかについて，具体的な特徴を明らかにすることは，今後彼らに対して確度の高いコミュニケーションを展開するうえで必要であろう。

　3点目は，話題性の高い商品とはどういうものなのか，という問題である。各社，オリジナル商品，いわゆるPBの開発に重点を置いているが，どのようなタイプやスペックの商品だと消費者間で話題になるのか，という点が明らかにされていない。当然，詳細のスペックというものは各社の機密事項になっているため，それが公開されることはないはずであるが，少なくとも単に売れるスペックと話題になるスペックというものは共通するのか，それとも異なるのかについて，消費者の知覚品質レベルでの商品スペックの傾向として見出す必要はあろう。

　4点目は，話題につながる価格とはどういうものなのか，という問題である。価格は商品の品質や特性に大きくかかわる話であるが，例えば，特売などのように通常の価格より安ければ話題になるのであろうか。それとも高級な商品ではあるものの，費用対効果，いわゆるコストパフォーマンスが良ければ話題になるのであろうか。このように，話題につながるような商品の価値と価格の関係というものも定かではないため，この点も明らかにしていく必要があろう。

　5点目は，話題につながる店舗とはどういうものなのか，という問題である。各社の事例を踏まえて話題性につながる要素を定性的に見出せたものの，定量的な分析を通じて具体的な要件を抽出することが必要であろう。また特に，ネットショップやネットスーパーなどのECが急速に拡大している状況下で，ECを含めた消費者の業態・店舗選択行動におけるリアル型店舗の意義について，話題性との関連も含めて明らかにしていく必要もあろう。

　6点目は，話題につながる売場作りとはどういうものなのか，という問題である。今回事例として取り上げた各社の売場は話題性があるゆえに消費者

の購買につながり，その積み上げとしての売上成果を達成しているのである。しかしながら，具体的にどのような売場作りをすれば話題が高まるのであろうか。つまり，売場作りの具体的な演出要素と消費者間の話題性との関係が定かではないため，この点も明らかにしていく必要があろう。

以上，スーパーマーケットのブランディングの研究を進めるうえで，6つの具体的な課題を指摘した。次章以降，定量的な分析をもとに，これらの課題を明らかにしていく。

(1) 本章の事例は，次の各氏へのインタビュー内容をもとにしている。インタビュー調査に協力いただいた各氏にはここに記して感謝を申し上げたい。なお，本文中の意見は各社のものではなく，有り得るべき誤りとともに，筆者が責めを負うものである。株式会社成城石井 執行役員 コーポレートコミュニケーション室 室長 五十嵐隆氏，同 執行役員 店舗運営本部長 兼 店舗開発本部長 早藤正史氏。株式会社阪急オアシス 執行役員 総合企画部長 尾崎俊介氏，ニーマンフーズ ゲリー・ケトラー氏（Mr. Gerry Kettler, Director of Consumer Affairs of Niemann Foods），ドロシーレーン・マーケット カルビン・メイン氏（Mr. Calvin Mayne, President of Dorothy Lane Market），マリアノス アマンダ・パック氏（Ms. Amanda Puck, Director of Strategic Brand Development of Mariano's）。
(2) 本章の米国の事例は，寺本（2018c）を加筆修正したものである。
(3) 「日本経済新聞」2014年9月30日記事より。
(4) 「株式会社成城石井」Webページより。
(5) 「株式会社ローソン」2018年2月期決算説明会資料より。
(6) 「阪急オアシス」Webページより。
(7) 「食品新聞」2017年7月10日記事より。
(8) 『激流』2013年12月号，代表取締役社長（当時）の千野和利氏へのインタビュー記事より。
(9) 『激流』2013年12月号，千野氏インタビュー記事より。
(10) 『総合食品』2015年9月号，千野氏インタビュー記事より。
(11) 『食品商業』2017年2月号，千野氏インタビュー記事より。
(12) 「日本食糧新聞」2018年4月6日記事より。
(13) 『激流』2013年12月号，千野氏インタビュー記事より。
(14) 『Diamond Chain Store』2016年1月号，千野氏インタビュー記事より。
(15) 『Diamond Chain Store』2016年1月号，千野氏インタビュー記事より。
(16) 「日本食糧新聞」2016年11月11日記事より。

(17) 「日本食糧新聞」2018年4月6日記事より。
(18) 『激流』2013年12月号，千野氏インタビュー記事より。
(19) 『激流』2013年12月号，千野氏インタビュー記事より。
(20) 「Niemann Foods」Web ページより。
(21) パブリシティ指数は，2015年から2017年の間に流通系雑誌（『ダイヤモンド・チェーンストア』，月刊『激流』，『商業界』），ビジネス系雑誌（『日経ビジネス』，『週刊東洋経済』，『週刊ダイヤモンド』，『週刊エコノミスト』，『ニューズウィーク日本版』，『プレジデント』，『フォーブス ジャパン』），全国紙新聞（「朝日新聞」，「毎日新聞」，「読売新聞」，「産経新聞」，「日本経済新聞」），流通・食品系新聞（「日本食糧新聞」，「冷食タイムス」，「流通ジャーナル」，「通販新聞」）の4種類の媒体に掲載された合計件数を2017年2月・3月期の売上高（億円単位）で割った，「売上高1億円当たりの掲載件数」を表す。
(22) NGA の理事長は，2017年12月に任期満了で退任している。
(23) https://progressivegrocer.com/dorothy-lane-market-named-supervalu-2017-grand-master-marketer
(24) アジアマーケットブリッジ代表／流通経済研究所特任研究員の包山慶見氏からのヒアリング情報による。
(25) Harvest Market の事例については業態のリモデリングが中心となるため，ブランド文化の醸成という観点での考察についてはここでは取り上げない。
(26) 同社 Web ページより。

第Ⅱ部 分析編

第7章 話題につながる消費者

　本章では，話題の起点になる消費者というのは，どのような特徴を持っているのか，について明らかにする。第6章での事例を見てみても，ターゲットとなっている消費者が，食へのこだわりを持っていたり，買い物についての意識が高い，いわゆる情報感度の高い傾向にあるということである。この情報感度が高い消費者層である「情報先端層」は，具体的にどのような買物行動をし，またどういう情報を発信しているのかについて本章では明らかにしていく。

　現在のスーパーマーケットの消費者ターゲティングの手段として，フリークエント・ショッパーズ・プログラム（Frequent Shoppers Program：以下，FSP）が多くのスーパーマーケットで導入されている。このプログラムの普及により，多くのスーパーマーケットでは，利用する消費者の中からロイヤル消費者を識別し，彼らを優遇したプロモーションや彼らの購買実績を考慮した売場作りを展開するケースが相次いでいる。ロイヤル消費者は特定のスーパーマーケットに頻繁に来店し，多額の購買を行っているため，収益面の観点から間違いなく優良な顧客であるわけだが，そもそも彼らの食生活や買い物に対する考え方はどのようなものなのであろうか。そこでまず，現在のスーパーマーケットのターゲットとなる，購買金額の多いロイヤル消費者の食生活や買い物に対する特性について見ていく。

1　店舗へのロイヤルティに関する研究

　特定のスーパーマーケットの企業や店舗へのロイヤルティは，古くはストアロイヤルティ研究として扱われてきたが，近年ではCRM（Customer Relationship Management）という顧客管理方法の中で扱われるようになってきている（清水，2013）。

店舗へのロイヤルティに関する研究は，古くから，そして非常に多く行われてきている。その研究のテーマとして，①ロイヤルティの要因に関するもの，②ロイヤルティの効果，③ロイヤルティの測定方法，④ロイヤルティの運用・管理，の4つの視点が挙げられる。

　まず，①ロイヤルティの要因については，清水（1996）が整理している。ここではストアロイヤルティの要因に関する過去の研究を大きく「デモグラフィック要因による識別」と「店舗要因による識別」に分けて整理している。これによると，前者では，社会階層（教育水準，職業，収入），ライフスタイル，ファッションに対する興味度がストアロイヤルティに関係することが明らかになっている。後者では，店舗の価格，立地，品揃え，店員の知識が重要な要因であることが明らかになっている。ただし，店舗形態によってその要因は異なり，取扱商品の最寄品の度合いが高いと価格，立地が重視され，専門品の度合いが高いと店員などの要因が重視される傾向が示されている。

　次に②ロイヤルティの効果であるが，ストアロイヤルティの研究が主流であった1990年代以前には，前述のロイヤルティの要因に向けた研究に主眼が置かれており，その効果に着目した研究は非常に少ない状況であった。効果に着目した研究が急速に増えたのは，CRMの概念が広く取り上げられるようになってからである。具体的な研究例として，中村（2006）はCRMの結果から得られるロイヤルティの効果として，ロイヤルティのある顧客の売上・利益への貢献度が高いこと，顧客のライフタイム・バリューが高いこと，これらの顧客の関連購買が期待できること，を挙げている。

　③ロイヤルティの測定方法については，ストアロイヤルティ研究の中では，消費者各々におけるロイヤルティの高い店舗の捉え方として，「ある特定期間内に，基準の回数以上購入あるいは来店した店舗」，「ある特定期間内に，最も購買金額の多い店舗」，「直近で商品を購入した店舗」，「継続的な購買を行っている店舗」という4つの尺度が扱われている（Woolf, 1996）。前述のCRMの概念の中では，企業の利用顧客をロイヤルな顧客とそうでない顧客を識別する際に，同様の測定方法が用いられるケースが多い。具体的には，RFM（Recency：直近の購入経験があるか，Frequency：来店回数がどのく

らいあるか，Monetary：購買金額がどのくらいあるか）の指標でロイヤルな顧客とそうでない顧客を識別している。なお RFM の条件設定に関しては，Hughes（1994）などが挙げられる。

そして④ロイヤルティの運用・管理方法については，南（2006），中村（2007）などの研究が挙げられる。南（2006）は，CRM の実施から効果までの流れの実証分析を行っている。その中で，企業は顧客ロイヤルティのプログラムを導入するに当たり，「直接的なプロモーション効果」と「製品／サービスの開発や商品政策，さらに品揃え形成におけるメリット」を期待することを指摘している。また中村（2007）は，英国の Tesco と日本のオギノの取り組みをケースに，店舗へのロイヤルティの高い顧客の購買履歴を活用したプロモーション活動や商品開発の有効性を示している。中村はその中で，これらの顧客へのインセンティブの提供時期（即時型と延期型）とインセンティブの対象（ブランド購買に付随と全商品に付随）をもとにプロモーション方法の類型化を提示している。

南（2006），中村（2007）の指摘を踏まえると，企業がロイヤルティの高い顧客にアプローチするのは，その顧客に対するプロモーション活動の効果が他の顧客に比べて大きく期待できるからであると言える。ただし Liu *et al.*(2009) が業界の成長度と企業規模によってロイヤルティ・プログラムの効果が異なることを示しているように，運用・管理に際しては企業規模や競合状況を考える必要もある。

以上，①ロイヤルティの要因に関するもの，②ロイヤルティの効果，③ロイヤルティの測定方法，④ロイヤルティの運用・管理，の4つの視点で先行研究のレビューを行った。前述のように，特定のスーパーマーケットの企業や店舗へのロイヤルティは，古くはストアロイヤルティ研究として扱われてきたが，近年では CRM の中で扱われるようになってきている。それに伴い，顧客 ID 付き POS データによる購買履歴をもとに，会員である消費者のライフスタイルを類推し，それをもとにしたプロモーションやマーチャンダイジングの実践が多くの小売業において試みられている（例えば，Humby *et al.*, 2004）。これらは特定の企業の顧客データを用いた企業の顧客管理手法の1つであるため，対象顧客を特定し，その顧客に向けたマーケティングア

クションを行う点では有効である。しかし，そもそも特定のスーパーマーケットで多く購買する消費者はどのような人なのか，というように，ロイヤル消費者の特徴を一般的かつ企業横断的に議論するためには，ある限られたスーパーマーケットの消費者ではなく，幅広いスーパーマーケットの消費者のデータをもとに議論する必要があろう。このような課題を踏まえ，実際の分析を行っていく。

2 分析1：ロイヤル消費者の食生活・買物特性[1]

ここでは，実際の分析として，ロイヤル消費者の食生活や買い物に対する特性を明らかにしていく。

利用データは，流通経済研究所が2013年11月に実施した，「ショッパーの業態・店舗選択調査2013」を用いる。この調査は，全国の約5,000名を対象に，主要業態の利用頻度・店舗数，商品カテゴリー別の利用業態，最も利用している店舗の業態内利用シェア・店舗評価・売場評価といった業態・店舗の利用状況だけでなく，回答者の生活状況[2]についても聴取したものである。本節では，これらの項目をもとに，ロイヤル消費者の特性を分析する。

2-1. ロイヤル・ノンロイヤルの食や買い物への考え方

ここでは，ロイヤル消費者とノンロイヤル消費者の間における，食や買い物への考え方の傾向を見ていく。ここでのロイヤル消費者の捉え方は，最も多く利用するスーパーマーケット店舗の業態内（ここではスーパーマーケット業態）利用金額シェアを用い，そのシェアを50％以上としている回答者を「ロイヤル消費者」（以下，ロイヤル）と定義し，それ以外の消費者を「ノンロイヤル消費者」（以下，ノンロイヤル）としている。この分析におけるサンプル数は3,756件であり，そのうちロイヤルは1,438件，ノンロイヤルは2,318件となった。

食や買い物への考え方として，食生活に関する項目（24項目），買い物に関する項目（21項目），情報に関する項目（5項目）の計50項目の回答率をロ

イヤル・ノンロイヤルごとに算出し，その差を t 検定によって比較している。その結果を**図表7−1**に示す。

　この結果を見ると，まず，食生活に関する項目では，24項目中7項目に差が出ている。同じように，買い物に関する項目では21項目中10項目に差が出ているが，情報に関する項目では差が出ているものはなかった。食生活や買い物においては，ロイヤルとノンロイヤルの間で考え方の違いがありそうだが，情報収集や発信に関する行動や考え方という点では違いがなさそうであることがわかる。

　次に，差が出ている項目の中で，ロイヤルとノンロイヤルのどちらの回答率が高いかを見てみる。食生活に関する項目では，7項目のすべてにおいてロイヤルの回答率が低い。具体的には，「レトルト食品やインスタント食品を積極的に利用している」，「夕食のメニューは，店頭で決めることが多い」，「食事の後片付けをするのが嫌い」といった簡便型の食生活に関する項目や，「野菜は生産地や生産国を確認してから買う」といった品質に関する項目が低いことがわかる。

　同様に買い物に関する項目では，差が出ている10項目中8項目においてロイヤルの回答率が低い。具体的には，「国産品を買うようにしている」，「原産地や生産地，加工地がはっきりわかるものを買うようにしている」，「極端に値段の安い商品は買わない」といった商品の品質に対するこだわりや，「事前に買う商品をメモして買い物に行くことが多い」，「何か買う時は，あらかじめ調べてから買うことが多い」といった買い物の計画性に関する項目が低いことがわかる。ロイヤルの回答率が高いのは残る2項目であり，これらは「1円でも値段の安い店に買いに行く」，「特売していると，すぐに必要がなくても買ってしまう」である。特定店舗のロイヤルとなるきっかけの1つとして，近隣の中でも特に安い店を選び，そこで重点的に買っているということが想定される。しかし一方で，特売があるとつい買ってしまうという非計画性もあり，この点が購買金額の高さにつながっていることも想定される。

　しかしながら，ここでの分析は，各項目についてロイヤルとノンロイヤルというグループ間での回答率を比較したものであるため，ロイヤルの回答率

図表7-1 ロイヤル・ノンロイヤルの食生活・買い物・情報に関する項目の回答率

	ロイヤル (N=1,438)	ノンロイヤル (N=2,318)	ロイヤル・ノンロイヤル
夕食は家族揃って食べることが多い	0.38	0.36	0.02
料理を作るのが好き	0.31	0.28	0.02
ダシなどは自分でとる	0.16	0.14	0.02
野菜は有機栽培や無農薬栽培のものを買うようにしている	0.14	0.12	0.02
ペットボトル入り飲料を持ち歩くことが多い	0.23	0.21	0.02
テレビ番組や新聞・雑誌で取り上げられたものを食べることがよくある	0.13	0.12	0.01
味にうるさいほうである	0.20	0.19	0.01
料理番組や新聞・雑誌の料理記事を参考にして料理を作ることが多い	0.24	0.23	0.01
家で食べるより外食するほうが家で食べない	0.10	0.09	0.01
平日の夕食はほとんど外で食べない	0.05	0.04	0.01
食事は外で買ってきたもので済ませることが多い	0.05	0.04	0.00
電車などの移動中に食事をすることがよくある	0.02	0.02	0.00
冷凍食品をよく利用する	0.16	0.17	-0.01
時間に関係なく、お腹がすいたら食べる	0.09	0.10	-0.01
添加物がない（少ない）ものを買うようにしている	0.33	0.34	-0.01
家では料理をほとんど作らない	0.09	0.10	-0.01
食べ残すことには抵抗はない	0.03	0.05	-0.02*
身近にいつもお菓子類がある	0.34	0.35	-0.02
レトルト食品やインスタント食品を積極的に利用している	0.11	0.14	-0.02*
夕食のメニューは、店頭で決めることが多い	0.15	0.17	-0.02†
メニューは栄養よりも好みを優先して決めることが多い	0.13	0.15	-0.03*
野菜は生産地や生産国を確認してから買う	0.46	0.49	-0.03*
食費の節約を心がけている	0.42	0.46	-0.04*
食事の後片付けをするのが嫌い	0.35	0.40	-0.05**

		ロイヤル (N=1,438)	ノンロイヤル (N=2,318)	ロイヤル・ノンロイヤル
買い物	1円でも値段の安い店に買いに行く	0.29	0.24	0.04**
	特売しているとすぐに必要がなくても買ってしまう	0.40	0.37	0.03†
	タイムサービスがあると、つい買ってしまう	0.33	0.30	0.02
	おまけや懸賞がついていると、その商品を買ってしまう	0.22	0.20	0.02
	バーゲン品を買うことが多い	0.31	0.29	0.02
	ストックできる商品をきらさないようにしている	0.42	0.40	0.02
	値段が安ければ無名メーカーのものでも買う	0.35	0.33	0.01
	買い物にはチラシを参考にする	0.44	0.43	0.01
	買い物はストレス解消になる	0.26	0.26	0.00
	品質管理、品質情報の提供がしっかりした店で買い物をすることが多い	0.20	0.20	0.00
	買い物に行く回数を減らして、まとめ買いをするようにしている	0.30	0.30	0.00
	何か買う時はクレジットカードを使うことが多い	0.34	0.36	-0.02
	何か買う時はいろいろ比較して買うことが多い	0.43	0.45	-0.02
	多少高くても長く使えるものを買う	0.26	0.28	-0.03†
	事前に買う商品をメモして買い物に行くことが多い	0.36	0.39	-0.03†
	国産品を買うようにしている	0.40	0.43	-0.03†
	ポイントやマイレージのつく店やサービスのほうを使うようにしている	0.45	0.48	-0.03*
	原産地や生産地、加工地がはっきりわかるものを買うようにしている	0.30	0.33	-0.03*
	同じく買うのなら、多少高くても気に入ったものを買う	0.31	0.35	-0.04**
	何か買う時は、あらかじめ調べてから買うことが多い	0.29	0.35	-0.06**
	極端に値段の安い商品は買わない	0.26	0.32	-0.06**
情報	日常的なできごとや思いついたことを自分から人に知らせる	0.16	0.14	0.02
	情報を知るのが人より早いほう	0.17	0.15	0.01
	様々な情報の中から自分に必要なものを見極める自信がある	0.14	0.14	0.00
	いろいろなニュースを自分から人に知らせる(発信する)ことがある	0.14	0.14	0.00
	1つのことを深く知りたい	0.16	0.17	-0.01

*** 1％水準　** 5％水準　† 10％水準でそれぞれ有意（両側検定）
ロイヤルの回答率が有意に高い項目
ロイヤルの回答率が有意に低い項目

第7章　話題につながる消費者 | 143

が低いからといって，その項目すべてがロイヤルの行動・考えを表現しているわけではない。例えば，ロイヤルの中には簡便重視志向の消費者もいれば，こだわりを持って食材を購入する消費者もいるように，ここで示した多くの項目を整理して，消費者を軸に横断的に見ていく必要があると考えられる。

2-2. 消費者の食・買い物タイプの分類

ここでは，**図表7-1**に示した50項目の回答状況を整理・集約し，消費者の食・買い物タイプを分類してみる。まず前項の分析と同様に，3,756件の消費者の50項目の回答データをクラスター分析（Ward法）にかけ，回答傾向の近似した項目グループの見当をつけた。次に近似した項目を信頼性分析にかけ，信頼性係数（クロンバック α）を算出した。その結果を**図表7-2**に

図表7-2　回答項目と変数グループの対応

	回答項目	変数グループ	信頼性 α
食生活	平日の夕食はほとんど家で食べない 時間に関係なく，お腹がすいたら食べる 家では料理をほとんど作らない 夕食のメニューは，店頭で決めることが多い 食事は外で買ってきたもので済ませることが多い 冷凍食品をよく利用する レトルト食品やインスタント食品を積極的に利用している メニューは栄養よりも好みを優先して決めることが多い 家で食べるより外食するほうが好き 食べ残すことには抵抗はない ペットボトル入り飲料を持ち歩くことが多い 電車などの移動中に食事をすることがよくある	簡便重視	0.731
	味にうるさいほうである 料理を作るのが好き ダシなどは自分でとる 野菜は有機栽培や無農薬栽培のものを買うようにしている 料理番組や新聞・雑誌の料理記事を参考にして料理を作ることが多い テレビ番組や新聞・雑誌で取り上げられたものを食べることがよくある	手作り重視	0.708
	夕食は家族揃って食べることが多い 食事の後片付けをするのが嫌い 野菜は生産地や生産国を確認してから買う 添加物がない（少ない）ものを買うようにしている 身近にいつもお菓子類がある 食費の節約を心がけている	節約・安全重視	0.670

回答項目		変数グループ	信頼性 α
買い物	同じ買うのなら，多少高くても気に入ったものを買う 極端に値段の安い商品は買わない 品質管理，品質情報の提供がしっかりした店で買い物をすることが多い 原産地や生産地，加工地がはっきりわかるものを買うようにしている 国産品を買うようにしている 多少高くても長く使えるものを買う	品質重視	0.750
	値段が安ければ無名メーカーのものでも買う １円でも値段の安い店に買いに行く おまけや懸賞がついていると，その商品を買ってしまう タイムサービスがあると，つい買ってしまう 特売していると，すぐに必要がなくても買ってしまう バーゲン品を買うことが多い	特売重視	0.722
	買い物にはチラシを参考にする 事前に買う商品をメモして買い物に行くことが多い 買い物に行く回数を減らして，まとめ買いをするようにしている ストックできる商品をきらさないようにしている 何か買う時はいろいろ比較して買うことが多い 何か買う時は，あらかじめ調べてから買うことが多い 何か買う時はクレジットカードを使うことが多い ポイントやマイレージのつく店やサービスのほうを使うようにしている	計画重視	0.681
情報	１つのことを深く知りたい 情報を知るのが人より早いほう いろいろなニュースを自分から人に知らせる（発信する）ことがある 日常的なできごとや思いついたことを自分から人に知らせることがある 様々な情報の中から自分に必要なものを見極める自信がある	ハブ機能重視	0.730

示す。

　食生活に関する項目（24項目）は，「簡便重視」に関する12項目，「手作り重視」に関する６項目，「節約・安全重視」に関する６項目の変数グループにそれぞれ整理・集約することができる。「簡便重視」，「手作り重視」，「節約・安全重視」の変数グループの信頼性係数 α はそれぞれ0.731，0.708，0.670であり，概ね適切な水準である。

　買い物に関する項目（20項目）は，「品質重視」に関する６項目，「特売重視」に関する６項目，「計画重視」に関する８項目の変数グループにそれぞれ整理・集約できる。なお残る１項目である「買い物はストレス解消」は，いずれの変数グループにも近似しなかったため，この分析から除外した。「品質重視」，「特売重視」，「計画重視」の変数グループの信頼性係数 α はそれぞれ0.750，0.722，0.681であり，概ね適切な水準である。

情報に関する項目（5項目）は「ハブ機能重視」に関する変数グループに整理・集約でき，信頼性係数 α は0.730と適切な水準となった。以上，「簡便重視」，「手作り重視」，「節約・安全重視」，「品質重視」，「特売重視」，「計画重視」，「ハブ機能重視」という7つの変数グループに整理・集約することができた。

　これら7つの変数グループごとの平均回答率を算出し，その率を変数にして因子分析（主因子法）を行った結果，5つの因子に分けることができた。これらの因子による累積寄与率は0.632であった。この結果を**図表7-3**に示す。なお，ここではバリマックス回転後の因子負荷量を表している。

図表7-3　7つの変数グループを使った因子分析の結果

		因子					共通性推定値
		第1因子	第2因子	第3因子	第4因子	第5因子	
変数グループ	食生活（簡便重視）	0.059	0.076	0.191	0.559	0.021	0.559
	食生活（手作り重視）	0.409	0.568	0.123	-0.102	-0.137	0.534
	食生活（節約・安全重視）	0.671	0.198	0.283	0.071	-0.007	0.575
	買い物（品質重視）	0.729	0.366	-0.112	0.115	0.067	0.696
	買い物（特売重視）	0.091	0.034	0.676	0.244	0.017	0.627
	買い物（計画重視）	0.535	0.211	0.407	0.092	0.346	0.624
	情報（ハブ機能重視）	0.191	0.556	0.027	0.213	0.135	0.609
固有値		2.184	0.856	0.767	0.455	0.162	
寄与率		0.312	0.122	0.110	0.065	0.023	
累積寄与率		0.312	0.434	0.544	0.609	0.632	
因子名称		安全・計画	手作り	特売	簡便	（除外）	

　各因子において因子負荷量の大きい変数（0.500以上）

　因子負荷量をもとにした5つの因子の特徴を示すと，第1因子は節約，品質，計画性を重視する傾向があることから「安全・計画因子」，第2因子は手作りとハブ機能を重視する傾向があることから「手作り因子」，第3因子は特売を重視する傾向があることから「特売因子」，第4因子は簡便性を重視する傾向があることから「簡便因子」と，それぞれ名付けた。なお第5因子については，因子負荷量の特徴的な傾向が見られないため，その他の因子

として位置づけ，今後の指標から除外する。

そしてこれら4つの因子の得点を用いて，クラスター分析（*k-means* 法）を行い，対象消費者を5つのクラスターに分類した。その結果を**図表7−4**に示す。

図表7−4　4つの因子を使ったクラスター分析の結果

		クラスター				
		第1クラスター	第2クラスター	第3クラスター	第4クラスター	第5クラスター
因子	安全・計画	0.966	-0.287	-0.681	0.095	0.855
	手作り	0.130	-0.067	-0.284	-0.268	1.514
	特売	-0.476	0.492	-0.458	0.840	0.174
	簡便	-0.115	1.118	-0.245	-0.101	0.159
所属人数（N）		794	443	1,124	965	411
クラスター名称		安全・計画層	簡便層	無関心層	特売層	こだわり層

　各クラスターにおいて因子得点の大きい因子（0.800以上）

　第1クラスターは安全・計画因子の得点が高いことから「安全・計画層」，第2クラスターは簡便因子の得点が高いことから「簡便層」，第3クラスターは4つの因子の得点がいずれも低いことから「無関心層」，第4クラスターは特売因子の得点が高いことから「特売層」，第5クラスターは安全・計画因子と手作り因子の得点が高いことから「こだわり層」と，それぞれ名付けた。

2-3. ロイヤル消費者の買い物タイプ

　前項で分類した5つのクラスター（層）をもとに，ロイヤルとノンロイヤルの買い物タイプを比較してみる。対象消費者全体による5つのクラスター構成比，およびロイヤル・ノンロイヤル別の構成比を**図表7−5**に示す。

　まず対象消費者全体の構成比を見ると，構成比が最も高いのは「無関心層」の30％であり，次いで「特売層」（26％），「安全・計画層」（21％）となっている。スーパーマーケットを利用する消費者のおよそ3人中1人は，

図表7-5　ロイヤル・ノンロイヤル別の買い物タイプの構成比（SM利用者）

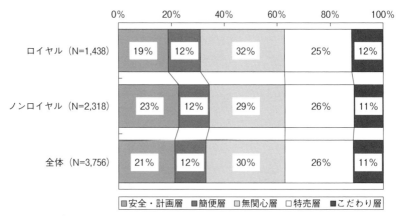

Pearsonのχ²値：10.616　自由度：4　漸近有意確率：0.031（5％水準で有意）

買い物に対する主だった意識・考えを持っておらず，慣性的に買い物を続けている消費者であることがわかる。また4人中1人は，特売に対する強い意識を持っている消費者であることがわかる。

次に，ロイヤル・ノンロイヤル別の構成比を見ると，ロイヤルにおける無関心層の構成比はノンロイヤルのそれよりも高いことがわかる。一方，ロイヤルにおける安全・計画層の構成比はノンロイヤルのそれよりも低いことがわかる。ロイヤル・ノンロイヤル別の構成比の違いについてカイ二乗検定を行ったところ，5％水準で有意となった。つまり，「ロイヤルはノンロイヤルに比べて無関心層の割合が高く，安全・計画層の割合が低い」ということが言えよう。

ロイヤルの方が無関心層の割合が高いということは，買い物に対して特段強いこだわりがなく，「いつも使っているから」，「ほかの店に切り替えるのが面倒だから」というような，慣性的な状態でその店舗での買い物を続けているということが考えられる。そういう考えだから，その消費者の購買金額がいつも使い慣れている特定の店舗に集中し，結果的にその店舗に対する貢献度が高くなっているという背景が考えられよう。

2-4. 分析1：まとめ

　本節では，特定のスーパーマーケットの消費者ではなく，複数のスーパーマーケットの消費者を対象に，購買金額の多いロイヤル消費者の食生活や買い物に対する特性を明らかにした。具体的には，スーパーマーケットを利用する全国の消費者を対象にした，食生活や買い物への考え方や行動に関する回答傾向から消費者の買い物タイプのグループ分けを行い，ロイヤル・ノンロイヤル間のグループ構成を比較した。

　その結果，対象消費者全体で見ると，ロイヤルはノンロイヤルに比べて無関心層の割合が高く，安全・計画層の割合が低い，ということがわかった。つまり，ロイヤルは特定店舗での購買金額が高いのであるが，食や買い物に対する感度が必ずしも高くなく，「いつも使っているから」，「ほかの店に切り替えるのが面倒だから」という慣性で購買を継続している可能性があることがいえる。**図表7-1**で示した項目の回答率を見ても，ロイヤルの水準がノンロイヤルに比べて全般的に低い傾向にあるのも，ロイヤルはノンロイヤルに比べて店舗に対する評価が甘いからだという見方ができよう。

　たしかに，ロイヤルは店舗の収益に大きく貢献している消費者であるため，重要な存在であることは言うまでもない。しかし，このように食や買い物に対する感度が必ずしも高くなく，慣性的に買い物をしている消費者が多いという実態を踏まえると，このような消費者に傾聴した売場作りを進めてしまうと，鮮度，洗練さという点で見劣りする売場になってしまうのではないかという懸念を抱いてしまう。「一応売れているけど，面白味に欠ける売場」というのが，ロイヤル消費者を重視した売場作りの末路になってしまうおそれがある。売場の鮮度，洗練さという点を強化していくことを考えるのであれば，ロイヤル消費者という括りだけでなく，食や買い物に対する感度の高い消費者にも着目していく必要があるだろう。いずれにしても，「購買金額の多い消費者＝優良な顧客」と言い切るには注意が必要であることが，本節の分析結果から言えるのではなかろうか。

　その一方で，本章の冒頭に挙げた「情報先端層」はどのような消費者なのであろうか。そこでまず，情報先端層が近年注目を浴びている社会的背景に

ついて触れてみたい。

　インターネットの急速な普及により，情報の受け手となる消費者にとって情報過多の状況になっている。例えば，総務省（2009）の流通情報インデックスによると，各メディアを用いて，情報受信点まで情報を届けるという「流通情報量」は，2001年から2009年にかけて1.99倍に増加している。それに対し，情報の受け手となる消費者が，受信した情報の内容を意識レベルで認知する「消費情報量」は1.09倍しか増えていない。また同じく総務省（2014）が公表した「ビッグデータ時代における情報量の計測に係る調査研究」によると，日本の産業界でやり取りされているデータ流通量は10年前の2005年に比べて約8.7倍になっている。これらの実態を踏まえると，世間に出回る情報が膨大になっているのに対して，消費者の情報収集や処理能力がほとんど追いついていない状況を示していると言えよう。

　そのため，消費者の中での情報の取捨もストレスになってくることから，多くの情報の中でも気心の知れた友人や知人の情報をもとに意思決定を行う消費者が増えてきている。例えば，「頼りになるあの人が「いいね」と言っている製品だから買ってみたい」，「皆の間で話題になっている製品だから買ってみたい」というように，知人・友人間で話題になることによって，その製品を買ったり，サービスを受けたくなるという流れである。逆に言えば，インターネットの急速な普及により，情報が氾濫する中，話題に挙がらなければ購買候補にしてもらえないという事態に陥る可能性もある。

　この消費者間でもたらされる話題の鍵になってくるのが情報先端層の存在である。情報先端層は，消費者間の話題の起点・基軸となることから，製品や買い物に関する多くの情報を知っているだけでなく，周りの友人から貴重な情報源の1つとして信頼されていることが前提となる。

　そこで次節では，情報先端層が，買い物に関してどのような情報を収集したり，実際に行動しているのか，そして友人との間でどのような話題をテーマに情報共有を行っているのかについて見ていく。

3 情報先端層のタイプと行動特性の研究

　これまでの消費者行動研究では，個々の消費者が持つ他者の購買行動に影響を与える力を測定し，影響力の強い消費者を特定しようとする研究が盛んに行われてきた。少数だが，他者に強い影響を及ぼす人々は総じてインフルエンシャルズ（Influentials）やインフルエンサー（Influencer）と呼ばれ，その中にオピニオンリーダーやマーケットメイブンといった概念が含まれる。近年，ソーシャルメディアが急速に浸透し，消費者間でのコミュニケーションが変化したことにより，これらの概念への興味が再燃している。概念としては，現在のような情報環境になる前に考え出されたものであるが，関連する研究には膨大な蓄積がある。これら情報先端層の研究については，寺本（2012），清水（2013），齊藤ら（2015）において詳しくレビューしているが，ここでは，これらのレビューの中から，「情報先端層のタイプ」と「情報先端層の行動特性」に焦点を当てて整理してみる。

3-1. 情報先端層のタイプ

　情報先端層の具体的なタイプとして，イノベーター，オピニオンリーダー，マーケットメイブン，リードユーザーが挙げられる（Clark and Goldsmith, 2005）。イノベーター理論は Rogers（1962）の普及論に端を発した考え方であり，消費者が商品を導入する早さの違いを正規分布として捉え，先端の 2σ を超えた部分，つまり初期導入者の2.5%をイノベーターとして捉えるものである。オピニオンリーダー理論は Lazarsfeld *et al.*（1944）の研究に端を発しており，彼らは1940年に行われた大統領選挙における人々の投票行動から，マスメディアが発信した情報をまず受信し，編集し，これを周囲に広めていく役割を果たす人々がいることを示し，彼らをオピニオンリーダーと命名した。イノベーター理論は早期に製品を採用したか否かに焦点が当てられているのに対し，オピニオンリーダー理論は他者への影響力に焦点を当てられているのが大きな違いといえる。

　イノベーター理論やオピニオンリーダー理論に対して比較的新しい考え方

がマーケットメイブンである。オピニオンリーダーが特定の商品領域の中で他の購買行動に影響を与える人々を指すのに対し，マーケットメイブンは多くの種類の商品や店舗などのマーケットに関する情報を持ち，人々が欲する情報に対して返答できる人と定義されている（Feick and Price, 1987）。

　マーケットメイブンと同様に，一般消費者に比べて先端的な消費者を表す新しい概念として，リードユーザーも挙げられる。リードユーザーは，トレンドの先端（leading edge）にいる，イノベーションによる期待利益が高いユーザーと定義されており（von Hippel, 1986），新製品開発段階においてユーザーの考えや行動特徴を加えることの意義を示すために提唱された概念である。

　情報先端層として，イノベーター，オピニオンリーダー，マーケットメイブン，リードユーザーを取り上げたが，これらの特徴を整理すると，まずイノベーターは，早期に製品を採用したか否かに焦点が当てられている。これに対し，オピニオンリーダーは他者への影響力に焦点を当てられているが，その影響の範囲は特定の商品カテゴリーに限られている。マーケットメイブンは，オピニオンリーダーと類似した概念であるが，商品カテゴリー横断的な幅広い知識を持ち，全消費者の中に占める人数も多く，一般消費者のコミュニティの中でうまく情報を拡散させることができる。リードユーザーは，企業の製品開発面に貢献できる消費者であり，一般消費者への情報発信力という点での影響力は他のタイプに比べて弱い。

　また近年はSNSの普及によりインターネット上でのソーシャルネットワークに関するデータの入手が容易になったこともあり，ソーシャルネットワーク内での立ち位置の観点から情報先端層を捉える研究が増えている（齊藤ら，2015）。

　例えば，Lee et al.（2010）は，大学生125人のリアルな友人関係のネットワーク・データを用いて，個人のネットワーク上の位置づけ（入次数中心性，出次数中心性，媒介中心性）とオピニオンリーダーシップや対人的影響の感受性との関連を見ている。その結果，出次数中心性の高い個人ほど，自分はオピニオンリーダーであると自ら認識しており，入次数中心性が高い個人ほど，他者からオピニオンリーダーと認識されていることが明らかになって

いる。

　また水野ら（2011）は，iPhone の発売時に，特定の企業内部で誰が誰とそれについて会話し，購買への態度が形成されたかについての調査を行っている。会話ネットワークを用いて，エージェントベースモデルによるシミュレーションを行った結果，iPhone 発売直後の会話ネットワークで次数中心性が高い人をシードとしてクチコミを伝播させると，購入者の増加に効果的であることが明らかになっている。Goldenberg et al. (2009) は，ユーザー数が1,200万人を超える大規模な SNS である Cyworld のネットワークデータを用いて，ネットワーク上の位置と SNS 内で購買されるいわゆる「情報財」の製品の普及との関連を捉えている。その結果，ネットワーク・ハブが製品を採用すると，その製品の最終的な採用者数が増加し，また普及スピードも早まることが明らかになっている。水野ら（2011）と Goldenberg et al. (2009) の研究では，オピニオンリーダーシップ度など個人の情報先端層としてのレベルを測定していないが，ネットワーク・ハブという構造上の特徴から彼らが他者の購買意図形成や採用に影響を与えるという結果を導き出している。

　以上，情報先端層のタイプを取り上げたが，そのタイプが非常に多岐にわたることが言えよう。このようにタイプ間で細かい特徴の差異や測定方法の差異があるものの，一般的な消費者層に対して影響力を持つ層であるということが根本的な共通点であることが言えよう。

3-2. 情報先端層の行動特性

　それでは，情報先端層は具体的にどのような行動をするのであろうか。ここでは，情報先端層の行動特性に関する研究をレビューしてみる。

　Price et al. (1987) では，情報先端層の中でもマーケットメイブンを扱っているが，マーケットメイブンに対して行った電話インタビュー調査より，マーケットメイブンは買い物好きで，コンシューマーリポートのような新製品情報雑誌を読み，メディアに対して積極的であり，クーポンを用いる賢い消費者であることを示している。Ruvio and Shoham (2007) は，マーケットメイブンとオピニオンリーダーの比較を通じてオピニオンリーダーの方が

高い革新性を持つことを明らかにしている。しかし「新ブランドのトライアル」,「情報探索行動」,「リスク受容」という3つの行動についてはマーケットメイブンの方が積極的であることが示されている。

　Steenkamp and Gielens（2003）は，同一の消費者パネルの質問票調査データと購買履歴データを結合し，マーケットメイブンの新製品トライアル購買時の行動特徴を明らかにしている。Steenkampらの分析から，マーケットメイブンは，知名度の高いブランドの新製品，広告が多く展開されている新製品，店頭での陳列量が多い新製品についてはトライアル購買確率が高く，次いで買いの傾向の強いカテゴリーの新製品については確率が低いことが示されている。寺本（2012）も，同一の消費者パネルの質問票調査データと購買履歴データを結合し，情報先端層が既存製品から新製品にスイッチ購買をする際の価格反応度と特別陳列反応度の測定を行っている。その結果，情報先端層は一般消費者層に比べて，新製品と既存製品の価格差になびかずに新製品を購買していること，新製品が特別陳列されていると，一般消費者以上に強く反応して購買することが明らかになっている。

　またTeramoto and Shimizu（2012）は，情報先端層の新製品トライアル購買が他の消費者に比べて早い（Steenkamp and Gielens, 2003）という特長に着目し，情報先端層に限定した購買履歴データの活用による，新製品トライアル購買予測方法の提案を行っている。

　以上，情報先端層の行動特性に関する研究を見てみたところ，情報先端層の購買行動として，「買い物好き」,「新製品をいち早く買う」,「その時，必ずしも価格になびくわけではない」,ということが明らかになっている。しかしこれらの研究では，情報先端層はどのくらい買い物をする店舗を使い分けているのか，買い物の際にどのような点を店舗に期待しているのか，そしてそれを評価しているかなど，店舗選択部分の行動については明らかになっていない。よって次節では，これらの課題に着目した分析を行う。

4 　分析2：情報先端層の買物行動と評価[3]

　ここでは実際の分析として，情報先端層と一般消費者層の間における買物

行動と評価の違いについて取り扱う。利用データは，流通経済研究所が実施している「消費者の業態・店舗選択調査2011」の一部である[4]。このデータは，マイボイスコムが管理しているキキミミパネルのうち，東京・大阪エリア在住者を対象にしたWeb質問票調査の回答データである。キキミミパネルとは，情報感度レベルによるセグメント化されたパネルであり，情報感度の高い層から低い層にかけて，「はや耳層」，「聞き耳層」，「むれ耳層」，「そら耳層」，「とお耳層」という5段階の層に分けられている[5]。清水（2013）ではこのセグメンテーションによる分析が行われており，各セグメントの特徴が詳細に記述されている。この分析では，この5段階の層のうち，「聞き耳層」と「むれ耳層」の2つの層に着目する。聞き耳層は，家庭，趣味，健康など多様な分野に関心を持っている消費者層である。社会や環境，コミュニティに対しても関心が高く，様々な情報を積極的に吸収し，それらを整理して発信する傾向がある。情報先端層の中でもマーケットメイブンに相当するのがこの層である。むれ耳層は，5つの層の中で最も該当者数が多く，平均的な層である。聞き耳層の状況を見るうえで，平均的な消費者層となるむれ耳層を比較対象とするのが適切と考えた。この分析では，聞き耳層を情報先端層（以下，先端層），むれ耳層を一般消費者層（以下，一般層）と捉え，過去3カ月以内にスーパーマーケット（以下，SM）の利用経験のある先端層380名，一般層372名を分析対象とした。

4-1. SMの利用店舗数と利用頻度

SMでの買物行動として，SMの利用店舗数と利用頻度を見てみる。まず，SM利用店舗数を「1店舗」，「2店舗」，「3店舗」，「4店舗」，「5店舗以上」の区分にし，各区分に属するサンプルの構成比を出したところ，先端層は，1店舗：26％，2店舗：27％，3店舗：24％，4店舗：9％，5店舗以上：14％であり，一般層は，1店舗：26％，2店舗：34％，3店舗：23％，4店舗：9％，5店舗以上：10％であった。これより，「5店舗以上」とする先端層は14％を占め，一般層の10％より高い。その一方で，「2店舗」とする先端層は27％であり，一般層の34％より低い。この傾向に差異があるかを確かめるため，カイ二乗検定を行った結果，Pearsonカイ二乗値：

6.369 自由度4 有意確率（両側検定）：0.087であり，10％水準で有意となった。このことから，先端層は一般層に比べて使い分けているSM店舗数が多いことがわかる。

次に，SM利用頻度を「ほぼ毎日」，「週に4～5日」，「週に2～3日」，「週に1日程度」，「月に2～3日」，「月に1日程度」，「2カ月に1日」，「それ以下」の区分にし，各区分に属するサンプルの構成比を出したところ，先端層は，ほぼ毎日：8％，週に4～5日：11％，週に2～3日：43％，週に1日程度：23％，月に2～3日：7％，月に1日程度：4％，2カ月に1日：2％，それ以下：2％であり，一般層は，ほぼ毎日：5％，週に4～5日：11％，週に2～3日：43％，週に1日程度：24％，月に2～3日：8％，月に1日程度：6％，2カ月に1日：1％，それ以下：2％であった。利用店舗数と同じくカイ二乗検定を行った結果，Pearsonカイ二乗値：5.483 自由度7 有意確率（両側検定）：0.650であり，非有意となった。

これらの結果から，先端層のSMでの買物行動の特徴として，一般層以上に複数のSMを使い分けている。しかし日常的に使う業態として，すでに高頻度で使っているため，利用頻度については一般層との違いはない，ということが考えられる。

4-2. SM店舗の立地や価格，品揃え，売場作りへの満足・不満足

SM利用店舗の立地や価格，品揃え，売場作りに対する満足・不満足の状況についても比較してみる。ここでは，最も利用しているSM店舗の立地や価格，品揃え，売場作りに対して「評価している（以下，評価）」とする項目の回答率とSM業態に対して「重視している（以下，重視）」とする項目の回答率を比較する。なお評価と重視の項目は同一のものを用いている。つまり，評価の回答率の方が重視のそれよりも高い場合は，その項目について「満足している」と解釈できる。逆に評価の回答率が重視のそれよりも低い場合には，「満足していない」と解釈できる。評価と重視の回答率の差分を出したうえで，t検定の結果，有意となった項目を**図表7-6**に示す。

まず先端層と一般層の満足項目と不満足項目の数を比較すると，先端層は

図表7-6 先端層(左)と一般層(右)の満足項目(上段)と不満足項目(下段)

満足項目(先端層 N=380)

	項目	評価点	重視点	評価-重視
1	自宅や勤務先から近い	0.57	0.53	0.05†
2	夜遅くまで営業	0.27	0.22	0.05*
3	チラシ(ネット含)を出している	0.29	0.24	0.05*

満足項目(一般層 N=372)

	項目	評価点	重視点	評価-重視
1	自宅や勤務先から近い	0.60	0.52	0.08*
2	ポイントカード特典がある	0.35	0.29	0.05**
3	店舗レイアウトが分かりやすい	0.26	0.21	0.04†
4	チラシ(ネット含)を出している	0.25	0.21	0.04†
5	売場に活気や季節感がある	0.15	0.12	0.03†

不満足項目(先端層 N=380)

	項目	評価点	重視点	評価-重視
1	商品の鮮度が高い	0.27	0.39	-0.12**
2	安全・安心型商品が多い	0.21	0.32	-0.11**
3	商品が品切れしていない	0.18	0.28	-0.10**
4	価格が安い	0.56	0.65	-0.09**
5	レジ待ち時間が短い	0.17	0.26	-0.09**
6	品揃えの幅が広い	0.22	0.31	-0.09**
7	商品の味がよい	0.23	0.31	-0.08**
8	新商品・話題の商品が多い	0.07	0.15	-0.08**
9	店に清潔感がある	0.28	0.34	-0.06*
10	店員の対応がよい	0.17	0.23	-0.05*

不満足項目(一般層 N=372)

	項目	評価点	重視点	評価-重視
1	安全・安心型商品が多い	0.14	0.24	-0.10**
2	品揃えの幅が広い	0.17	0.25	-0.08**
3	価格が安い	0.51	0.57	-0.07*
4	商品の味がよい	0.14	0.20	-0.06*
5	商品が品切れしていない	0.17	0.23	-0.06*
6	新商品・話題の商品が多い	0.06	0.10	-0.04*
7	店員の対応がよい	0.13	0.17	-0.04*

**1%水準 *5%水準 †10%水準でそれぞれ有意(両側検定)

第7章 話題につながる消費者

満足項目数が一般層に比べて少ないうえ，不満足項目数は多い。これは，先端層は一般層に比べて各項目に対する満足の基準が厳しいことが考えられる。また，現状のSMの店作りは，先端層の期待に応えられていないという見方もできる。

次に具体的な項目の内容を見ると，満足で最も強い項目は，一般層，先端層共に「近い」ことが挙げられる。やはり「近い」ことがSMに対する満足の重要要件になってくるものと言えよう。

注目すべき点として，「ポイントカード特典」が挙げられる。この項目は，一般層の中では満足項目に挙がっているが，先端層の中では満足項目にも不満足項目にも挙がっていない。このことから，先端層はFSPのポイントではなびかない消費者であることが考えられる。また不満足で最も強い項目は，先端層は「鮮度」となっている。このことから，先端層は価格よりも品質を重視する消費者であることが考えられる。

4-3. SMに対する買物価値の構造

SMに対する買物価値の捉え方についても比較してみる。ここでは買物価値として情緒的価値と実用的価値を取り上げ，さらに満足，コミットメントの項目も取り上げている。これらの項目は，「大いに思う」を10点，「まったく思わない」を1点とした10点尺度で評価している。各項目における先端層と一般層の平均点とその差を図表7-7に示す。なお差についてはt検定を行っている。

この結果を見ると，情緒的価値と実用的価値の項目では，全般的に先端層の平均点が高いことがわかる。しかし満足の項目は，「この店を利用することは，生活を豊かにすることに役立っている」については一般層と先端層の間で差があるが，「これまでの利用経験を踏まえて，この店に満足している」と「この店を利用することは，よい選択だったと感じている」については差が見られない。これらの結果を踏まえると，全体的な満足という結果は変わらなくても，その満足に至る買物価値の捉え方が，一般層と先端層の間では違うのではないか，ということが考えられる。

そこで次に，先端層と一般層の満足に影響する項目を抽出してみた。ここ

図表7-7　先端層と一般層の買物価値（情緒的・実用的）・満足・コミットメントの得点差

因子	項目	先端層 (N=371)	一般層 (N=365)	先端層－ 一般層
情緒的 価値	この店での買い物は何らかの刺激を与えてくれる	6.08	5.77	0.31*
	この店で買い物をすると、新しい発見がある	6.09	5.71	0.38**
	この店の買い物によって幸せな時間をすごすことができる	6.01	5.72	0.29*
	この店での買い物はストレス解消になる	5.87	5.67	0.20
	この店での買い物は本当に楽しい	5.94	5.69	0.24†
	この店での買い物には商品を選ぶ楽しさがある	6.10	5.80	0.30*
実用的 価値	日常の買い物で必要なものは、この店で揃えることができる	6.46	6.28	0.18
	この店では効率的に買い物をすることができる	6.70	6.41	0.29*
	この店で買い物をすると、買い物の目的を達成できる	6.58	6.36	0.23†
	この店で買い物をすると、過不足なく商品を買うことができる	6.37	6.21	0.16
	この店では迅速に買い物をすることができる	6.97	6.60	0.36**
満足	これまでの利用経験を踏まえて、この店に満足している	6.88	6.74	0.14
	この店を利用することは、良い選択だったと感じている	6.85	6.70	0.16
	この店を利用することは、生活を豊かにすることに役立っている	6.67	6.35	0.33**
コミット メント	私はこの店との関係を大切にしている	6.44	6.18	0.27*
	私はこの店に愛着がある	6.50	6.36	0.14
	私にとってこの店は身近な存在である	7.00	6.83	0.17

＊＊1％水準　＊5％水準　†10％水準でそれぞれ有意（両側検定）

では、「これまでの利用経験を踏まえて、この店に満足している」を目的変数、情緒的価値と実用的価値の各項目を説明変数とする重回帰分析を行った。その結果を図表7-8に示す。

　この結果を見ると、一般層は、「この店で買い物すると、買い物の目的を達成できる」、「この店で買い物すると、過不足なく商品を買うことができる」、「この店では迅速に買い物をすることができる」といった実用的価値の項目が満足に影響していることがわかる。これに対し、先端層は、「この店での買い物は何らかの刺激を与えてくれる」、「この店の買い物によって幸せな時間をすごすことができる」、「この店での買い物には商品を選ぶ楽しさがある」といった情緒的価値の項目が満足に影響していることがわかる。

　この結果は、満足という結果のレベルは先端層と一般層の間では差はないが、満足に至る買物価値の捉え方が違うことを示していることがわかる。つまりこのことは、満足度が高いからといって、それが必ずしも知人・友人などにクチコミとして情報が広がるとは限らないということを示唆している。

図表7-8　先端層と一般層の満足に影響する買物価値項目

項目	先端層 （N=371）	一般層 （N=365）
（定数）	1.649**	1.244
この店での買い物は何らかの刺激を与えてくれる	0.299**	0.262**
この店で買い物をすると，新しい発見がある	-0.143	-0.118
この店の買い物によって幸せな時間をすごすことができる	0.240**	-0.085
この店での買い物はストレス解消になる	-0.098	0.039
この店での買い物は本当に楽しい	-0.161	0.169
この店での買い物には商品を選ぶ楽しさがある	0.183*	-0.024
日常の買い物で必要なものは，この店で揃えることができる	-0.025	0.073
この店では効率的に買い物をすることができる	0.003	0.070
この店で買い物をすると，買い物の目的を達成できる	0.083	0.157*
この店で買い物をすると，過不足なく商品を買うことができる	0.280**	0.148*
この店では迅速に買い物をすることができる	0.154**	0.193**
調整済み決定係数	0.615	0.599

**1％水準　*5％水準でそれぞれ有意

SMなどの店舗の満足を消費者全体の傾向から捉えることには注意が必要であり，先端層といったクチコミとして情報を広げてくれる消費者にどのように支持されているか，という点から店舗の満足を捉えていく必要がある。また，知人・友人に情報を広めてもらえる店舗にするためには，先端層の買い物に対する価値構造を捉え，その価値構造に見合う売場作りをしていくことが重要である。

5　分析3：情報先端層と彼らの友人との関係[6]

分析2ではスーパーマーケットにおける情報先端層の買物行動・購買行動の特徴について分析した。その結果，情報先端層の買物行動・購買行動として，「買い物好き」，「新商品をいち早く買う」，「その時，必ずしも価格になびくわけではない」，「一般消費者以上に複数のSMを使い分けている」，「店舗の立地や価格，品揃え，売場作りに対する目が厳しい」，「FSPのポイントではなびかない」，「店舗に対する満足は実用面よりも情緒面から抱く」ということが明らかになった。製品や買い物に関する多くの情報を知っている

という情報先端層の行動特徴を具体的に表現した結果となっていると言えよう。それでは，このような情報先端層の行動が友人に対してどのくらい影響を与えているのであろうか。ここでは分析3として，影響関係のある情報先端層と彼ら・彼女らの友人との間でどのような情報共有が行われているかを捉えていく。

5-1. 情報先端層の測定方法

　情報先端層を特定する方法について，Feick and Price（1987）は，製品情報に関して他者に紹介したり，教えて助けてあげることや，仲間から情報面で頼られるかどうかについて6つの項目で聴取し，この6変数で構成する因子をもとに情報先端層（ここではマーケットメイブン）の特定化を行っている。マーケットメイブンに関してはこのFeick and Price（1987）のアプローチが長い間主流となっている。しかしながらこの特定化のアプローチでは，あくまで回答者本人による知識や態度の回答になるため，果たしてこの回答者が本当に情報先端層なのかどうかについて精度に疑問が生じてしまう。情報先端層が，消費者間のクチコミ行動の鍵になる立場の消費者であるならば，そのクチコミ行動の評価は本人によるものだけでなく，相手となる消費者による評価も必要になるはずである。

　そこで，その本人と相手の関係を考慮したうえでクチコミ行動を測定する調査手法としてスノーボール・サンプリングというものがある。五藤（2010）は，この手法では，消費者行動に関する調査対象者である主回答者（回答者本人）だけでなく，その主回答者との間で購買行動に関するコミュニケーションを行う複数の他者（知人・友人）を挙げてもらい，その他者に対してもアンケート調査を実施するものとしている。

　池田ら（2004）はこの調査手法のメリットとして，①主回答者が認知していない他者の実際の知識や態度を測定できる，②主回答者と他者という二者間の相互作用を捉えることができる，③二者間の分析だけでなく，二者間を超えたネットワークを単位とした分析が可能になる，の3つを挙げている。

　これらの指摘を踏まえ，ここでは，消費者間の信頼関係とクチコミ行動を捉えていくうえで，主回答者だけでなく他者による評価も考慮した情報先端

層の捉え方が必要であると考える。

5-2. 利用データの収集方法

　利用データとしては，化粧品・ヘアケア用品に関する考え方・意見についての質問票調査のデータを用いる[7]。このデータは，前述のスノーボール・サンプリングの手法をもとに聴取したものである。

　具体的には，まず化粧品の購入頻度の高い消費者（以下，本人とする）を対象に，化粧品に関する本人自身の情報収集手段と情報先端層を判別する質問を聴取した。ここでの情報先端層の判別項目として，Feick and Price (1987) のマーケットメイブンの項目を用いている。その項目は，①「私は新しいブランド等を友人に紹介するのが好きだ」，②「私は他人にいろいろな製品情報を与え助けることが好きだ」，③「私は人々から製品やセール情報を聞かれることがある」，④「私はいろいろな種類の製品について購入場所を教えられる」，⑤「新製品発売時等に私を有用な情報源として考えている」，⑥「様々な製品について情報を持っていて，これらの情報を他の人々と共有することが好きな人を想像してみてください。この人は，いろいろな新製品，セール，販売店などについて知っています。しかし，この人は，ある特定の製品に専門的知識を持っているわけではありません。私自身がこのような人であると思いますか。私にどの程度あてはまりますか。」の6つである。

　本人にはそれ以外にも，「普段化粧品についてよく話をする知人・友人（以下，友人とする）」を3～5人紹介してもらったうえで，本人と友人の間で化粧品・ヘアケア用品について話題にしている情報・内容についても聴取している。本人のサンプル数は222人である。

　次に，本人が紹介した友人を対象に，本人が情報先端層としてふさわしいかどうかを聴取した。具体的には，前述の6つの項目が本人にどのくらい当てはまるかについて回答してもらっている[8]。友人にはそれ以外にも，友人と本人の間で化粧品・ヘアケア用品について話題にしている情報・内容についても聴取している。友人のサンプル数は630人である。

5-3. 情報先端層の分類

　情報先端層の6つの質問項目に対する本人回答と友人回答の結果を用い，情報先端層の分類を行った。具体的には，「本人評価」と「友人評価」の2つの軸を用い，これらの高低をもとに情報先端層を4つのタイプに分類している。本人評価については，本人回答の1〜6の項目の合計を評価点にし，その平均評価点を分類の境界にしている。友人評価については，友人回答の1〜6の項目の合計点を算出する。友人は3〜5人いるため，その複数友人の平均点を評価点にしている。そしてその平均評価点を分類の境界にしている。

　以上の分類方法をもとに，本人と友人共に評価が高いという「真の先端層」，本人評価は高いが友人評価は低いという「自称先端層」，本人評価は低いが友人評価は高いという「謙遜先端層」，本人と友人共に評価が低いという「一般層」という4つのタイプの情報先端層に分類した。これらのタイプ別のサンプル数については，本人回答ベースでは，真の先端層が89人，自称先端層が23人，謙遜先端層が36人，一般層が74人となる。友人回答ベースでは，真の先端層が267人，自称先端層が65人，謙遜先端層が96人，一般層が202人となる。

5-4. 情報先端層自身が参考にしている情報源

　情報先端層自身が参考にしている情報源はどのような内容であり，どのような特徴があるのだろうか。

　前節で示した情報先端層のタイプ別に情報先端層自身が参考にしている情報源の項目を集計した。その結果を図表7-9に示す。ここでは，20の情報源の項目について，参考にしていると回答した回答率で集計している。

　真の先端層，自称先端層，謙遜先端層の各情報先端層の回答率が一般層のそれに比べて10ポイント以上高い項目の数を見ていくと，真の先端層は14項目，自称先端層は9項目，謙遜先端層は2項目となっている。つまり，真の先端層は他の情報先端層タイプに比べて多くの情報源を参考にしていることが言える。謙遜先端層は，文字通り謙遜しているだけあり，回答率が全般的

図表7-9　情報先端層が参考にしている情報源（本人回答）(%)

	真の先端層	自称先端層	謙遜先端層	一般層
TV CM	41.6	43.5	47.2	33.8
TV番組内の特集	20.2	17.4	11.1	8.1
新聞広告	13.5	0.0	2.8	4.1
新聞内の特集	11.2	8.7	11.1	5.4
雑誌広告	27.0	17.4	2.8	12.2
雑誌内の特集	41.6	17.4	11.1	23.0
化粧品メーカーのWebページ	32.6	17.4	8.3	10.8
化粧品のクチコミサイト	44.9	39.1	19.4	24.3
ブログ	14.6	0.0	2.8	6.8
ネット経由のコミュニケーションサービス	12.4	13.0	2.8	1.4
女優やモデルの話	18.0	4.3	2.8	2.7
家族の話	27.0	43.5	33.3	27.0
身近な知人・友人の話	50.6	60.9	47.2	39.2
専門家の話	21.3	17.4	8.3	6.8
美容部員や店員の話	37.1	26.1	19.4	12.2
製品のサンプル・試用見本	60.7	47.8	38.9	37.8
製品に記載されている説明欄	22.5	0.0	11.1	5.4
製品カタログ	29.2	4.3	8.3	12.2
店頭に陳列されている製品	34.8	43.5	41.7	29.7
化粧品売場やカウンターのPOP	25.8	21.7	19.4	13.5
N	89	23	36	74

▓▓▓ 一般層より10ポイント以上高い

に低くなっている。

　ここからは，真の先端層と自称先端層の回答状況の違いについて見ていく。真の先端層はTV，雑誌，メーカーのWebページ，クチコミサイト，知人・友人とのクチコミ，専門家や美容部員の話，製品カタログ，売場での広告などの情報源を参考にしている。一方，自称先端層は，クチコミサイトや知人・友人とのクチコミ，専門家や美容部員の話などの情報源を参考にしている。つまり，真の先端層は，複数のマスメディアや幅広いインターネットサイト，直接の会話，売場の情報や製品情報といった幅広い情報を収集していることが言える。それに対し，自称先端層は，真の先端層と違い，クチ

コミを中心とした情報を収集していることが言える。

　もう少し具体的に，真の先端層と自称先端層の間で回答状況に違いのある項目を見てみる。ここでは，TVからの情報，クチコミからの情報，製品からの情報の収集において違いが見られる。

　まずTVからの情報として，真の先端層は「TV番組内の特集」が高いのに対し，自称先端層は「TV CM」が高い。真の先端層は，番組内の特集という情報量の多い内容を参考にしているのに対し，自称先端層はTV CMという短時間で非常に限られた情報量の内容を参考にしていることが言える。

　次に，他者からの情報として，真の先端層は「女優やモデルの話」が高いのに対し，自称先端層は「家族の話」が高い。真の先端層は憧れの存在となる人々の情報を参考にしているのに対し，自称先端層は非常に身近な存在の人々の情報を参考にしていることが言える。

　そして製品からの情報として，真の先端層は，「製品に記載されている説明欄」，「製品カタログ」が高いのに対し，自称先端層は「店頭に陳列されている製品」が高い。真の先端層は製品に関する幅広くかつ詳細な情報を参考にしているのに対し，自称先端層は情報量が限られている店頭を中心に参考にしていることが言える。

　以上より，真の先端層は様々なメディアや人々から幅広い情報を得ているのに対し，自称先端層は一般層でも手に届くような身近な情報を中心に参考にしていることがわかる。

5-5.　友人たちが情報先端層と話題にしているテーマ

　それでは，情報先端層の友人たちが情報先端層と話題にしているテーマはどういう内容であり，どういう特徴があるのだろうか。

　ここでも，情報先端層のタイプ別に，情報先端層と話題にしているテーマとして友人たちが挙げた項目を集計した。その結果を**図表7-10**に示す。ここでは，29の情報源の項目について，話題にしていると回答した回答率で集計している。

　真の先端層，自称先端層，謙遜先端層の各情報先端層の回答率が一般層のそれに比べて10ポイント以上高い項目の数を見ていくと，真の先端層は10項

図表7-10　情報先端層と話題にしているテーマ（友人回答）（％）

	真の先端層	自称先端層	謙遜先端層	一般層
何を使っているか	71.5	66.2	70.8	68.8
メーカー・ブランド・製品の名前	56.6	47.7	55.2	45.5
パッケージ	18.0	15.4	9.4	9.9
品質・安全性	35.2	35.4	41.7	25.7
効果・効能	62.2	53.8	60.4	47.5
技術・成分	17.2	10.8	13.5	8.4
使用感	54.3	35.4	41.7	38.6
仕上り	45.7	30.8	39.6	29.2
使いやすさ	49.8	43.1	38.5	37.6
生産国	12.0	6.2	14.6	6.9
価格	59.2	49.2	63.5	51.5
売っている場所・方法	43.4	32.3	34.4	26.7
お店の対応・サービス	16.5	4.6	12.5	3.5
TV CM・広告	7.9	3.1	8.3	5.9
広告のキャッチコピーやスローガン	5.2	0.0	2.1	1.5
広告に起用されているモデル・タレント	9.7	12.3	14.6	9.9
テレビの番組やニュースなどでの特集	15.7	10.8	13.5	12.4
雑誌の記事や特集	15.4	12.3	12.5	10.9
キャンペーン・イベントなどのお得情報	38.2	16.9	31.3	13.9
サンプル・見本品（テスター）の情報	36.0	23.1	27.1	16.3
店員・美容部員からきいた話・評判	16.1	12.3	13.5	7.9
美容師・専門家による話・評判	12.0	13.8	13.5	4.5
モデル・タレントによる話・評判	9.0	9.2	2.1	4.5
家族・友人・知人からきいた話・評判	32.2	33.8	31.3	23.3
比較サイト・クチコミサイト等での内容・評判	17.2	10.8	11.5	7.9
新商品の情報	21.7	12.3	17.7	8.4
売れ筋商品の情報	18.4	15.4	13.5	5.0
トラブル情報・クレームに対するメーカーの対応	10.1	3.1	5.2	1.5
購入者に対するメーカーのアフターサービス	6.4	1.5	5.2	2.0
N	267	65	96	202

■　一般層より10ポイント以上高い

目，自称先端層は2項目，謙遜先端層は6項目となっている。つまり，真の先端層は他の情報先端層タイプに比べて友人たちと多くのテーマを話題にしていることが言える。自称先端層は，文字通り自称しているだけあり，友人からは先端層として評価されていないため，回答率が全般的に低くなっている。

　ここからは，真の先端層と謙遜先端層の回答状況の違いについて見ていく。真の先端層は，製品の名前や効果・効能，使用感・使いやすさといった製品のスペックにかかわるものから，売っている場所やキャンペーン，新商品，売れ筋商品といった買う場面に関するものまで話題にしている。一方，謙遜先端層は，品質・安全性，効果・効能，価格，キャンペーンを話題にしている。つまり，真の先端層は，製品のスペックについても幅広くテーマとして扱っているだけでなく，買う場面に関しても幅広いテーマを話題にしていることがわかる。

　もう少し具体的に見ると，製品のスペックに関しては，真の先端層では製品の「メーカー・ブランド・製品の名前」，「使用感」，「使いやすさ」が高いのに対し，謙遜先端層では「品質・安全性」が高い。真の先端層はブランドの名前や使い勝手に関して話題にしているのに対し，謙遜先端層は品質について特に話題にしていることが言える。

　買う場面に関しては，真の先端層では，「売っている場所・方法」，「新商品の情報」，「売れ筋商品の情報」が高いのに対し，謙遜先端層では，「価格」が高い。つまり，真の先端層は買う場所やキャンペーン，商品の販売情報に関して話題にしているのに対し，謙遜先端層は価格中心の話題になっていることが言える。

　以上より，真の先端層は製品の情報から買う場面の情報まで幅広く話題にすることができるのに対し，謙遜先端層は製品の品質や価格といったように，話題にできるテーマは限定的であることがわかる。

5-6．真の先端層の強みとなる情報源

　前項では，真の先端層の情報源と話題テーマの回答状況の集計結果を見たが，真の先端層の強みとなる情報源や話題テーマはどのような内容なのであ

図表 7-11　真の先端層の強みとなる情報源（本人回答）

	係数
（定数）	-1.020**
新聞の広告	2.354*
雑誌の記事・特集	0.997†
化粧品メーカーの Web ページ	1.014†
インターネットを介したコミュニケーションサービス	2.651*
美容部員や店員の話	1.536*
疑似決定係数（Cox & Snell R^2）	0.302

*5％水準　†10％水準でそれぞれ有意

ろうか。まずここでは，強みとなる情報源の抽出を行ってみる。

　具体的には，被説明変数については，真の先端層（1）／一般層（0）の二値変数とし，説明変数については，**図表 7-9**で示した20項目とする二項ロジスティック回帰分析を行った。ここではステップワイズ処理を行い，有意な項目のみ抽出した。その分析結果を**図表 7-11**に示す。

　この結果を見ると，新聞，雑誌，メーカーWebページ，クチコミサイト，美容部員や店員との会話を通じて情報を収集できることが，真の先端層の強みであると言えよう。また，**図表 7-9**の中で回答率の高かった「雑誌の記事・特集」，「化粧品メーカーのWebページ」，「インターネットを介したコミュニケーションサービス」，「美容部員や店員の話」がここでも有意になっている。しかし，「新聞の広告」は回答率が高くなかったにもかかわらず有意になっている。新聞は購読量が減少し，広告媒体としての有効性についていろいろな議論がされているが，真の先端層は新聞も有力な情報源の1つとして捉えているということが，この結果から示されていると言えよう。

5-7. 真の先端層の強みとなる話題テーマ

　次に，真の先端層の強みとなる話題テーマについても見てみた。前項と同様に，被説明変数については，真の先端層（1）／一般層（0）の二値変数とし，説明変数については，**図表 7-10**で示した29項目とする二項ロジスティック回帰分析を行った。ここでも前項の分析と同様にステップワイズ処理を行い，有意な項目のみ抽出した。その分析結果を**図表 7-12**に示す。

図表7-12　真の先端層に期待する話題テーマ（友人回答）

	係数
（定数）	-0.376
売っている場所・方法	0.584*
お店の対応・サービス	0.939†
キャンペーン・イベントなどのお得情報	0.952**
売れ筋商品の情報	0.767†
疑似決定係数（Cox & Snell R^2）	0.149

*5％水準　†10％水準でそれぞれ有意

　この結果を見ると，「売っている場所・方法」，「お店の対応・サービス」，「キャンペーン・イベントなどのお得情報」，「売れ筋商品の情報」が有効な話題テーマとなっている。つまり真の先端層は，製品に関する情報よりも買う場面に関する話題テーマの方が強みになっていると言えよう。またこのことは，友人たちは真の先端層に対し，これらの情報を話題にすることを期待していることを示唆している。

6 ｜ 分析4：情報先端層が実際に発信するクチコミ内容[9]

　分析3では，影響関係のある情報先端層と彼らの友人との間でどのような情報共有が行われているかを捉えた。その結果，本人だけでなく友人からの評価も高い「真の先端層」は，様々なメディアや人々から幅広い情報を得ていること，「真の先端層」の強みとなる情報源は，新聞，雑誌，メーカーWebページ，クチコミサイト，美容部員や店員との会話であること，「真の先端層」が友人たちから頼りにされる話題テーマは，製品に関する情報よりも買う場面に関する情報であることがわかった。それでは，情報先端層は具体的にどのような内容を発信するのであろうか。分析4では，情報先端層と一般層が書き込んだテキストを比較することにより，情報先端層の影響力につながるキーワードを抽出してみる。

第7章　話題につながる消費者　｜　169

6-1. 利用データの概要

　ここではまず，情報先端度（情報収集指標，情報発信・共有指標）に関するスクリーニング調査を実施し，情報収集指標と情報発信・共有指標の双方が高い層を「情報先端層」，逆に双方が低い層を「情報遅滞層」とした。情報先端層の判別方法だが，まず，情報収集行動と情報発信・共有行動の測定項目を用いて，7点尺度のアンケートを行った。例えば情報収集行動の項目は，「新しい，いつもと違う商品を試す」，「バラエティを味わうために，あまり知らないブランドを買う機会を楽しんでいる」，「売場の棚に新しいブランドがあると，試しに買うことをためらわない」など20項目である。情報発信・共有指標の項目は，「新しいブランドや商品を友達に紹介するのが好きだ」，「多くの種類の商品についての情報を提供することで，みんなを手助けするのが好きだ」，「みんなが私に商品，お店，特売についての情報をたずねてくる」などの6項目である。次に，それぞれの合計得点が共に平均点以上のサンプルを「先端層」，共に平均未満のサンプルを「遅滞層」とした。サンプル数は先端層531件，遅滞層204件である。

　次に，彼らに9月中旬から10月中旬にかけて毎週1回，最も印象に残った食べ物・モノ・場所の3分野についてそれぞれ週報を投稿してもらった。週報の内容は，3分野それぞれの①内容，②印象に残った理由，③その内容を共有した状況（直接の会話とSNS）の3つの質問から構成されたものである。週報の件数は5,253件であり，その内訳は，食べ物（先端層1,687件　遅滞層617件），モノ（先端層1,259件　遅滞層418件），場所（先端層963件　遅滞層309件）である[10]。なお，「特になし」というコメントについては記入したものとみなさず，ここでの分析対象から除外している。

　これらの週報をテキストマイニングにかけ，3分野それぞれにおいて，先端層と遅滞層の間で出現するキーワードの違いを見ていく[11]。

6-2.「食べ物」に関する投稿

　実際に印象に残った食べ物についての投稿を集めると，食べ物の内容の出現率上位3ワードは，先端層については「サンマ」，「ハンバーグ」，「カ

レー」,遅滞層については「カレー」,「ラーメン」,「ハンバーグ」となった。「カレー」と「ハンバーグ」は共通する食べ物であるが,先端層は「サンマ」を挙げているのに対し,遅滞層は「ラーメン」を挙げているところに違いが見られる。先端層の方が特に出現率の高いワードとして,「サンマ」,「チーズ」,「松茸」が挙がった。一方,遅滞層の方が特に出現率の高いワードは,「ラーメン」,「餃子」,「豆腐」である。これらの傾向から,先端層はその時の「旬」な食べ物をよく挙げているのに対し,遅滞層は年中食べられるようなものを挙げてきていることが言える。

　それでは先端層が特に挙げている「サンマ」はどのような文脈から挙がってきているのであろうか。先端層が挙げる「サンマ」の単語を軸に,コメントの文脈に挙がっている単語を3つまでつなげたマッピングを行ったところ,「旬な」サンマを「刺身」や「塩焼き」で「食べ」て「美味しかった」という流れができている。そこで同じサンマでも遅滞層の単語マッピングを行ったところ,「サンマ」から「塩焼き」や「おいしい」くらいしかつながっておらず,サンマを起点とした言葉の広がりが見られない。先端層はキーワードを挙げた背景をいろいろ説明しているが,遅滞層は一言で終わってしまうという,彼らの間の説明力・表現力の差がこれらの結果から垣間見えよう。

　次に,その食べ物を挙げた理由について見てみたところ,理由の出現率上位3ワードは,先端層については「味」,「旬」,「家族」,遅滞層については「味」,「野菜」,「家族」である。「味」と「家族」は共通する理由であるが,先端層は「旬」を挙げているところに違いが見られる。先端層の方が特に出現率の高いワードとして,「季節」,「秋」,「脂」が挙がった。一方,遅滞層の方が特に出現率の高いワードは,「量」,「好物」である。先端層はまさに「旬」を具体化したワードを理由にしているが,遅滞層は旬に興味を持つのではなく,あくまで量や自分の定番の好物に傾倒していることがわかった。

　それでは,先端層の「脂」と遅滞層の「量」はどのような文脈から挙がってきているのであろうか。先端層が挙げる「脂」の単語マッピングを行ったところ,先に挙がった「サンマ」のほか,「ブリ」,「キングサーモン」の「脂」が「のる」ことが「美味しい」という流れができている。一方,遅滞

層が挙げる「量」の単語マッピングでは，「量」から「美味しい」，「多い」，「少な目だ」くらいにしかつながっていない。前述のように「一言」で終わってしまっているためキーワードを挙げた背景が見えてこない。

　そしてこの食べ物について誰と話題を共有したのであろうか。食べ物の情報共有の相手も見てみると，出現率トップのワードは，先端層と遅滞層ともに「家族」である。しかし出現率では，先端層が13.7%に対し，遅滞層は8.4%であった。このことから，先端層は実際に情報共有を行う出現率が高いが，遅滞層は低いことがわかった。先端層の方が特に出現率の高いワードとして，「家族」，「夫」，「友人」が挙がった。一方，遅滞層の方が特に出現率の高いワードは，「妻」である。先端層は女性が多く，遅滞層は男性が多いという特徴の違いに関連するワードが出てきている。実際に先端層と遅滞層の男女構成比を見ると，先端層の女性の比率は66%に対し，遅滞層は42%である。これらの点から，先端層は食べ物について家族だけでなく友達とも積極的に話題にするが，遅滞層は話すのは妻くらいで，あまり積極的に話題にしないということがわかった。

　それでは，先端層と遅滞層で共に出現率が最も高かった「家族」はどのような文脈から挙がってきているのであろうか。先端層の「家族」の単語マッピングと遅滞層のそれを比較したところ，「家族」が「美味しい」，「好評」，「喜ぶ」，「話す」というつながりは先端層と遅滞層共に同じであるが，先端層は「行く」が多いのに対し，遅滞層は「作る」が多いという違いが見られる。先端層は外食先で家族と一緒に食べ，共有しているケースが多く，遅滞層は自宅で作って一緒に食べ，共有していることがわかった。

　またその情報共有行動としてSNSにもアップした時のワードも見てみたところ，出現率トップのワードは，先端層では「写真」，遅滞層は「Facebook」であるが，その出現率はそれぞれ3.1%と1.1%である。先に示した情報共有の相手と同様，先端層はSNSでの情報共有行動も積極的であるのに対し，遅滞層は消極的であることがわかった。先端層の方が特に出現率の高いワードとして，「写真」，「Twitter」，「LINE」が挙げられる。SNSのツールとしてFacebook，Twitter，LINEが挙げられているが，これらのサイトから情報共有を行う際の共通ツールとして「写真」を使っていること

が，出現率トップの背景であると考えられる。先端層の中で「写真」を挙げた人は，1,687人中52人いたが，一方の遅滞層では617人中4人しかいなかった。この人数の違いを見てわかる通り，SNSに写真をアップする行動力の差が先端層と遅滞層の間で大きいのである。

そこで，先端層において出現率トップの「写真」の文脈を単語マッピングしたところ，「写真」を「アップする」，「投稿する」，「掲載する」というように，写真が情報共有行動の起点となっていることがわかった。

6-3.「モノ」に関する投稿

前項の「食べ物」と同様の見方で，「モノ」に関する投稿も見てみたところ，モノの内容の出現率上位3ワードは，先端層については「iPhone 6」，「バッグ」，「友人」，遅滞層については「DVD」，「本」，「CM」であり，先端層と遅滞層の間で共通の内容は挙がっていない。先端層の方が特に出現率の高いワードとして，「iPhone 6」が挙がった。一方，遅滞層の方が特に出現率の高いワードは「DVD」である。先端層は，調査当時に発売したばかりの製品を挙げる人が多いのに対し，遅滞層は旬とは関係のないものを挙げている。

次に，モノを挙げた理由について見てみると，モノを挙げた理由の出現率上位3ワードは，先端層については「デザイン」，「子供」，「香り」，遅滞層については「デザイン」，「価格」，「子供」である。「デザイン」，「子供」は共通のワードであるが，異なるワードとして先端層は「香り」，遅滞層は「価格」を挙げている。

それでは，先端層で出現率が高かった「香り」はどのような文脈から挙がってきているのであろうか。先端層の「香り」の単語マッピングしたところ，使っているモノの「香り」が「良い」，「良い」「香り」が「好きだ」というつながりが見えてくる。先端層は入手したモノの香りを楽しんでいることがわかった。

そしてこのモノについて誰と話題を共有したのであろうか。モノの情報共有の相手も見てみると，出現率トップのワードは，先端層は「友人」，遅滞層は「妻」である。食べ物のときは先端層と遅滞層共に「家族」を挙げてい

たが，モノについては複数の家族で話題にするというよりは，友人や家族の中でも特定の人と話題にする傾向があることがわかった。

またその情報共有行動としてSNSにもアップした時のワードも見てみると，先端層ではワードが出現しているが，遅滞層ではそれが見られない。先の食べ物でも見られたように，遅滞層はSNSの利用に対して消極的であることが改めてわかる。先端層での出現率トップのワードは，食べ物のときと同様に「写真」であり，SNSサイトから情報共有を行う際の共通ツールとして「写真」を使っていることが，出現率トップの背景であると考えられる。

6-4.「場所」に関する投稿

さらに「場所」に関する投稿も見てみたところ，場所の内容の出現率上位3ワードは，先端層については「店」，「デパート」，「スターバックス」，遅滞層については「公園」，「カフェ」，「レストラン」である。先端層と遅滞層では上位3つに挙がっているワードはすべて異なるものである。また先端層では特定名称の「スターバックス」が上位に入っている。先端層は近場でブランドとなっている固有の場所を挙げる傾向にあり，遅滞層はオーソドックスな場所を挙げる傾向にあると言えよう。

次に，場所を挙げた理由について見てみると，場所を挙げた理由の出現率上位3ワードは，先端層については「店」，「サービス」，「場所」，遅滞層については「サービス」，「店」，「雰囲気」である。「店」，「サービス」は共通のワードであるし，特に「店」は先端層の方において特に出現率の高いワードでもある。そこで「店」はどのような文脈から挙がってきているのであろうか。先端層の「店」の単語マッピングと遅滞層のそれをそれぞれ見てみる。「店」が「良い」というつながりは先端層と遅滞層共に同じであるが，先端層は「新しい」，「美味しい」店に「行く」ことや，店で「買う」，店について「話す」というように，実際の行動に関するつながりが多いのに対し，遅滞層は行動へのつながりが見られず，理由に関する話が広がらないことがわかった。

そしてこの場所について誰と話題を共有したのであろうか。モノの情報共

有の相手も見てみると，話題の共有相手として出現率トップのワードは，先端層は「友人」，遅滞層は「家族」である。先端層は家族外の人と積極的に共有する人が多いが，遅滞層はあくまで共有相手は家族中心とする人が多いことがわかった。

またその情報共有行動としてSNSにもアップした時のワードも見てみると，モノのときと同様に先端層ではワードが出現しているが，遅滞層ではそれが見られない。先端層での出現率トップのワードは，食べ物，モノのときと同様に「写真」である。

6-5. 分析4のまとめ

以上，「食べ物」，「モノ」，「場所」について，先端層と遅滞層の間のコメントの違いについて見ていったが，商品やサービスが先端層に注目され，取り上げてもらえるポイントは，「女性」，「旬」，「SNS」の3つだと言える。

まず「女性」だが，先端層は女性の方が多いという状況である。それも背景となり，キーワードとして，女性がより好みそうな「チーズ」や「香り」，「スターバックス」が挙がってきていることが考えられる。つまり，女性がより好みそうな商品やサービスを展開することが先端層に支持される近道になる可能性が高い。

次に「旬」だが，印象に残った食べ物として先端層は，調査当時まさに旬であった「サンマ」を挙げる人が多かった。また印象に残ったモノでも，調査当時発売されて注目を集めていた「iPhone 6」を挙げる人が多かった。先端層はまさに新しい，旬なものに関心を持つ消費者であることがわかる。新商品や旬な限定商品の訴求，季節感を持たせた売場演出などを展開することが先端層に支持される近道になる可能性が高い。

そして「SNS」だが，先端層はFacebook，Twitter，LINEといったSNSを使う人が多く，特に「写真」をアップする人が多かった。先端層は家族や友人に直接話すだけでなく，SNSを使って多くの人に情報を発信する消費者であることがわかる。先端層がSNSで情報発信をすることによって，情報の受け手側である知人・友人が「あっ，買ってみようかな・行ってみようかな」というように，トライアル購買につながる可能性がある。先端

層に支持されるということは，商品やサービスのトライアル拡大，つまり需要拡大の一歩になる可能性が高い．

7 本章のまとめ

本章では，まず分析1として，食生活や買い物への考え方や行動に関する回答傾向から消費者の買い物タイプのグループ分けを行い，ロイヤル・ノンロイヤル間のグループ構成を比較した．その結果，ロイヤルはノンロイヤルに比べて無関心層の割合が高いということがわかった．つまりこの結果は，「購買金額の多い消費者＝優良な顧客」と言い切るには注意が必要であり，優良な顧客のもう1つの着眼点として情報先端層の存在を提起した．

そこで，情報先端層はどのような買物行動の特徴を持つのかについて分析2，分析3，分析4の3つの分析を行った．

分析2では，情報先端層のスーパーマーケットにおける買物行動・購買行動の特徴について分析し，その結果，情報先端層の買物行動・購買行動として，「買い物好き」，「新商品をいち早く買う」，「その時，必ずしも価格になびくわけではない」，「一般消費者以上に複数のSMを使い分けている」，「店舗の立地や価格，品揃え，売場作りに対する目が厳しい」，「FSPのポイントではなびかない」，「店舗に対する満足は実用面よりも情緒面から抱く」ということが明らかになった．

分析3では，影響関係のある情報先端層と彼らの友人との間でどのような情報共有が行われているかを捉えた．その結果，本人だけでなく友人からの評価も高い「真の先端層」は，様々なメディアや人々から幅広い情報を得ていること，「真の先端層」の強みとなる情報源は，新聞，雑誌，メーカーWebページ，クチコミサイト，美容部員や店員との会話であること，「真の先端層」が友人たちから頼りにされる話題テーマは，製品に関する情報よりも買う場面に関する情報であることがわかった．

そして分析4では，情報先端層と一般層が書き込んだテキストを比較することにより，情報先端層の影響力につながるキーワードを抽出した．その結果，商品やサービスが先端層に注目され，取り上げてもらえるポイントは，

「女性」,「旬」,「SNS」の3つであることがわかった。

　これら4つの分析で得られた結果を踏まえると，情報先端層は，スーパーマーケットがいままで「優良」と捉えてきた顧客とは異なる可能性がある。ここで言う「優良顧客」とは，自社店舗に定期的に来店し，来店頻度が高く，購買金額が多いという，いわゆるRFM（Recency, Frequency, Monetary）の指標で判断される消費者を指す。FSPを導入している多くの小売業は，RFMに基づいた何かしらの指標から，「優良顧客」を特定し，彼らに対する囲い込みの施策を行ってきている。

　これに対し，情報先端層は，複数の店舗を使い分けているし，FSPのポイントにもなびかないため，RFMで判断したら，彼らは優良顧客のランクには当てはまらない可能性がある。しかし，「良い」と思えば，それを知人・友人に情報として発信してくれる可能性が高い消費者なのである。この情報発信によって影響を受けた潜在的な消費者が来店し，購買することで店舗の売上が拡大する，というシナリオが今後のスーパーマーケットにとって重要になってくるのではなかろうか。

　スーパーマーケットにとって，店舗の優良顧客を維持することは，古くから言われているパレートの法則からしても重要であることは言うまでもない。しかし，優良顧客をこれ以上優良にしていくのは，すでにお腹いっぱいの人に「もっと食べて！」と押し付けるのと同じであり，あまり現実的ではない。優良顧客で需要を拡大させるよりも，情報先端層を起点として，クチコミによる推奨→影響を受けた潜在顧客が来店→購買という流れで需要拡大を狙っていくほうが現実的ではなかろうか。いずれにしても，スーパーマーケットにとって今後必要になってくることは，「買ってもらえるお店作り」だけでなく，「情報先端層に広めてもらうお店作り」もあると言えよう。

(1)　分析1は，寺本（2014a）を加筆修正したものである。
(2)　生活状況の調査項目については，株式会社読売広告社が実施している生活者意識調査「CANVASS」で使用している項目を参考に作成している。協力いただいた同社に対し，ここに記して感謝を申し上げたい。

(3) 分析2は，寺本（2013）を加筆修正したものである。
(4) 「消費者の業態店舗選択調査2011」は，①東京圏，②大阪圏，③中京圏，④札幌市，⑤仙台市，⑥広島市，⑦福岡市・北九州市の7地域の約4,500名の消費者を対象に，各業態の利用行動や主要4業態の主利用チェーン（総合スーパー，スーパーマーケット，コンビニエンスストア，ドラッグストア）の利用評価について聴取した調査パッケージである。流通経済研究所では2006年から調査を開始し，毎年調査を実施している。
(5) 詳細については，「マイボイス株式会社」Webページ（http://www.myvoice.co.jp/menu/33-voice.html）を参照のこと。
(6) 分析3は，寺本（2015）を加筆修正したものである。
(7) 分析用データは株式会社資生堂（現　資生堂ジャパン株式会社）との共同研究において収集したものを用いている。共同研究を推進した同社マーケティング部ブランド企画室の北澤宏明氏（所属は調査当時）に対し，ここに記して感謝を申し上げたい。
(8) ここでは6つの質問項目の「私」を「彼女」に置き換えて聴取している。
(9) 分析4は，寺本・松野（2015）を加筆修正したものである。
(10) 先端層・遅滞層の投稿調査の実施に際し，株式会社マイボイスコムの協力を得た。協力いただいた同社に対し，ここに記して感謝を申し上げたい。
(11) テキストの抽出分析には，株式会社プラスアルファコンサルティングが提供するクラウド型テキストマイニング「見える化エンジン」を用いた。協力いただいた同社に対し，ここに記して感謝を申し上げたい。

第8章 話題につながる商品[1]

　本章では，話題性の高い商品とはどういうものなのかについて明らかにする。

　第6章で扱った企業に限らず，多くのスーパーマーケットでは，PBの開発と売場展開の強化がなされているが，近年，そのPBの様相が変化してきている。具体的に言うと，いままでのPBは，NBより安価であるというのが前提で，そこに品質の側面でいかにNBのレベルに近づけるか，という点がPBの開発競争の主軸であった。しかし，例えばセブン＆アイ・ホールディングスが展開するPBラインである「セブンゴールド　金の食パン」は，NBより高単価でありながら，爆発的なヒット商品となっている。このヒットの背景には，発売当初のセブン-イレブン各店頭での試食販売が功を奏しているとされている（緒方・田口，2013）が，それだけではなく，消費者間で大きな話題となり，それによって多くの消費者が関心を抱き，トライアル購買が発生したものと予想できる。

　多くのPBは，そもそもTVなどで広告をすることもないし，販売ルートを確保するために営業をすることもないため，これらを実施しないことによる広告・販売促進費の抑制によって低価格化を実現するというのが基本戦略である（中村，2009）。そのためマスコミに取り上げられることは少なく，店舗を利用する顧客だけが知るという，いわゆる知る人ぞ知るという位置づけの商品であった。それが，先に述べた「金の食パン」のように，話題性の非常に高いPBというものが出現してきているのである。

　それでは，どのようなPBであると，人々の間で話題になったり，他の人に勧めたくなったりするのであろうか。また勧めたくなるポイントというものは，買いたいと思うそれとは異なるのであろうか。PBと消費者行動の関係の研究は多岐にわたるが，その多くはトライアル購買とリピート購買の状況といった購買との関係や良い・悪い，好き・嫌い，といった態度との関係

179

に着目した研究に留まっている。話題にする，SNSに投稿する，知人・友人に勧める，といったクチコミとの関係を示すまでには至っていないのが現状であろう。

そこで本章では，消費者間の情報共有に影響を与えるPBの知覚品質要件を明らかにする。具体的には，単に買いたいと思うPBの要件と，それだけでなく仲間にも勧めたくなるようなPBの要件の違いはどこにあるのか，という点を明らかにする。

1 PBの市場戦略に関する研究

PBの先行研究は，PBの市場戦略とPBの商品評価の2つに大別できる。ここでは，まずPBの市場戦略に関する研究をレビューする。

PBの市場戦略を体系的にまとめた研究は根本（1995）である。根本（1995）は，American Marketing Association（AMA）が1990年に定義した，「PBは，製品の製造業者より再販売業者によって所有される色彩が強いブランドである。ただしまれにはその際販売業者が製造業者である場合もある。この用語は，(1) 広告されたブランドと広告されないブランドという対比において用いられ（PBはほとんどの場合広告されない），また (2) NBとリージョナルあるいはローカルブランドといった対比に用いられる（PBは多くの場合，NBより展開エリアが狭い）。しかしこうした区別は，Sears, Kroger, Kmart, Aceなど，そのPBを広告し，全国的あるいは国際的に販売する大規模な小売業者や流通業者の存在により，不明確なものとなっている。」を踏まえ，「ブランドを所有・管理する主体を区分する軸（製造業，卸売業，小売業）」と「ブランドの展開エリアの広さを識別する軸（地場的，地域的，全国的，国際的）」の2つの軸によってPBとNBを検討する枠組みを提示している。この枠組みをもとに，①流通業の成長とPB展開による競争構造の変化，②海外ブランドの本格的な流入による競争構造の変化，③高集中度市場型PBの登場，という3つのPB展開パターンによって市場の競争構造の変化が生じていることを指摘している。

また根本（2009）は，日本国内で2007年あたりから始まったPBブームの

ステージアップのメカニズムをPBとNBの競争関係から考察している。具体的には，まず2007年から2008年秋口までを「PBブームの第1ステージ」とし，「原料費の高騰により，メーカーが，不況であるにもかかわらず値上げに動かざるを得なくなり，かなり多くの品目でNBの価格が上がり，PBにとって有利な状況が形成された。不況に加え，価格差が拡大すれば，より安い代替品に需要のシフトが起きるのは当然だろう」と指摘している。

次に2008年のリーマンショックのあった秋口から2009年までをNBメーカーによる巻き返しと小売業によるPBの多品目化と低価格化を特徴とした「第2ステージ」としている。ここでは，NBメーカーによる巻き返しの背景として，「原材料価格の落ち着きによってNBメーカーは大幅な値上げをする必要は少なくなったし，販促原資も出しやすくなり，実勢価格を詰めることも可能になった」ことと，「新商品が出る季節になると，小容量化，主力商品のリニューアル，値ごろ感のあるファイティングブランドを出す動きなども出た」ことを挙げている。小売業によるPBの多品目化と低価格化の背景については，「多くのチェーンの店舗に同じようなPBが同じような価格で並ぶに至り，PBの新鮮さが失われていることから第1ステージのようには売れなくなる」ことと，「そうするとPBを業績回復のキーとして，また特にそれを投資家にアピールしてきた小売業は，新たなPB活性化策を打ち出さざるを得なくなる」ことを挙げている。このようにNBメーカーによる巻き返しと小売業によるPBの多品目化と低価格化の背景を示したうえで，PBの多品目化と低価格化には大きなリスクが伴うことを提言している。

さらに矢作（2013）は，日米英3カ国の消費財分野を中心にNBとPBの歴史を素描する中でNBメーカーの対応の変化を示している。具体的には，日本のPB商品の開発の歩みとして，1960年代は揺籃期「ダブルチョップ商品の登場」，1970年代は模索期「寡占メーカーに挑む」，1980年代は見直し期「PBプログラムの集約化」，1990年代は再挑戦期「価格破壊型PBの登場」，2000年代は業態交代期「製造小売業の台頭」というように各年代を位置づけ，そして直近の2010年代をデュアル・ブランド期「変わるメーカーの対応」と位置づけている。このデュアル・ブランド期では，ビールカテゴリーにおいて大手NBメーカーによるPB参入したことがメーカー対応の大

きな転機になっていることが挙げられている。ビールカテゴリーはNBとPB間の消費者知覚品質ギャップが最も大きく，ブランド資産を構築しやすい商品カテゴリーであるゆえに，このPB参入のケースが「最後の聖域」の侵食として話題になったことや，この食品メーカーの対応変化は戦後日本の流通のパワーシフトの到達点を象徴していることがここで指摘されている。

このように根本（1995；2009）では，PB対NBの競争関係の流れに焦点を当てた形で市場戦略を論じている。これに対して矢作（2013）ではPBの製造を請け負うNBメーカー側の立場からPBの市場戦略について論じられている。

また，市場戦略の中でも，PBの商品開発プロセスに着目した研究もある。これらについては，メーカーへの生産委託方法についての研究や，生産・調達段階まで関与した方法についての研究が挙げられる。前者に関しては，取り扱いNBの高級さとPB受託の抵抗度の関係モデル構築（Chen et al., 2009）や，日本におけるPB製造受託専業メーカーの成立の可能性の分析（神谷，2009），NBメーカーにおけるPB商品の受託事業発展の可能性と制約条件の分析（矢作，2012）などが挙げられる。

例えば矢作（2012）では，メーカーへのヒアリング調査をもとに，PBの製造受託事業の方向性について論じられている。具体的には，NBとPBのダブルブランド戦略を採る大手メーカー，PB製造受託事業に依存する中堅メーカー，PB・専用商品の製造受託で伸びてきた専業メーカーという3つの異なる戦略グループに分類し，PB商品の製造受託事業の実態を分析している。実態の分析の結果，①PB商品に対するメーカーの受託対応の違いは，新製品開発力の差やブランド力の差にあること，②NBとPB受託のダブルブランド戦略を採用する大きな理由は，大量陳列等による売場確保の保証があること，③大手小売チェーンと緊密な取引関係を結び，新規投資負担に耐えられるPB製造受託事業の規模を安定的に確保できないと経営採算性は危うくなる可能性があること，④PB製造受託専業メーカーは，営業網の確立や販売促進活動は不要となり，売掛金の回収が楽になる利点を享受できるが，原価管理や収益データを小売業に握られ，工場投資は店舗網の拡充に合わせて行わないといけないため，経営面で窮屈になること，の4点がPB

商品の製造受託事業の発展可能性や制約条件として示されている。

　後者に関しては，大手流通業自身による品質や安全基準を作成する取り組みに関する整理（大野，2010）や，英国の主要小売業のPB開発の組織体制の比較（藤岡，2013）などが挙げられる。例えば大野（2010）は，流通業がPB開発に取り組む際の要件について，良品計画のPB開発の事例をもとに抽出している。具体的には，流通業は製造業と異なり，生産工場を所有していないことから，①商品企画ではNB商品と同程度の品質水準を基本として，素材の見直し，工程の削減，包装の簡素化，広告費の削減，さらに近年では，消費者の声に基づく企画や環境への配慮，原材料にかかわる開示問題への配慮もコンセプトとしていること，②在庫リスク負担問題への解決として，品目数の絞り込み，需要予測精度の向上，在庫水準に関する基準作り，期中に追加発注，追加生産を行うクイック・レスポンスへの取り組みが行われていること，③生産相手の選定と取引条件では，生産相手からサンプル品の提供や取引先の開示を求めることで，生産相手の技術的な品質水準を判断し，さらに海外の生産工場の場合には，流通業側からの技術指導を行う人材の派遣や定期的な工場訪問により品質水準の向上と不良品発生率の低下に協力すること，という3つの要件があることを示している。

　以上，PBの市場戦略についての研究を見てみたが，これらの研究は欧米の事例に絡めて日本の市場について分析・考察するものが非常に多い。これは日本の市場において，PBが短期間に大きな変遷をしていることや，セブンプレミアムのように，欧米では例を見ないようなダブルブランド戦略を採るPBも出ていることから，流通研究者の間で非常に高い関心事として位置づけられているものと考えられる。

2　PBの商品評価に関する研究

　PBの商品評価に関する研究は，欧米では盛んに行われており，宮下（2011）が整理している。宮下の整理によると，PBに焦点を当てた研究は1960年代から始まり，初期は，デモグラフィック要因やライフスタイル要因との関係を捉える研究が中心であり，1980年代から，意思決定プロセスとの

関係を捉える研究が行われてきた。例えば，Bellizzi et al. (1981) は，消費者は，品質，味，香り，信頼性といった項目においてPBはNBより劣っていると知覚していることを指摘している。またRichardson et al. (1994) は，ポテトチップスやチョコレートクッキー，ゼリーなどを対象に，PBとNBの味覚調査を行った結果として，消費者がPBに対して知覚する品質は，実際の品質よりも低く評価される傾向にあることを明らかにしている。

PBの商品評価の結果は，2000年代から変化してきている。Ailawadi and Keller (2004) は，消費者のPBに対する知覚品質を変化させることがPB支持者の拡大への大きな原動力となり，NBを供給するメーカーにとっては最大の脅威となることを指摘している。またDeloitte and Touche (2010) の意識調査では，これまでNBを支持していた消費者がPB支持へシフトしていることを明らかにしている。

PBの商品評価に関する研究は，欧米では多岐にわたっているものの，日本の市場に関してはさほど多くは扱われていない。それは，日本ではPB市場よりもNB市場が圧倒的に大きく[2]，消費者行動研究者やブランド研究者の関心がNBの評価に向きがちであることが考えられる。しかし重冨 (2010) によると，2009年時点での1年間のPB購入率は94％，リピート購入率は90％と高く，購入金額では回答者の約5割が「増えた／やや増えた」としていることからもわかるように，近年はPB市場も拡大してきており，それに伴って研究例も増えてきている。

例えば，小林 (2006) はプレミアムPBが増えてきていることを受け，単なるNBとPBという二分法で比較分析することを再考すべきだということを過去のPBとNBの比較研究のレビューを通じて提案している。

清水 (2002) はPBの普及の可能性として，PBの浸透率に影響する要因を分析している。その結果として，PBの浸透率には当該店舗へのストアロイヤルティが大きく影響しており，店舗評価が高ければPB浸透率が上昇することが明らかになっている。またPB非購買者は，PBを単に"安かろう，悪かろう"の商品と捉えているのに対し，PB購買者は価格評価もさることながら品質面でも評価が高いこと，PBフリークと呼ばれる消費者たちはPBに対して親しみやすさも感じている一方で，NBとの比較で見ると，

ステータスや品質の面でPBが劣るとする評価が多いことも明らかになっている。

鶴見（2009）は2008年のリーマンショック以降の不況下におけるPBの売上の拡大要因を消費者パネルの購買履歴データを用いて分析している。その結果として，PBの売上拡大は，消費者1人当たりのPB購入カテゴリー数の増加が要因となっていることが明らかになったことから，当時の不況やPB自体の品質向上を背景に，従来購買されるケースが少なかったカテゴリーでのPB購買がPB全体の売上を伸ばしたこととしている。

宮下（2011）はPBの知覚リスクに着目し，PBの購入時に，不安やためらいをどの程度感じているかについて明らかにしている。宮下によると，PBへの知覚リスクとPB購買実績の関係を見たところ，価格に関するリスク以上に商品の本質的な価値に対する不安やためらい，友人や家族といった周囲の評価が強く関係していることが明らかになっている。

綿貫・川村（2015）は，PBのブランド・エクイティが購買意図に与える影響について，近年勢いを増している主要PBを対象に，ブランド連想，知覚品質，知覚価値，購買意図の4つの要素をもとに分析している。その結果，ブランド連想は知覚価格，知覚品質，購買意図に対して正の影響を与えること，知覚価格は購買意図に対して影響しないこと，知覚品質は購買意図に対して正の影響を与えることが明らかになっている。綿貫らはこれらの結果から，PBは機能的な要因だけでなく情緒的な要因からも購買意図が形成されることを示している。

以上，PBの商品評価に関する研究をレビューしたが，これらをまとめると，①日本市場でのPB研究は消費者による評価面よりも戦略面の研究が多かったが，近年では評価面の研究も増えてきたこと，②PB評価研究では，プレミアムPBの登場により，単なるPBという括りで評価をするべきではないこと，③近年のPB市場拡大の要因は，店舗へのストアロイヤルティが関係していること，消費者が幅広いカテゴリーで購買するようになっていること，④PBに対して機能的要素だけでなく情緒的要素においても評価されるようになっていること，⑤とはいえPBの本質的な価値や知人・友人からの評価に対する不安やためらいは残っていること，の5点が挙げられる。

しかしこれらの研究では，近年消費者行動に大きな影響を与えているクチコミの関係を考慮できていない。買うときのPBの要件というものは先行研究でもよく扱われているが，例えば，買うときと知人・友人に勧めるときの要件はどのように違うのか，しかも知人・友人との対話によるクチコミとSNSでのクチコミではどのように違うのか，などのように，消費者間の情報共有まで含めた意思決定との関係は明らかにされていない。本章ではこれらの点に着目した分析を行っていく。

3 実際の分析

ここでは，実際の分析として，消費者のPBに対する知覚品質と消費者間の情報共有まで含めた意思決定の関係について明らかにする。

利用データは，国分株式会社が運営する商品モニターサイト「ぐるっぱ」のモニター会員のうち，約1,500名の会員に対して行った「スーパーマーケットのプライベート商品に関するアンケート」の回答結果である[3]。このデータは，主要PBごとに実用的・情緒的の2面による知覚品質や意思決定，広告・店頭販促・Web・SNSでの情報接触状況などを聴取したものである。このうち，日本のマーケットにおける販売ボリュームの大きいブランドA，ブランドB，ブランドCの3つのPBを分析対象として扱っていく。分析対象サンプルは，各ブランドについて，「このブランドを知っている」と回答した人としている。各PBのサンプル数は，ブランドAが1,365名，ブランドBが1,289名，ブランドCが1,105名である。

3-1. PBの意思決定の水準

まず対象PBに対する意思決定のレベルとして，関心，考慮，推奨の状況を見てみる。それを**図表8-1**に示す。ここでは，各PBに対する関心（特徴や内容を理解している），考慮（買うときに候補となる），推奨（誰かに勧めたい）の回答率を示している。ブランドAは関心，考慮，推奨の3つの段階すべてにおいて最も水準が高く，次いで，ブランドB，ブランドCの順となっている。関心から考慮の間では，ブランドAとブランドBでは率がさ

ほど低下していないが、ブランドCは42.0％から37.6％と4ポイント低下している。ブランドCはブランドAとブランドBに比べて、関心がある割には買う候補になっていないことが言える。考慮から推奨の間では、ブランドAは26ポイント、ブランドBは20ポイント低下しているのに対し、ブランドCは12ポイントの低下に留まっている。ブランドAとブランドBはブランドCに比べて、買おうと思っている割には、さらに知人・友人に勧めようとまでは思っていないことが言える。

図表8-1　対象PBの関心率・考慮率・推奨率（％）

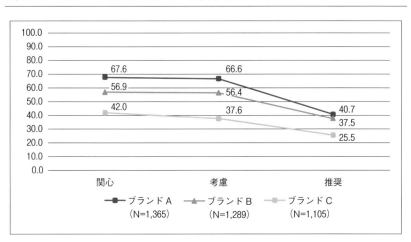

次に対象PBに対する情報共有の状況を見てみる。それを**図表8-2**に示す。ここでは、各PBに対するリアル共有（家族や友人などとの話題に挙がった）、SNS受信（ブログやTwitterで読んだ）、SNS発信（ブログやTwitterに書き込みした）の回答率を表している。リアル共有では、ブランドAの回答率が44.8％と最も高い。ブランドAを知っている人のうち半数近くは、ブランドAについて実際に話題にしたことがあることになる。ブランドAはSNS受信においても率の水準が最も高いが、その率は11.9％であり、リアル共有に比べて4分の1程度の低い水準である。リアルの共有に比べてSNSでの共有は非常に少ないことが言える。SNS発信ではブランドBの率

が最も高く，次いでブランドA，ブランドCの順となっている。

図表8-2　対象PBのリアル共有率・SNS受信率・SNS発信率（％）

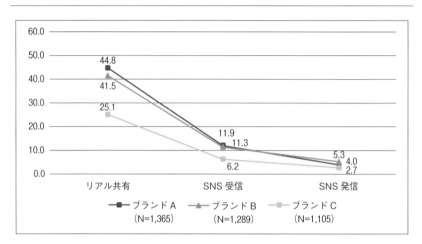

3-2. PBの知覚品質の水準

　対象PBの知覚品質の違いについても見てみる。それを**図表8-3**に示す。ここでは知覚品質属性として19項目を取り上げている。各PBの回答率の高い属性，低い属性を挙げると，まずブランドAの上位3項目は，「価格が安い」，「品揃えが充実している」，「なじみがある・愛着がある」であり，下位3項目は「高級・贅沢素材」，「斬新だ」，「遊び心のある」である。ブランドAは低価格が強みである反面，高級さや新しさのイメージが薄い点が弱みのブランドであると言える。

　ブランドBの上位3項目は，「勢いがある」，「おいしい」，「信頼できる」であり，下位3項目は「健康志向」，「余計なものが入っていない」，「シンプルな」である。ブランドBは勢いや味という点が強みである反面，健康というイメージの薄い点が弱みのブランドであると言える。

　ブランドCの上位3項目は，「信頼できる」，「余計なものが入っていない」，「健康志向」であり，下位3項目は「遊び心のある」，「勢いがある」，

図表 8-3　対象 PB の知覚品質属性別の回答率（%）

	ブランド A (N=1,365)	ブランド B (N=1,289)	ブランド C (N=1,105)
高級・贅沢素材	5.8	23.0	9.4
余計なものが入っていない	14.9	14.9	38.2
斬新だ	10.8	25.1	6.9
なじみがある・愛着がある	56.3	38.2	35.2
独自性がある	13.8	27.8	15.5
価格が安い	61.5	19.4	12.9
コストパフォーマンスが良い	26.9	25.4	14.5
品揃えが充実している	60.1	39.9	20.0
おいしい	30.0	47.2	25.8
商品のパッケージが良い	20.6	38.9	7.6
商品のネーミングが良い	21.1	32.0	6.0
健康志向	11.9	14.3	36.1
洗練されている	13.6	32.4	7.1
遊び心のある	11.5	19.6	3.1
本格的	13.9	32.4	14.3
信頼できる	45.3	47.0	48.1
シンプルな	32.0	16.5	25.4
親しみやすい	55.8	38.9	33.2
勢いがある	36.5	50.3	5.9

■ 回答率の高い項目
■ 回答率の低い項目

「商品のネーミングが良い」である。ブランド C はシンプルさが強みであるが，勢いや遊びのイメージの薄い点が弱みのブランドであると言える。

3-3. 意思決定に影響する知覚品質属性

　対象 PB の意思決定や知覚品質の状況について基礎集計データをもとに俯瞰したが，ここではこれらのデータをもとに，PB の意思決定に影響する知覚品質属性はどのようなものなのかを明らかにする。前述では意思決定として，関心，考慮，推奨，情報共有（リアル共有，SNS 受信，SNS 発信）を扱ったが，ここでは，これらの項目の各々を目的変数，19項目の知覚品質属

性を説明変数とした二項ロジスティック回帰モデルにより，知覚品質属性と意思決定の関係を定量的に示す。分析対象PBは前述のブランドA，ブランドB，ブランドCの3ブランドである。ただし，ブランド間の傾向の違いを取り除き，できるだけPBの一般的な傾向を議論できるように，ブランドダミー変数を加えることでブランド固有の影響を取り除いた。

分析対象サンプルは，ブランドA，ブランドB，ブランドCの3ブランドの購買経験を持つ，延べ1,504名の回答者である。ここで購買経験を持つ回答者に限定したのは，今回対象としているようなPBは低関与型の特徴を持つ食品が中心になるため，購買経験のない状態で，関心，考慮，推奨といった意思決定を行うのは難しいものと考えられるためである。

まず，関心，考慮，推奨と知覚品質の関係について見ていく。この分析結果を**図表8-4**に示す。統計的に有意な関係を持つ知覚品質属性には印をつけている。

関心に影響する知覚品質属性は，「なじみがある・愛着がある」，「品揃えが充実している」，「信頼できる」が挙げられる。なじみや信頼性というイメージの強いPBが関心を抱かれやすい傾向にあることが言える。

考慮に影響する知覚品質属性は，「なじみがある・愛着がある」，「品揃えが充実している」，「おいしい」，「信頼できる」が挙げられる。関心では挙げられていなかったが，考慮では挙げられている属性は，「おいしい」である。関心を持つというレベルから実際に買うというレベルに移行するとなると，味の要素を重視するようになることが言える。

推奨に影響する知覚品質属性は，「高級・贅沢素材」，「独自性がある」，「コストパフォーマンスが良い」，「品揃えが充実している」，「おいしい」，「商品のパッケージが良い」，「信頼できる」，「親しみやすい」が挙げられる。考慮では挙げられていたが，推奨では挙げられなかった属性は，「なじみがある・愛着がある」であり，逆に考慮では挙げられていなかったが，推奨では挙げられている属性は，「高級・贅沢素材」，「独自性がある」，「コストパフォーマンスが良い」，「商品のパッケージが良い」，「親しみやすい」である。

買うというレベルから知人や友人に勧めるというレベルに移行するとな

図表8-4　関心・考慮・推奨に影響する知覚品質属性

	関心	考慮	推奨
(定数)	0.511**	0.542**	0.181**
高級・贅沢素材	-0.046	0.006	0.105**
余計なものが入っていない	0.049	0.003	0.047
(味や機能が) 斬新だ	0.030	0.005	-0.004
なじみがある・愛着がある	0.104**	0.107**	0.027
(味や機能に) 独自性がある	0.030	0.011	0.067*
価格が安い	0.000	0.004	-0.035
コストパフォーマンスが良い	0.024	0.037	0.082**
品揃えが充実している	0.100**	0.097**	0.063*
おいしい	0.035	0.076**	0.179**
商品のパッケージが良い	-0.002	0.002	0.095**
商品のネーミングが良い	-0.008	-0.033	0.044
健康志向	0.009	-0.034	0.035
洗練されている	0.009	-0.021	-0.009
遊び心のある	0.010	0.040	-0.016
本格的	0.039	0.042	0.031
信頼できる	0.068*	0.066**	0.115**
シンプルな	0.029	0.038	-0.006
親しみやすい	0.020	0.033	0.071*
勢いがある	0.021	0.001	0.043
PB B ダミー	-0.017	0.008	-0.033
PB C ダミー	-0.035	-0.046	-0.026
疑似決定係数 (Cox & Snell R^2)	0.115	0.127	0.271

**1％水準　*5％水準でそれぞれ有意

と，単なる価格の安さではなく，コストパフォーマンスという要素が重要になってくる。また，高級・贅沢やユニークさ，パッケージなどの見た目の要素も重要になってくることが言える。

次に情報共有として，リアル共有，SNS受信，SNS発信と知覚品質属性との関係について見ていく。この分析結果を図表8-5に示す。ここでは図表8-4と同様に，統計的に有意な関係を持つ知覚品質属性には印をつけている。

リアル共有に影響する知覚品質属性は，「斬新だ」，「コストパフォーマンスが良い」，「品揃えが充実している」，「商品のパッケージが良い」，「勢いがある」である。斬新さや最近の勢い，コストパフォーマンス，パッケージといった要素が家族や友人との間でPBが話題になるポイントであると言える。

第8章　話題につながる商品 | 191

図表 8-5　リアル共有・SNS 受信・SNS 発信に影響する知覚品質属性

	リアル共有	SNS 受信	SNS 発信
(定数)	0.302**	0.057**	-0.002
高級・贅沢素材	-0.018	0.090**	0.085**
余計なものが入っていない	0.016	-0.037	-0.001
(味や機能が) 斬新だ	0.116**	0.014	-0.014
なじみがある・愛着がある	0.038	-0.023	0.012
(味や機能に) 独自性がある	0.030	0.013	0.010
価格が安い	0.022	0.038	0.002
コストパフォーマンスが良い	0.070*	-0.013	0.011
品揃えが充実している	0.063*	0.002	0.010
おいしい	0.013	-0.004	-0.018
商品のパッケージが良い	0.077*	0.027	0.019
商品のネーミングが良い	0.009	0.053*	0.034*
健康志向	-0.041	0.079**	0.018
洗練されている	-0.030	-0.029	0.010
遊び心のある	0.076	0.122**	0.126**
本格的	0.018	-0.019	-0.014
信頼できる	0.031	-0.013	-0.022
シンプルな	0.004	-0.012	0.004
親しみやすい	0.012	0.009	0.009
勢いがある	0.120**	0.058**	0.038*
PB B ダミー	-0.003	0.016	0.000
PB C ダミー	-0.003	0.013	0.028
疑似決定係数 (Cox & Snell R^2)	0.110	0.103	0.101

**1％水準　*5％水準でそれぞれ有意

　SNS 受信に影響する知覚品質属性は，「高級・贅沢素材」，「商品のネーミングが良い」，「健康志向」，「遊び心のある」，「勢いがある」である。高級感やネーミング，遊びや勢いの要素がSNSに流れているPBの話題に注目するポイントであると言える。リアル共有とSNS受信に影響する知覚品質属性を比較すると，リアル共有においては，PBのコストパフォーマンスや品揃えといった本質的，伝統的な要素が影響しているが，SNS受信においては，高級感や遊び心に関する要素が影響していると言える。

　SNS 発信に影響する知覚品質属性は，「高級・贅沢素材」，「商品のネーミングが良い」，「遊び心のある」，「勢いがある」である。SNS 受信には影響するが，SNS 発信には影響しない知覚品質属性は，「健康志向」である。この要素は SNS 上に投稿されていれば注目するが，自分自身が投稿するポイ

ントにはならないということが言える。SNS受信には影響しないが，SNS発信には影響する属性は該当なしであり，SNS受信とSNS発信の両方に影響する属性は，「高級・贅沢素材」，「商品のネーミングが良い」，「遊び心のある」，「勢いがある」である。SNS上で話題になるためには，これらの知覚品質属性がポイントになってくることが言える。

4 本章のまとめ

　本章では，消費者の意思決定の中でも特に情報共有に着目し，消費者間の情報共有に影響を与えるPBの知覚品質属性を明らかにした。具体的には，単に買いたいと思うPBの知覚品質属性と，それだけでなく仲間にも勧めたくなるようなPBの知覚品質属性の違いはどこにあるのか，という点である。

　分析の結果，考慮段階に影響する知覚品質属性は，「おいしい」であるが，推奨段階では，それに加えて「高級・贅沢素材」，「コストパフォーマンスが良い」，「商品のパッケージが良い」となる。購入時の考慮の段階では，味が重要であるが，知人・友人に勧めるという話になると，高級であることや，単なる安さではなくコストパフォーマンスという視点が重要になってくることがわかった。

　また，リアル共有段階に影響する知覚品質属性は，「斬新だ」，「コストパフォーマンスが良い」，「品揃えが充実している」，「商品のパッケージが良い」，「勢いがある」であるが，SNS受信とSNS発信の両方に影響する知覚品質属性は，「高級・贅沢素材」，「商品のネーミングが良い」，「遊び心のある」，「勢いがある」。リアルなクチコミでは，コストパフォーマンスや品揃えについて情報共有されているが，SNSでのクチコミとなると，高級さや遊び心がないと話題にならないことがわかった。SNS受信とSNS発信の間の違いは，「健康志向」である。これらの要素はSNS上に投稿されていれば注目するが，自分自身が投稿するポイントには必ずしもならないと言えよう。

　これらの分析結果により，PBを買うための要件とPBを知人・友人に勧めたくなる要件が異なることが明らかになった。また，リアルな対話による

第8章　話題につながる商品　｜　193

クチコミの要件と SNS 上のクチコミの要件も異なることが明らかになった。単に売上増を狙っていくのか，それとも話題性を高め，クチコミによって新規顧客へのトライアルを促していくのかによって，求められる PB のスペックが違うということが言えよう。買うための要件までカバーした PB スペックでは，通常の PB ファンがリピート購買してくれるだけで，新規顧客へのトライアル促進までにはつながらない。クチコミによってトライアルを促し，それを PB ファンのきっかけにしていくためには，クチコミの要件までカバーした PB スペックが求められてくると言えよう。

　いずれにしても，PB の需要を増やすことを考えるのであれば，買うための要件で解決するだけでなく，クチコミしたくなる要件までカバーした PB 開発を行うことが重要となってくるのである。

(1) 本章は寺本（2014b）を加筆修正したものである。
(2) 流通経済研究所の Category Facts Book によると，2001年における加工食品の PB 比率は金額ベースで8.8%，点数ベースで9.4%であった。
(3) 本章の調査は国分株式会社との共同研究として実施したものである。共同研究の推進に協力いただいた同社営業推進部の花澤　裕氏と村川誠明氏（所属は調査当時）に対し，ここに記して感謝の意を申し上げたい。

第9章 話題につながる価格[1]

　近年,「コスパ」という言葉が多用されている。「コスパ」とはコストパフォーマンスという和製英語の略であり,ある商品やサービスの費用（コスト）と,それがもたらす効果・性能（パフォーマンス）とを対比させたものである。この言葉が登場したきっかけは定かでない。嶋・松井（2017）は「生まれたときには辞書に載っていないのに,社会的に広く知られるようになり,テレビや雑誌でも普通に使われ,見聞きするようになることば」のことを「社会記号」と呼んでいる。嶋・松井（2017）の指摘を踏まえると,「コスパ」も社会記号の1つであろう。

　「コスパ」は,かつては車,電化製品といった買回品やホテル,旅行ツアーといったサービス財を対象に多用される言葉であった。しかし最近では,「やっぱ,コスパ！」というキャッチコピーのテレビコマーシャルを展開する大手スーパーマーケットが現れたり,スーパーマーケットが展開するプライベートブランドの競争軸の1つとして「コスパ」という表現が用いられたり[2]など,加工食品や日用雑貨品のような最寄品とそれを扱う業態もこの言葉が用いられる対象になってきている。「安いかどうか」というのが,消費者がスーパーマーケットに対して抱く大きな評価の尺度であったが,いまでは「コスパが良いかどうか」というのも評価の尺度になってきているとみられる。

　また第8章では「安い」というブランドの知覚品質評価はクチコミにはつながらず,「コスパが良い」という評価は話題喚起につながることが明らかになっている。このことから,消費者に「コスパが良い」と思われれば,それが話題喚起につながる可能性が高くなることが言えよう。

　それでは,消費者はスーパーマーケットの店舗で購買行動をする際に,どのような場面で「安い」と感じ,またどのような場面で「コスパが良い」と感じるのだろうか。第8章で得られた知見を踏まえると,スーパーマーケッ

トが消費者に対して「コスパが良い」と感じられるようなプロモーションを展開できれば，それが消費者間の情報共有に発展できるのではないかと考えられる。

このような問題意識のもと，本章では，様々なプロモーションの表示内容タイプに対する「安い」と「コスパが良い」という消費者の知覚の違いを明らかにする。そのうえで，消費者による情報共有につながるプロモーションの表示内容タイプを明らかにする。

1 コストパフォーマンスの考え方

コストパフォーマンスとは，前述の通り，ある製品やサービスの費用（コスト）と，それがもたらす効果・性能（パフォーマンス）とを対比させたものである。ここでいうパフォーマンスとは，商品を製造，販売する供給者側の視点による表現であり，消費者などの需要者側の視点による表現としては便益（ベネフィット）が用いられる。上田（2004）は，コストとベネフィットを分離させて対比する考え方の草分けは価値工学（Value Engineering）にあることを指摘している。価値工学における価値の式を簡単に示すと，価値＝機能／コストである。価値工学は，同じ機能を維持しつつ，材料や手法を変化させ，いかにコスト削減を達成するかが目的とされている。先に述べたパフォーマンスとベネフィットの表現の違いと同様に，価値工学はあくまで生産者，販売者などの供給者側の視点に立った考え方である。

この価値工学の考え方をもとに，需要者側である消費者による感じ方，つまり消費者の知覚概念を取り入れたのがMonroe（1990）である。Monroe（1990）は，消費者による商品の知覚価値は，獲得価値と取引価値の2つの価値から構成されるとしている。獲得価値とは，商品の獲得から得られる期待ベネフィットから支払いにおける犠牲を差し引いたものであり，取引価値とは，その取引から得られる知覚メリットをそれぞれ指している。このうち，消費者が知覚する獲得価値について，知覚獲得価値＝知覚ベネフィット／知覚犠牲，という式を示している。

上田（2004）はこのMonroe（1990）の考え方を修正し，商品の知覚価値

＝知覚ベネフィット／知覚ライフサイクルコストという式を提案している。ここで言う知覚ベネフィットは，商品自体の物理的属性，サービス属性，商品の特別な仕様に関する技術的サポート，価格による品質イメージ・プレステージ，その他の知覚品質から構成される。また知覚ライフサイクルコストは，実際の購買価格，スタートアップコスト（入手コスト，運搬コスト，設置コスト，注文に関するコスト，訓練のコスト），購買後のコスト（修繕・維持，失敗あるいは期待はずれのリスク）から構成される。上田（2004）が提案した知覚価値式の利点は，知覚ベネフィットでは商品自体だけでなく，サポートやイメージ，その他の価値も含んでいることと，知覚ライフサイクルコストでも商品価格だけでなく，購買前の時間や労力，購買後の維持費，失敗だったというリスクも含んでいることにある。ただし，この式の構成要素は，購買時の比較検討や商品の使用に関する知識のように，消費者の情報処理力が多く必要となる買回品では有効であるが，そこまでの情報処理力を要しない最寄品ではオーバースペックであると考えられる。しかしいずれにしても，消費者が抱く商品の知覚価値は，知覚ベネフィットと知覚コストのトレードオフによって成り立っていることが言えよう。

　「安い」と「コスパが良い」という言葉は，共に消費者の知覚価値を表現した言葉になるが，それでは，これらの知覚価値は知覚ベネフィットと知覚コストの関係がどのような状態になることを指すのであろうか。小野（2014）は，顧客が知覚する品質レベルの高低と顧客が負担するコストの高低によるサービスの類型化を示している。その中で品質レベルが高く，コストが低いサービスをコストパフォーマンスの高い「スマート・エクセレンス」なサービスであると指摘している。小野（2014）の指摘は，先に述べた消費者の知覚価値を構成する知覚ベネフィットと知覚コストがどのようなポジションであるとコストパフォーマンスが良いと言えるのかを示している。ただし，ここで示されているコストパフォーマンスの高さというのは，知覚ベネフィットと知覚コストの高低の位置関係から述べられるに留まっている。本章では，消費者が「安い」あるいは「コスパが良い」と知覚するプロモーションの表示内容について明らかにするわけだが，プロモーションとは，消費者が現状抱いている知覚価値を上げたり下げたりする活動，つまり

知覚価値の状態を"変化させる"活動になる。そのためには，知覚価値を構成する知覚ベネフィットと知覚コストをどのように変化させるべきかという考え方が必要になると言えよう。

それでは，この"変化させる"という考え方を踏まえて，「安い」あるいは「コスパが良い」という知覚価値は知覚ベネフィットと知覚コストのどのような変化によって成り立つと考えれば良いのだろうか。その変化の関係を示したのが以下である。

知覚ベネフィット［変化なし］／知覚コスト［低下する］＝知覚価値［上昇する］⇒「安い」
知覚ベネフィット［上昇する］／知覚コスト［変化なし］＝知覚価値［上昇する］⇒「コスパが良い」

ここでは，「安い」と「コスパが良い」は共に知覚価値の上昇を意味しているが，そのプロセスが異なってくる。「安い」の場合には，知覚ベネフィットは変化なしだが，知覚コストは低下し，その結果，知覚価値が上昇するという流れである。例えば，ある飲料の商品が値引きされているという状況である。商品自体は変わらないが，購買検討時の価格が下がっているわけなので，「安い」という知覚が生じるのである。「コスパが良い」の場合には，知覚ベネフィットは上昇するが，知覚コストは変化せず，その結果，知覚価値が上昇するという流れである。例えば，ある飲料の商品におまけが付いているという状況である。購買検討時の価格は変わらないが，商品に付属物が加わったことでメリットが増えるので，「コスパが良い」という知覚が生じるのである。このように「安い」と「コスパが良い」の違いは，知覚価値が作られるプロセスが異なるものと考えるのが良いだろう。

2　プロモーションの表示内容と消費者の知覚

それでは，「安い」あるいは「コスパが良い」という知覚価値を抱かせるプロモーション表示はどのようなものがあるのだろうか。ここでは，プロ

モーションの表示内容と消費者の知覚に関する研究をレビューする。守口（2002）によると，プロモーションは，訴求するポイントによって価格訴求型と非価格訴求型に大別され，さらに非価格訴求型は情報提供型，商品体験型，インセンティブ提供型の3つのタイプがある。価格訴求型は値引き，クーポン，増量パック，バンドルなどを，情報提供型はチラシ，店頭POPなどを，商品体験型はサンプリング，モニタリング，デモンストレーションなどを，インセンティブ提供型はプレミアム，フリークエント・ショッパーズ・プログラム（FSP）などをそれぞれ指している。訴求するポイントの中では価格訴求型が代表的であり，そのため価格訴求型プロモーションの表示内容とそれに対する消費者の知覚に関する研究は多岐にわたる。

価格訴求型プロモーションの表示内容のタイプとして，値引き表示，増量表示，バンドル表示などがあるが，以降ではこれらの表示内容の各タイプと消費者の知覚の関係についてレビューする。

2-1. 価格訴求型プロモーションの表示内容タイプ

値引き表示に関する研究として，Madan and Suri（2001）は値引き金額を表示することによる知覚価値の違いの実験を行っている。Madanらは，テレビの商品の価格表示として，値引き後金額を259ドルと固定したうえで，2％引き（265ドルから6ドル引きの259ドル），15％引き（305ドルから46ドル引きの259ドル），45％引き（470ドルから211ドル引きの259ドル）の3つの幅の値引き金額表示を用意し，値引き後金額のみを表示した場合と値引き金額もセットで表示した場合とで，知覚価値スコアが異なるかについて見た。その結果，2％引きと45％引きの時には，値引き後金額のみを表示した方が知覚価値は高く，逆に15％引きの時には，値引き金額もセットで表示した方が知覚価値は高いことが明らかになった。この結果は，小さ過ぎるまたは大き過ぎる値引き金額よりも，適度な値引き金額の方が値引きによるお得感を抱きやすいことを示している。

また値引きの絶対金額表示と値引率（％）表示を比較した研究もある。DelVecchio *et al.*（2007）は，これら2つの金額表示方法と値引きの幅の大小が値引き後の期待価格と商品選択に与える影響について実験を行ってい

る。具体的には，値引き表示方法（絶対金額表示，％表示）の2パターンと，13％（0.45ドル）と45％（1.51ドル）の2つの値引き幅による2×2水準の仮想の売場陳列を設定し，被験者の反応を測定した。その結果，①絶対金額表示の時の期待価格は％表示の時のそれよりも低くなること，②特に値引き幅が大きい時にその傾向があること，③値引き幅が大きい時には，絶対金額表示の方が％表示よりも値引き期間終了後の当該商品選択率を下げること，④期待価格を更新する際に，絶対金額表示に比べて％表示の値引きは小さく知覚されること，などが明らかになっている。これらの結果は，値引き時には絶対金額表示よりも％表示の方が将来の期待価格の低下と値引き期間終了後の選択率低下を抑える効果があることを示している。

　商品の増量表示に関する研究として，Foubert and Gijsbrechts（2007）は，増量パックのプロモーションがカテゴリーの売上に与える影響について分析を行っている。具体的には，チップスカテゴリーの220アイテムを対象に，消費者の購買履歴とプロモーション履歴データを用い，増量パックを含めたバンドルプロモーションによる売上への影響を測定している。測定の結果，カテゴリーの売上増加ではなく，ブランドスイッチに効果があることが明らかになっている。

　また Ma and Roese（2013）は，増量の可算的表示による効果を示している。具体的には，5等分したケーキを「3切れと2切れ」という可算的表示と，「60％分と40％分」という非可算的表示の2パターンをそれぞれ別の被験者に提示し，ケーキを得ることに対する満足度を測定している。その結果，3切れを得た人の方が2切れを得た人よりも満足度が高かったが，60％分を得た人と40％分を得た人では満足度の差は生じなかったことが明らかになっている。この結果は，消費者に対してお得感を与えたければ可算的表示による増量（○個）が望ましく，逆に損したという気持ちを抑えさせたければ非可算的表示による増量（○％）が望ましいことを示している。

　先の Foubert and Gijsbrechts（2007）の研究では，増量パックも含めたバンドルプロモーションについて扱われたが，バンドルの対象点数の表示に着目した研究もある。Manning and Sprott（2007）はバンドルの対象点数が対象点数の購買意向に与える影響について実験を行っている。Manning ら

は，バンドルの対象点数と価格の表示（2点で2ドル，4点で4ドル，8点で8ドル）の3パターンと，それと単価表示（1点当たり1ドル）の有無の2パターンによる3×2水準のバンドル表示を設定し，被験者の反応を測定した。その結果，①バンドルの対象点数が増加すると，それだけ対象点数の購買意向が強くなること，②2点で2ドル，4点で4ドルなど，バンドル対象点数が少ない場合には，単価表示の効果がないこと，③購買頻度の高い商品群では，特にバンドル点数表示に対する購買意向が強いこと，④バンドルによるトータル値引き金額の表示は効果がないこと，⑤バンドル点数表示に対する購買意向の違いの背景には，バンドル対象商品の使用頻度や使用量などの使用環境の違いがあること，が明らかになっている。これらの結果は，対象商品のバンドル点数表示が複数購買の促進に対して有効であることを示している。

2-2. 非価格訴求型プロモーションの表示内容タイプ

　ここまで価格訴求型プロモーションの表示内容のタイプとして，値引き表示，増量表示，バンドル表示についてレビューした。一方，非価格訴求型は前述の通り，情報提供型，商品体験型，インセンティブ提供型の3つのタイプがある。商品の価格に反映させるという点では価格訴求型とは異なるものの，本章のテーマであるコストパフォーマンスという点を踏まえると，対価となるものの提供を受けるインセンティブ提供型は価格訴求型に近似したプロモーション手法であると捉えることができる。そこで，ここでは非価格プロモーションのインセンティブ提供型のプレミアムとフリークエント・ショッパーズ・プログラム（FSP）の各タイプと消費者の知覚の関係についてもレビューする。

　まずプレミアムについての研究として，Kamins *et al.* (2009) は，バンドルによる"おまけ"の提供が消費者の購買意向に与える影響について実験を行っている。Kaminsらは，インターネットオークションサイトのeBayを使って，被験者にコインのオークションに入札してもらった。その際，入札のパターンとして，コインの組み合わせ3水準（高価コインと安価コインのセット／高価コインのみ／安価コインのみ）とバンドルの追加2水準（無料／

有料）を設定した。つまり，高価コインと安価コインのバンドル入札の場合には安価コインを無料にするかしないか，高価コインの単独入札の場合には安価コインを無料で付けるか有料で付けるか，安価コインの単独入札の場合には高価コインを無料で付けるか有料で付けるか，という計6パターンの入札を行い，落札額の平均値を測定した。その結果，高価コインの単独入札では，安価コインを無料で付けた場合の落札額の方が有料で付けた場合のそれよりも低く，同じく安価コインの単独入札でも，高価コインを無料で付けた場合の落札額の方が有料で付けた場合のそれよりも低いこと，しかし高価コインと安価コインのバンドル入札の場合は落札額に差はないことが明らかになっている。この結果は，「1個の商品を買えば，無料で1個おまけ付き」とするよりも，「商品を2個セットで買えば，1個は無料」とする方が，消費者の受容価格の低下を抑えられることを示している。

次にフリークエント・ショッパーズ・プログラム（FSP）について見ていくが，FSPの中で消費者にとってメインのインセンティブはポイントである。

ポイントは，使う（償還）効果と貰う（付与）効果の大きく2つに分かれる。使う（償還）効果に関する研究として，Drèze and Nunes（2004）は現金による支払いとポイントによる支払いによる知覚コストを比較している。具体的には，低価格と高価格の航空券の購入を想定した実験室実験を行ったところ，低価格（300ドルまたは30,000マイル）では現金による支払いの方がマイルによる支払いよりも選好されたが，高価格（1,050ドルまたは105,000マイル）ではマイルによる支払いの方が現金による支払いよりも選好されたことが明らかになっている。この結果は，高価格の買い物の方がポイントを使いやすいことを示している。

一方，貰う（付与）効果に関する研究として中川（2015）が挙げられる。中川は，Drèze and Nunes（2004）の知見を応用し，スーパーマーケットのような購買金額が低い業態におけるポイント付与の効果を明らかにしている。中川は，通常のポイント付与が1％のスーパーマーケットにおいて，［1,000円／5,000円／10,000円］の買物計画で来店したという想定のもと，バスケット価格に対して［1％／5％／10％／25％］の［値引き／ポイント付

与]のセールス・プロモーションを被験者に提示し，各水準の組み合わせに対して回答し，知覚価値の平均スコアを比較している。その結果，値引率／ポイント付与率が1％，5％と低い場合には，ポイント付与の方が値引きよりも消費者の知覚価値が高いものの，10％，25％と高い場合にはその差がなくなる傾向にあることが明らかになっている。この結果は，低いベネフィット水準においては，ポイント付与は値引きよりも有効なプロモーション手法であることを示している。

また守口（2002）が示した価格・非価格訴求型プロモーションのタイプには属していないが，非価格訴求型プロモーションに関連した限定商品などの希少性効果も挙げられる。

希少性効果は，Howard et al.（2007）によると，「数量限定」，「期間限定」，「○○店限定」というようなセールス・プロモーションとして広く使用されており，これらの方略は一般的に消費者の購買意欲にポジティブに作用すると捉えられている。希少性効果の研究として，Parker and Lehmann（2011）は小売店舗の棚の陳列商品の数を操作することによって，希少性が消費者の選好に与える影響を明らかにしている。具体的には，被験者が行ったことのない外国出身の友人宅に招かれた際の買い物であるというシーンを想起させたうえで2種類のワインの陳列棚を提示し，Aのワインは残数が少なく，Bのワインは残数が十分あるという場合のAとBの選択意向，人気度，期待品質，商品補充頻度の印象を聴取した。その結果，残数が少ないAの選択意向率は86％であり，Bの42％よりも高かった。また人気度，期待品質，商品補充頻度の印象の平均スコアもAの方が高いことが明らかになった。この結果から，消費者は希少性のある商品の方を選びやすく，人気や品質も高いという印象を持つ傾向にあることが言えよう。

2-3．プロモーション間の比較の研究

これまでは価格訴求型と非価格訴求型のプロモーションの表示内容の様々なタイプについて，各々のタイプの効果を見てきたが，これらのタイプ間の効果の違いを見た研究も見られる。

Chandon et al.（2000）は，消費者が持つ知覚ベネフィットによって反応

するプロモーションのタイプが異なることを明らかにしている。Chandonらによると，知覚ベネフィットは，①消費者に取得効用の増加と買い物の効率性の上昇をもたらす特徴を示す実利的ベネフィットと，感情，喜び，自尊心と関連する心理的価値を特徴に示す享楽的ベネフィットに大きく二分されること，②実利的ベネフィットは節約ベネフィット，品質ベネフィット，コスト減少ベネフィットで構成され，享楽的ベネフィットは探索ベネフィットと娯楽ベネフィットで構成されること，の２つが示されている。そのうえで，①価格訴求型プロモーションは実利的ベネフィットと，非価格訴求型プロモーションは享楽的ベネフィットとそれぞれ関連があること，②「値引き」は実利的ベネフィットのみに関連し，「プレミアム（Free Gift）」は享楽的ベネフィットのみに，「もう１点無料（Product Free Offer）」は実利的ベネフィットと享楽型ベネフィットの両方にそれぞれ関連するが，「在庫一掃」は実利的ベネフィットと享楽型ベネフィットのどちらにも関連しないこと，が明らかになっている。

また白井（2005）は，価格訴求型と非価格訴求型という区分ではなく，複数のプロモーション表示内容と複数の知覚尺度との関連に基づいて，消費者の解釈に基づいたプロモーション分類を提案している。具体的には，割引クーポン，値引き，抽選型キャッシュバック，抽選型景品，もれなく型キャッシュバック，もれなく型景品，増量の計７種類のプロモーション表示内容を対象に，知覚に関する５項目（出費との関連性，購入意向への影響，賢い買い物の知覚，プロモーション終了への抵抗感，商品タイプとの関連性）の回答スコアに基づいたプロモーションの分類を行っている。その結果，７種類のプロモーション表示内容は３つのグループに分類され，グループ１には割引クーポン，値引き，もれなく型キャッシュバックが，グループ２にはもれなく型景品と増量が，グループ３には抽選型キャッシュバックと抽選型景品が含まれることが明らかになっている。グループ１は購入者全員がベネフィットを受けられる価格プロモーションを中心とし，出費を減少させ，賢い買い物をしたと感じさせるもの，グループ２は購入者全員がベネフィットを受けられる非価格プロモーションを中心とし，出費とは無関係で賢い買い物をしたという知覚の低いもの，グループ３は抽選型のプロモーションを中

心とし，出費とは無関係で賢い買い物をしたという知覚の低いものであることが示されている。

　ここまでプロモーションの表示内容と消費者の知覚に関する研究をレビューした。プロモーションの各タイプと消費者の知覚に関する研究は 2-1 と 2-2 でレビューしたように多岐にわたるが，タイプ間の効果の違いを見た研究は Chandon *et al.*（2000）や白井（2005）など，研究例が限られている。

　しかもタイプ間の効果の違いを見た研究では，具体的に 3 点の課題が挙げられる。第 1 に，タイプ間の比較基準を統一し，知覚ベネフィットまたは知覚コストの変更操作による比較が行われていないという点である。例えば，「298 円の商品の特売」を基準にし，「増量（30％増量）」，「おまけのセット」のような知覚ベネフィットへの操作をしたり，また「値引き金額（100 円引き）」，「値引率（33％引き）」のような知覚コストへの操作をするような形での比較が行われていないということである。

　第 2 に，ブランド単品を対象にしたプロモーションの効果測定に主眼が置かれており，購買バスケットを対象にしたプロモーションの効果は扱われていないという点である。スーパーマーケットで展開されるプロモーションは，単品だけでなく，「お買い上げ金額の 5 ％OFF」などのように購買バスケットに対するプロモーションも多いため，この点も考慮する必要があろう。

　第 3 に，消費者の知覚価値の尺度として，「他人に話したい」や「SNS に投稿したい」というような情報共有意向まで考慮されていない点である。先行研究では，実利的や享楽的（Chandon *et al.*, 2000）や，出費との関連性，購入意向への影響，賢い買い物の知覚（白井，2005）など，購買意向を含んだ尺度が扱われている。プロモーションに接触した消費者自身が「買いたい」と思うことはもちろん重要であるが，プロモーション情報の拡散につながり得るような知覚部分を把握することも重要であろう。

3 実際の分析

　前述の3点の課題を踏まえ，ここでは実際の分析として，プロモーションの表示内容と消費者による知覚の関係について明らかにする。分析データについては，ハイライフ研究所が実施した都市生活者意識調査の回答項目を用いる。この調査のサンプル数は1,350件である。この調査では，生活者のライフスタイルを様々な観点から聴取しているが，その中でプロモーションの様々な表示を提示する形で，その表示に対して「安い」と「コスパが良い」のどちらを強く感じるのかについて聴取した。プロモーションの表示タイプについては商品単価に関する8項目，買物単価に関する3項目の計11項目を扱った。プロモーションの表示タイプは，知覚コスト低下型と知覚ベネフィット上昇型を企図した内容を設定した。具体的には，商品単価については，①値引き後金額表示（298円の○○が198円で売られている），②割引率表示（298円の○○が33％OFFで売られている），③ポイント数表示（298円の○○を買うと100ポイント（100円分のポイントが）もらえる），④増量比率表示（298円の○○が30％増量で売られている），⑤バンドル表示（298円の○○が2個398円で売られている），⑥ノベルティ表示（298円の○○を買うと自分が好きなプレミアムグッズがもらえる），⑦高単価商品の同額表示（298円の○○の高級タイプが同じ298円で売られている），⑧限定商品表示（数量限定や季節限定の○○が同じ298円で売られている）である。買物単価については，①値引き金額表示（いつもの店で…買い物金額1,000円に対して100円値引きする），②割引率表示（買い物金額1,000円に対して10％OFFする），③ポイント数表示（買い物金額1,000円に対して100ポイントもらえる）である。これらの各項目に対する知覚の回答について，「安い」という回答を"－1"，「どちらでもない」を"0"，「コスパが良い」を"＋1"というスコアに変換した。

3-1．プロモーション表示別の知覚レベル

　まず，プロモーション表示別の知覚レベルを見てみる。ここでは前述の形で変換したプロモーション表示別のスコアの平均値を算出した。商品単価に

関する各プロモーション表示別スコアを**図表9-1**に示す。ここでは各プロモーション表示別スコアに対し，平均値0，つまり全員が「どちらでもない」と回答したと仮定した時との差の検定も行った。結果として，⑦高単価商品の同額表示は非有意であったが，それ以外のすべての項目は有意となった。①値引き後金額表示，②割引率表示，⑤バンドル表示の3項目は「安い」という知覚が強いこと，③ポイント数表示，④増量表示，⑥ノベルティ表示，⑧限定商品表示の4項目は「コスパが良い」という知覚が強いことがわかった。また，高単価商品の値引きは「安い」と「コスパが良い」のどちらの知覚形成にもつながらないこともわかった。

図表9-1　プロモーション表示別平均スコア（商品単価）

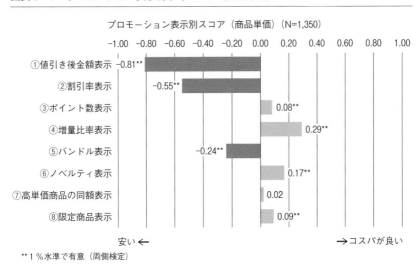

同様に，買物単価に関する各プロモーション表示別スコアを**図表9-2**に示す。結果として，商品単価のケースと同様に，①値引き後金額表示，②割引率表示は「安い」という知覚が強いこと，③ポイント数表示は「コスパが良い」という知覚が強いことがわかった。

図表9-2 プロモーション表示別平均スコア（買物単価）

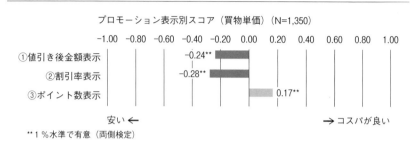

3-2. 知覚レベルの消費者属性間比較

　次に，プロモーション表示に対して消費者間で知覚レベルの違いがあるのかについて見るため，消費者属性間のプロモーション表示別平均スコアを比較してみる。消費者属性間の平均スコアの差を**図表9-3**に示す。ここで扱う消費者属性は，性別，年代，世帯収入，クレジットカード使用有無の4項目である。

　性別では，男性の平均スコアと，女性との平均スコア差（女性の平均スコア－男性の平均スコア）を示している。ここでは t 検定を行い，有意差について確かめている。その結果，商品単価に関しては①値引き後金額表示，⑤バンドル表示，⑥ノベルティ表示，⑦高単価商品の同額表示の項目において男女間で有意差がある一方で，買物単価に関しては有意差のある項目がないことがわかった。具体的には，女性は男性に比べて値引き後金額表示やバンドル表示に対して「安い」と強く知覚すること，女性は男性に比べてノベルティ表示に対して「コスパが良い」と強く知覚すること，女性は男性に比べて高単価商品の同額表示に対して「コスパが良い」という知覚が弱いことがわかった。買物行動に関する男女の違いについてはいろいろな先行研究で示されている（例えば，Meyers-Levy and Maheswaran, 1991）が，プロモーション表示に対する知覚レベルについても男女間で違いがあることが言えよう。

　年代では，20歳代の平均スコアと，各年代（30〜70歳代）との平均スコア差（各年代の平均スコア－20歳代の平均スコア）を示している。ここでは，20

図表9-3 消費者属性間のプロモーション表示別平均スコアの差

	N	プロモーション表示別スコア(商品単価) ①値引き後金額	②割引率	③ポイント数	④増量比率	⑤ブランド	⑥ベルティ	⑦の同額高単価商品	⑧限定商品	プロモーション表示別スコア(買物単価) ①値引き後金額	②割引率	③ポイント数
性別												
男性	681	-0.78	-0.56	0.09	0.32	-0.16	0.14	0.09	0.10	-0.22	-0.24	0.18
女性との差(女性-男性)	669	-0.05*	0.03	-0.01	-0.05	-0.17**	0.07*	-0.13**	-0.02	-0.02	-0.07	-0.03
年代												
20歳代	235	-0.77	-0.55	0.14	0.42	-0.02	0.17	-0.03	0.05	-0.10	-0.32	0.19
30歳代との差(各年代-20歳代)	253	-0.06	-0.05	0.03	0.05	-0.18	-0.04	0.06	0.06	-0.11	0.06	0.07
40歳代との差(同)	286	-0.04	0.04	0.00	0.01	-0.31**	0.04	0.06	0.10	-0.17	0.03	0.07
50歳代との差(同)	206	-0.06	-0.04	-0.03	-0.17	-0.29**	0.07	0.12	0.07	-0.05	0.12	0.01
60歳代との差(同)	205	-0.05	0.02	-0.15	-0.31**	-0.28**	-0.04	0.07	0.04	-0.17	0.08	-0.08
70歳代との差(同)	165	-0.02	0.03	-0.27**	-0.54**	-0.31**	-0.10	-0.04	-0.05	-0.37**	-0.05	-0.32**
世帯収入												
400万円未満	253	-0.82	-0.55	-0.02	0.21	-0.26	0.12	-0.09	0.00	-0.36	-0.23	0.07
400万円以上800万円未満との差(各区分-400万円未満)	263	0.00	-0.01	0.14**	0.11	-0.03	0.04	0.17**	0.12**	0.12	-0.06	0.16**
800万円以上(同)	208	0.03	0.00	0.09	0.09	0.08	0.13**	0.14	0.12	0.17**	-0.05	0.08
クレジットカード使用有無												
使用していない	492	-0.77	-0.50	0.04	0.18	-0.22	0.14	0.02	0.09	-0.22	-0.26	0.11
使用しているとの差(使用している-使用していない)	858	-0.06*	-0.07*	0.07**	0.18**	-0.03	0.05	0.01	0.01	-0.03	-0.03	0.09*

**1%水準 *5%水準でそれぞれ有意(両側検定)

第9章 話題につながる価格

歳代の平均スコアを基準とした Dunnett の多重比較を行い，有意差について確かめている。その結果，商品単価に関しては，③ポイント数表示，④増量比率表示，⑤バンドル表示の項目において，買物単価に関しては①値引き後金額表示，③ポイント数表示の項目においてそれぞれ有意差があることがわかった。具体的には，70歳代は20歳代に比べてポイント数表示と増量比率表示に対して「コスパが良い」という知覚が弱いこと，40歳代以上の世代は20歳代に比べてバンドル表示に対して「安い」と強く知覚すること，70歳代は20歳代に比べて買物単価の値引き後金額表示に対して「安い」と強く知覚することがわかった。つまり，70歳代などの年齢の高い世代は，「コスパが良い」と感じられるプロモーション表示への知覚が弱い一方で，「安い」と感じられるプロモーション表示への知覚が強い傾向にあることが言えよう。

　世帯収入では，"400万円未満"の平均スコアと，各収入区分との平均スコア差（各収入区分の平均スコア－"400万円未満"の平均スコア）を示している。ここでは，年代の分析と同様に，"400万円未満"の平均スコアを基準とした Dunnett の多重比較を行い，有意差について確かめている。その結果，商品単価に関しては，③ポイント数表示，⑥ノベルティ表示，⑦高単価商品の同額表示，⑧限定商品表示の項目において，買物単価に関しては①値引き後金額表示，③ポイント数表示の項目においてそれぞれ有意差があることがわかった。具体的には，"400万円以上800万円未満"の世帯は"400万円未満"の世帯に比べてポイント数表示，高単価商品の同額表示，限定商品表示に対して「コスパが良い」と強く知覚すること，"800万円以上"の世帯は"400万円未満"の世帯に比べてノベルティ表示に対して「コスパが良い」と強く知覚すること，"800万円以上"の世帯は"400万円未満"の世帯に比べて買物単価の値引き金額表示に対して「安い」という知覚が弱いことがわかった。つまり，"400万円以上800万円未満"の中程度の収入の世帯は，「コスパが良い」と感じられるプロモーション表示への知覚が強く，"800万円以上"の高収入の世帯は，「安い」と感じられるプロモーション表示への知覚が弱い傾向にあることが言えよう。

　クレジットカード使用有無では，"使用している"の平均スコアと，"使用していない"との平均スコア差（"使用していない"の平均スコア－"使用して

いる"の平均スコア）を示している。ここでは t 検定を行い，有意差について確かめている。その結果，商品単価に関しては，①値引き後金額表示，②割引率表示，③ポイント数表示，④増量比率表示において，買物単価に関しては，③ポイント数表示の項目においてそれぞれクレジットカード使用有無間で有意差があることがわかった。具体的には，"使用している"世帯は"使用していない"世帯に比べて，値引き後金額表示と割引率表示に対して「安い」と強く知覚すること，ポイント数表示と増量比率表示に対して「コスパが良い」と強く知覚することがわかった。つまり，クレジットカードを使用している世帯は，「安い」と「コスパが良い」の双方のプロモーション表示への知覚レベルが強い傾向にあることが言えよう。

3-3. プロモーション表示への知覚と情報発信の関係

　3-1と3-2では，プロモーション表示別の知覚レベルについて見てきたが，ここでは，これらの知覚レベルが情報発信につながるのかについて見てみる。プロモーション表示への知覚の項目については，今までと同様に商品単価に関する8項目，買物単価に関する3項目の計11項目を扱う。情報発信の項目については，「SNSを利用している」と回答した697人を対象に，「発信する情報：安いと思った店舗」と「発信する情報：コスパが良いと思った店舗」という2つの設問に対する回答結果（該当する1，該当しない0）を扱う。

　まず，情報発信に関する2つの設問に対する回答間（該当する：1，該当しない：0）のプロモーション表示別平均スコアを見てみる。その結果を**図表9-4**に示す。ここでは t 検定を行い，有意差について確かめている。この結果を見ると，「発信する情報：安いと思った店舗」の回答間（該当する・該当しない）で差が見られた項目は⑤バンドル表示の1項目のみである。同様に，「発信する情報：コスパが良いと思った店舗」については，④増量比率表示，⑤バンドル表示，⑧限定商品表示，買物単価の②割引率表示の4項目で差が見られた。つまり，「コスパが良いと思った店舗」について情報発信する消費者は，「安いと思った店舗」について情報発信する消費者に比べ，強く知覚するプロモーション表示の数が多いことがわかった。

図表9-4　情報発信に関する回答間のプロモーション表示別平均スコアの差

	発信する情報: 安いと思った店舗			発信する情報: コスパが良いと思った店舗		
	該当有	該当無	差	該当有	該当無	差
商品単価						
①値引き後金額表示	-0.83	-0.81	-0.03	-0.76	-0.82	0.06
②割引率表示	-0.50	-0.55	0.05	-0.44	-0.56	0.12
③ポイント数表示	0.17	0.09	0.08	0.20	0.09	0.11
④増量比率表示	0.32	0.39	-0.07	0.57	0.35	0.22*
⑤バンドル表示	-0.40	-0.23	-0.17*	-0.06	-0.29	0.23*
⑥ノベルティ表示	0.09	0.20	-0.11	0.13	0.19	-0.06
⑦高単価商品の同額表示	0.03	0.03	-0.01	0.19	0.01	0.18
⑧限定商品表示	0.00	0.12	-0.12	0.24	0.08	0.16*
買物単価						
①値引き後金額表示	-0.22	-0.22	0.00	-0.13	-0.23	0.10
②割引率表示	-0.26	-0.22	-0.04	-0.04	-0.26	0.22*
③ポイント数表示	0.23	0.21	0.02	0.30	0.20	0.10
N	114	583		84	613	

*5％水準で有意（両側検定）

　そこで,「コスパが良い」という情報発信につながるプロモーション表示はどのようなものなのか,つまりプロモーション表示の各項目と「コスパが良いと思った店舗」に関する情報発信との間に因果関係があるかどうかを見てみる。ここでは,プロモーション表示の11項目を説明変数,「発信する情報：コスパが良いと思った店舗」について該当する：1，該当しない：0の二値変数を被説明変数とした二項ロジスティック回帰分析を行った。その結果を図表9-5に示す。この結果を見ると,④増量比率表示,⑤バンドル表示,⑧限定商品表示,買物単価の②割引率表示の各項目が正に有意となっている。つまり,「○○％増量」,「○個XX円」,「数量限定,季節限定」,「お買い上げ金額○％OFF」といったプロモーション表示に対して「コスパが良い」と感じたら,それをSNSに発信してくれる可能性が高いことが言えよう。

図表9-5　プロモーション表示と情報発信（コスパが良い）との因果関係

被説明変数：発信する情報：コスパが良いと思った店舗	
（定数）	-2.008**
商品単価	
①値引き後金額表示	0.062
②割引率表示	0.091
③ポイント数表示	0.124
④増量比率表示	0.353*
⑤バンドル表示	0.216*
⑥ノベルティ表示	-0.349
⑦高単価商品の同額表示	0.188
⑧限定商品表示	0.253*
買物単価	
①値引き後金額表示	0.017
②割引率表示	0.243*
③ポイント数表示	0.019
疑似決定係数（Cox & Snell R^2）	0.177

**1％水準　*5％水準でそれぞれ有意

4　本章のまとめ

　本章では，様々なプロモーションの表示内容タイプに対する「安い」と「コスパが良い」という消費者の知覚の違いについて分析を行った。その結果，以下の点が明らかになった。

　まず，商品単価に関するプロモーション表示タイプでは，値引き後金額表示，割引率表示，バンドル表示は「安い」という知覚が強いこと，ポイント数表示，増量比率表示，ノベルティ表示，限定商品表示は「コスパが良い」という知覚が強いことがわかった。買物単価に関する各プロモーション表示タイプも同様に，値引き後金額表示と割引率表示は「安い」という知覚が強いこと，ポイント数表示は「コスパが良い」という知覚が強いことがわかった。

　次に，消費者の属性間での知覚の違いも明らかになった。具体的には，男女で比較すると，女性は男性に比べて値引き後金額表示やバンドル表示に対

して「安い」，ノベルティ表示に対して「コスパが良い」とそれぞれ強く知覚することと，女性は男性に比べて高単価商品の同額表示に対して「コスパが良い」という知覚が弱いことがわかった。年代で比較すると，70歳代などの年齢の高い世代は，「コスパが良い」と感じられるプロモーション表示への知覚が弱い一方で，「安い」と感じられるプロモーション表示への知覚が強い傾向にあることがわかった。世帯年収で比較すると，"400万円以上800万円未満"の中程度の収入の世帯は，「コスパが良い」と感じられるプロモーション表示への知覚が強く，"800万円以上"の高収入の世帯は，「安い」と感じられるプロモーション表示への知覚が弱い傾向にあることがわかった。クレジットカード使用有無で比較すると，クレジットカードを使用している世帯は，「安い」と「コスパが良い」の双方のプロモーション表示への知覚レベルが強い傾向にあることがわかった。

　そして，「コスパが良いと思った店舗」について情報発信する消費者は，「安いと思った店舗」について情報発信する消費者に比べ，強く知覚するプロモーション表示の数が多いこと，「○○%増量」，「○個XX円」，「数量限定，季節限定」，「お買い上げ金額○%OFF」といったプロモーション表示に対して「コスパが良い」と感じたら，それをSNSに発信してくれる可能性が高いことがわかった。

　これらの結果を踏まえると，消費者が「安い」と感じるプロモーションと「コスパが良い」と感じるプロモーションは違うということと，「コスパが良い」と感じられるプロモーションは消費者間で話題になる可能性が高いことが言えよう。スーパーマーケット各社で頻繁に実施されている値引きの効果は様々な研究で指摘されている通り，即効性の高いプロモーション方法であるが，今回の結果を見ると，消費者からは「コスパが良い」とは感じられないことがわかる。今後は，消費者各々に買ってもらうだけでなく消費者間で話題にするためには，「コスパが良い」と感じてもらえるプロモーションを工夫していくのが重要だと考えられる。

(1)　本章は寺本（2018b）を加筆修正したものである。

(2) 『日経消費インサイト』2013年6月号では，プライベートブランドとナショナルブランドの使い分けのポイントとしてコスパがあることを提示している。詳細は，日経産業地域研究所（2013）。

第10章　話題につながる店舗[1]

　本章では，話題につながる店舗とはどういうものなのか，について明らかにする。また特に，ネットショップやネットスーパーなどのECが急速に拡大している状況下で，ECを含めた消費者の業態・店舗選択行動におけるリアル型店舗の意義について，話題性との関連も含めて明らかにしていく必要もあろう。

　近年，ECを中心とした食品通販市場が拡大している。食品スーパーによるネットスーパー事業が2000年くらいから登場したのに加え，2013年には「Amazon.co.jp（アマゾン）」や「yodobashi.com（ヨドバシ・ドット・コム）」など，これまで耐久消費財やサービス財を中心に展開していた企業による食品市場への参入が起こっている。加藤（2018）の推計によると，食品小売業による通販の市場規模は，2006年には約1.2兆円であったのが，2013年には2兆円に達している。また大篭（2017）の推計によると，2012年度から2015年度にかけて毎年度6％前後で伸長している。このようにECの拡大は進んでいるが，それに伴って言われているのが，「リアル店舗はどうなるのか？」という話である。

　ECが出現，急成長した2000年代前半には，ECと既存のリアル店舗を併用する「マルチチャネル管理」というキーワードが登場したが，近年では「オムニチャネル管理」というキーワードが出てきている。オムニチャネル管理は，Verhoef et al.（2015）によると，「チャネル横断的な顧客経験とチャネル成果の最適化を図るために，顧客が利用する多数のチャネルとタッチポイントを相乗的に管理すること」と定義される。しかし鶴見ら（2017）は，Googleでのキーワード検索数のトレンド比較をもとに，オムニチャネル管理に対する関心度は欧米では高いのに対し，日本国内ではトーンダウンしていることを指摘している。

　このオムニチャネル管理自体が日本に馴染むのかどうかについての議論は

217

ここでは避けるが，少なくともインターネットやモバイルの急速な普及に伴い，消費者の買物行動に占めるECの利用割合が大きくなってきていることは間違いないと言える。そのような中で，ECとリアル店舗を併用している消費者は，従来のリアル店舗に対してどのような期待をしているのであろうか。本章では，この点を明らかにする分析を行うが，その前に消費者の業態・店舗選択行動に関する先行研究をレビューする。

1 消費者の業態・店舗選択行動の研究

日本国内における消費者の業態・店舗選択行動に関する研究は多く行われている。まず，池尾（1993）は，消費者が持つ商品カテゴリーに対する購買関与度と品質判断力の2つの点からの業態・店舗選択行動を分析している。具体的には，家電製品に関する購買関与度の変数として「後悔回避度」，「心理的支出額」，「購入予算額」の3つを，同じく家電製品に関する品質判断力の変数として「自主判断力」，「使い方理解力」，「製品購入回数」の3つをそれぞれ用いて，「高関与・高判断力層」，「高関与・低判断力層」，「低関与・低判断力層」，「低関与・高判断力層」の4つの消費者グループを作成し，グループごとの重視情報源や業態利用時の重視点について比較している。なお対象の業態は，電器店，家電量販店，総合量販店，ディスカウントストア，カメラ量販店，ホームセンター，百貨店，その他の8業態である。その結果，「高関与・高判断力層」は「カタログ」，「店員の説明」，「知人・友人や家族の意見」，「店頭の実物」といった幅広い情報源を用いており，業態利用時には「設置サービスや取扱説明」や「店員の親切な対応」といった店舗のサービス要因を重視していること，「低関与・低判断力層」は「店員の説明」，「知人・友人や家族の意見」といった人的媒体に依存した情報源を用いており，業態利用時の重視項目は特にないということが明らかになっている。

高橋（2004）は，特定の業態（ホームセンター）に焦点を当て，業態内の各店舗における小売ミックス要因が消費者の業態・店舗選択行動に与える影響を分析している。具体的には，消費者の利用店舗に対する「買物満足」，「店

舗に対する態度」,「好意的クチコミ」,「今後の利用意向」,「当該店利用比率」,「当該店利用回数」の6つの変数から「態度的ロイヤルティ」と「行動的ロイヤルティ」の2つの因子を抽出し，これらの因子を目的変数,「店舗」,「商品」,「サービス」,「価格」,「販売促進」といった小売ミックス要因に関する15の変数を説明変数とした重回帰分析を行っている。その結果,「態度的ロイヤルティ」に影響するのは「店舗の雰囲気」のみ,「行動的ロイヤルティ」に影響するのは,「来店所要時間」,「価格」,「雰囲気」であることが明らかになっている。

清水（2004）は消費者のデモグラフィックによる業態・店舗選択行動の違いに着目している。具体的には，消費者のデモグラフィックに関するカテゴリカル変数を説明変数とし，これらがスーパーマーケット，ドラッグストア，コンビニエンスストアの3業態の利用金額シェアにどのように影響するかについて分析している。その結果，①年齢が高い主婦層はスーパーマーケットの依存度が高いこと，②年齢が若く，家族人数が少ない消費者層は，コンビニエンスストアやドラッグストアの利用が多いこと，③3業態の併用パターンとしては，3業態を均等に利用している消費者は4割程度であり，それ以外の6割の中にはスーパーマーケットをほとんど利用しない層もあること，などが明らかになっている。

白井（2011）は，消費者の業態使い分けの基準に着目し，その基準と業態の使い分け行動の関係について分析している。具体的には，「購入する量や種類が多いか少ないか」,「時間的余裕があるかないか」,「買いたい食品カテゴリーによる」,「特定の商品の価格が高いか安いか」,「特定の商品の品質が良いか悪いか」,「気分による」という6タイプの使い分け基準に対する該当状況と，各基準の際に最も利用する業態（総合スーパー，食品スーパー，デパート，ディスカウントストア，コンビニエンスストア，ドラッグストア，小規模専門店，その他の8業態）について聴取し，その回答結果の集計を行っている。その結果，①複数の業態を使っている消費者は8割おり，平均して3,4種類の業態を使い分けていること，②多くの消費者は業態使い分けに際して，3,4タイプの基準を持っていること，③最もよく用いられる基準は「特定の商品の価格が高いか安いか」であること，などが明らかになってい

る。

　峰尾（2013）は，店舗イメージを機能的な側面と情緒的な側面に分け，これらのイメージがストアロイヤルティに与える影響について，百貨店，総合スーパー，食品スーパー，高級食品スーパー，コンビニエンスストアの5つの業態ごとに分析している。その結果，百貨店や食品スーパーにおける情緒的な店舗イメージはストアロイヤルティに負の影響を与えることや，総合スーパーへのストアロイヤルティには，情緒的な店舗イメージは関係せず，機能的な店舗イメージのみが影響することなどが明らかになっている。

　以上，日本国内における消費者の業態・店舗選択行動に関する研究をいくつかレビューしてみると，業態・店舗選択行動といっても，高橋（2004）や峰尾（2013）のように特定の業態・店舗に集中する行動に着目したもの，池尾（1993）や清水（2004）のように，消費者属性や消費者の関与，知識レベルによる違いに着目したもの，白井（2011）のように買物目的の違いと業態横断的な行動に着目したものがあることがわかる。しかしながら，これらの研究はリアル店舗の業態に関する行動に留まっており，ECに関する行動は考慮していない点が課題である。前述したように日本でもECの利用が大きく増加している状況であり，ECサイトのみの閲覧行動と購買行動に着目した研究はいくつか見られる（例えば，生田目・鈴木，2013；猪狩・星野，2014）が，日本ではECとリアル店舗の併用行動に着目した研究蓄積が進んでいないのが現状である。

2 ｜ リアル店舗・EC併用行動の研究

　ここでは欧米の研究を中心に，リアル店舗とEC併用行動について見てみる。リアル店舗とEC併用行動の研究は，Amazon.comをはじめとしたECチャネルの成長も相俟って，2000年に入ってから急速に増えている。Verhoef et al.（2015）は，過去15年程度のマルチチャネル管理に関する先行研究をもとに，研究のトピックを体系的に整理している。Verhoefらによると，トピックは大きく，①企業業績に対するチャネルのインパクトに関するもの，②チャネル横断的なショッパーの行動に関するもの，③チャネル横断

的な小売ミックスに関するもの，の3つがある[(2)]。このトピック分類に基づくと，本章のテーマは，マルチチャネル管理に関する研究のうち，「②チャネル横断的なショッパーの行動に関するもの」に該当するため，このトピックを中心にレビューする。

このトピックにおける研究の視点は，チャネル間の選択行動に関するもの，チャネルの併用行動に関する消費者セグメンテーション，消費者にとってのチャネルの役割の違い，の3つが挙げられる。

まず，チャネル間の選択行動のモデル化については，例えば，Venkatesan et al. (2007) は消費者によるマルチチャネル・ショッピングの使い分け要因と行動成果となる利益について明らかにしている。具体的には，アパレルメーカー1社の3つのチャネル（通常価格店舗，ディスカウント型店舗，ECサイト）の購買履歴を用い，2番目に利用するチャネルと3番目に利用するチャネルの採用に影響する要因を導き出している。その結果，2番目のチャネル採用に影響する要因として，その顧客の購買頻度が高い，ダイレクトメールを受け取る回数が多い，などの顧客の利用頻度に関係するものがあり，3番目のチャネル採用に影響する要因として，顧客の返品率が関係することが示された。逆にチャネルを1つしか利用していない顧客は，バスケットサイズや関連購買，値引率の高さに対する影響が強いことも示された。

チャネルの併用行動に関する消費者セグメンテーションについては，例えば Papatla and Bhatnagar (2001) は，店舗，カタログ，ECの3つの業態の併用行動の分析を行っている。具体的には，コンピュータのハード，ソフト，投資サービス，音楽CD，本・雑誌，旅行の6つのカテゴリーの購買習慣とこれらを購買する際の3業態に対する利用意向を聴取した回答データを用い，潜在クラスモデルを用いて，業態の併用パターンのセグメンテーションを行っている。その結果，セグメントは"Adopter"，"Traditionals"，"Experimenters"，"Experiencers"の4つに分かれ，"Adopter"は店舗利用をメインとしたうえで，カタログとECとの併用には積極的なセグメント，"Traditionals"は店舗とカタログの併用には積極的であるが，ECには消極的なセグメント，"Experimenters"は店舗，カタログ，ECの3つの業態間の併用に積極的であり，特に店舗・カタログ間，店舗・EC間のス

第10章 話題につながる店舗 | 221

イッチ行動が盛んなセグメント，"Experiencers"はEC利用をメインとしたうえで，ECと店舗との併用には積極的だが，カタログと店舗の併用には非常に消極的なセグメントであることが示された。

消費者にとってのチャネルの役割の違いとして，例えばKonuş et al.（2008）は，業態利用の効用は購買だけでなく情報探索もあるとして，情報探索目的と購買目的の2つの効用の観点から業態の併用行動の分析を行っている。具体的には，住宅ローン，健康保険，旅行，本，PC，電化製品，衣料の7つのカテゴリーについて，店舗，カタログ，ECの3業態の効用パターン（情報探索目的と購買目的）の妥当性を聴取したほか，聴取した回答者のデモグラフィックやサイコグラフィック情報，ベネフィットとコストの考え方に関する情報を加えたセグメンテーションを行っている。その結果，すべての業態とすべての効用に対する関与が低い"Uninvolved Shoppers"，これと対照的にすべての業態とすべての効用に対する関与が高い"Multi-channel Enthusiasts"，3業態のうち，店舗のみに対する関与が高い"Store-focused consumers"の3つのセグメントに分かれることが示された。

以上，リアル店舗とEC併用行動の研究を見ると，①EC利用をメインとした消費者層が一定程度存在すること，②リアル店舗とECでの購買を使い分ける背景には，キャンペーンや値引き，返品のしやすさなどがあること，③購買だけでなく情報探索という点からもECを利用すること，などが明らかになっていることがわかる。

しかしながらこれらの研究の課題として，まず対象カテゴリーの問題がある。やはりEC自体が耐久消費財やサービス財を中心に成長してきただけあり，過去の研究でも，耐久消費財やサービス財の事例が中心となっており，食品や日用雑貨品を扱う業態の事例が乏しいということである。次に，リアル店舗とECの間の使い分けの行動パターンやその行動の背景となる購買実績は明らかにされているが，使い分けをしている消費者が，各業態の持つサービスのどの点を重視しているのかについては明らかにされていない。過去の研究ではチャネル間の購買履歴データや行動経験を聴取した質問票など，行動にフォーカスした分析が中心となっているが，行動だけでなく，その背景として「何を考えているのか？」という態度の部分も併せて見てみる

必要があるのではなかろうか。よって本章では，これら2点の課題を踏まえた分析を行う。

3 │ 分析1：消費者のリアル店舗・EC併用行動タイプ

　ここでは実際の分析として，まず，消費者のリアル店舗・EC併用行動タイプを整理したうえで，各タイプの買い物や情報についての考え方の特徴を明らかにする。そのうえで，EC併用行動タイプとリアル店舗に対する態度の関係を明らかにする。

　利用データは，流通経済研究所が2013年11月に実施した，「ショッパーの業態・店舗選択調査2013」である。この調査は，全国の約5,000名を対象に，主要業態の利用頻度・店舗数，商品カテゴリー別の利用業態，最も利用している店舗の業態内利用シェア・店舗評価・売場評価といった業態・店舗の利用状況だけでなく，回答者の生活状況についても聴取したものである。本章ではこれらの項目をもとに分析する。

3-1. 消費者の業態別利用店舗数

　まず，消費者の業態別利用店舗数について見てみる。回答対象となった消費者が過去3カ月間に利用した各業態の店舗／サイト数の記述統計を**図表10-1**に示す[3]。具体的な業態として，総合スーパー（GMS），食品スーパー（SM），コンビニエンスストア（CVS），ドラッグストア（DGS）のリアル店舗4業態と，ネットスーパー（ネットSM），ネットショップ，メーカー直販サイトのEC3業態の計7業態を扱っている。具体的な消費者サンプル数は4,753件である。これによると，リアル店舗の業態では，GMSとDGSでは平均1.5店舗，SMとCVSでは平均2店舗の使い分けがされていることがわかる。EC業態では，ネットSMとメーカー直販サイトの利用が平均1サイト未満であることから，多くの消費者は期間中の利用経験がないことが言える。ただし，これらの業態の標準偏差は平均値より高いことから，利用している消費者の数は少ないものの，利用している消費者は多くのサイトを

図表10-1　業態別の利用店舗／サイト数の記述統計（平均値，標準偏差）

	平均値	標準偏差
総合スーパー（GMS）	1.52	1.19
食品スーパー（SM）	2.04	1.34
コンビニエンスストア（CVS）	2.06	1.26
ドラッグストア（DGS）	1.58	1.02
ネットスーパー（ネットSM）	0.25	0.67
ネットショップ	1.53	1.30
メーカー直販サイト	0.64	1.09

使い分けている，ということが言えよう。ネットショップについては平均1.5サイトであることから，リアル店舗のGMSやCVS並みに使い分けがされていることがわかる。

　ここでは，消費者が各業態内でどのくらいの店舗／サイトを使い分けているのかを見た。しかし実際には，消費者は複数の業態・店舗を使い分けているのであり，特定の業態のみを利用しているわけではない。そのため業態内だけでなく，業態横断的な利用も含めてどのくらい併用しているかを捉える必要があると言えよう。

3-2. 消費者のリアル店舗・EC併用行動タイプ

　ここでは，**図表10-1**に示した業態別の利用店舗／サイト数の回答状況を整理・集約し，消費者の業態横断的なリアル店舗・EC併用行動タイプを分類してみる。まず前節と同様に，4,756件の消費者の7業態の利用店舗／サイト数の回答データをクラスター分析にかけ，4つのグループに分類した。ここでのクラスター分析の分類手法は，各消費者の特徴を記述統計的に分類することに主眼を置くため，非階層型のクラスター分析としてよく用いられる手法である*k-means*法を適用した。その際，3グループから段階的にグループ数を増加させたところ，5グループでは，特徴的な差異が見られない2グループが出現したため，全グループの差異を識別できる最大グループ数である4グループによる分析結果を採用することとした。その結果となる各タイプ（グループ）の業態別平均利用店舗／サイト数を**図表10-2**に示す。

　分類された4つのタイプについて，それぞれ「店舗絞込み層」，「多店舗併

図表10-2　リアル店舗・EC併用行動タイプ別の業態別平均利用店舗／サイト数

	店舗 絞込み層	多店舗 併用層	CVS・EC 併用層	多店舗・多EC 併用層
GMS利用店舗数	0.99	2.08	1.41	2.18
SM利用店舗数	1.13	3.25	1.87	2.75
CVS利用店舗数	1.29	2.55	2.45	2.68
DGS利用店舗数	0.97	2.13	1.66	2.17
ネットSM利用サイト数	0.15	0.16	0.19	1.12
ネットショップ利用サイト数	0.73	0.95	2.70	2.72
メーカー直販利用サイト数	0.23	0.32	0.31	2.62
所属人数（N）	1,853	1,101	1,061	738
所属人数構成比（％）	39.0	23.2	22.3	15.5

　　　店舗／サイト数が2.0以上（ネットSMのみ1.0以上）

用層」，「CVS・EC併用層」，「多店舗・多EC併用層」と名付けた。「店舗絞込み層」は，各業態で利用する店舗／サイトを1つに絞っており，業態内での店舗の使い分けをしていない層を指す。この層の所属人数構成比は39.0％であり，4つのタイプの中で人数が最も多い。これに次いで所属人数が多い層は「多店舗併用層」であり，所属人数構成比は23.2％である。この層は，リアル店舗の業態を特に多く使い分けている。所属人数が3番目に多い層は「CVS・EC併用層」であり，所属人数構成比は22.3％である。この層は，CVS店舗とネットショップのサイトを特に多く使い分けている。所属人数が最も少ない層は「多店舗・多EC併用層」であり，所属人数構成比は15.5％である。この層はリアル店舗の各業態について，「多店舗併用層」と同じくらいの店舗数を使い分けているだけでなく，ネットスーパー，ネットショップ，メーカー直販サイトなどのネット販売サイトを特に多く使い分けている。

3-3. 併用行動タイプと買い物に対する方針の関係

これら4つのリアル店舗・EC併用行動の各タイプがどのような買物方針を持っているのかについて，第7章で示した「安全・計画層」，「簡便層」，「無関心層」，「特売層」，「こだわり層」の5つの買物タイプとの関係を見て

みる。リアル店舗・EC併用行動タイプ別の買物タイプ構成比を**図表10-3**に示す。なお，これらの構成比の違いについてカイ二乗検定を行ったところ，1％水準で有意となった。つまり，「リアル店舗・EC併用行動タイプによって買物タイプが異なる」ということが言えよう。

図表10-3　リアル店舗・EC併用行動タイプ別の買物タイプ構成比

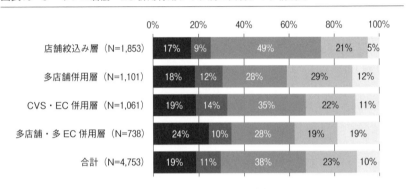

Pearsonのχ²値：276.458　自由度：12　漸近有意確率：0.000（1％水準で有意）

　リアル店舗・EC併用行動タイプの各層における買物タイプの傾向を見てみると，「店舗絞込み層」では，「無関心層」の比率が他の層に比べて高い。これは第7章でも示された，「特定店舗での買い物支出比率が高いロイヤル層はそうでない層に比べて無関心層の比率が高い」と類似した傾向にある。つまり，「買い物について特に強いこだわりを持っていない」，「他の店に切り替えるのが面倒だ」という慣性的な考えを持っているゆえに，店舗を使い分けることなく，特定の店舗を集中的に使っていることが推察できる。「多店舗併用層」では「特売層」の比率が他の層に比べて高い。この層は特売に対するこだわりを持っているゆえに，リアル店舗業態を使い分けていることが推察できる。「CVS・EC併用層」では「簡便層」の比率が他の層に比べて高い。この層は，弁当，総菜といったできあいの食品を購買し，食事を手軽に済ますという生活をしているゆえに，ファーストフードや弁当，惣菜を中心に扱うCVSや手軽に購買できるサイトを中心とした業態・選択行動を

していることが推察できる。「多店舗・多EC併用層」では，「安全・計画層」と「こだわり層」の比率が他の層に比べて高い。この層は，計画的な購買や買い物へのこだわりを持っているゆえに，必要に応じてリアル店舗とネットショップを使い分けていることが推察できる。

このように，リアル店舗・EC併用行動タイプの各層における買物タイプの傾向を見てみると，リアル店舗・EC併用行動の背景となる買い物に対する方針や考え方の違いがわかる。

また，リアル店舗・EC併用行動の各タイプの情報に対する考え方に関する項目への回答率を**図表10－4**に示す。ここでは「多店舗併用層」の回答率を基準に差の検定を行い，Dunettの多重比較によって5％水準で有意な項目をマークしている。これを見ると，「店舗絞込み層」は，ほとんどの項目がマイナスに有意となっている。この層は，情報探索や情報接触について消極的な傾向にあると言える。「CVS・EC併用層」では，プラスの項目として，「いろいろな情報はインターネットで知ることが多い」の比率が高い。この層はECを併用しているだけあり，インターネットによる情報探索や情報接触に積極的な傾向があることが言える。「多店舗・多EC併用層」では，プラスの項目が最も多い。「CVS・EC併用層」と同様にインターネットによる情報探索や情報接触に積極的な傾向があるが，それだけでなく，「情報を知るのが人より早いほう」，「日常的なできごとを自分から発信することがある」，「様々な情報の中から必要なものを見極める自信がある」などの項目の比率も高い。よってこの層は，情報収集力と情報発信力が一般の人よりも長けている傾向にあることが言えよう。

3-4. 併用行動タイプとカテゴリー別購買店舗の関係

ここでは，リアル店舗・EC併用行動タイプの違いによって，商品カテゴリーごとに業態をどのように使い分けているのかについて明らかにする。前項の通り，リアル店舗・EC併用行動タイプとして，「店舗絞込み層」，「多店舗併用層」，「CVS・EC併用層」，「多店舗・多EC併用層」の4つを示したが，その中でも「多店舗・多EC併用層」と「多店舗併用層」の2つの層の比較に着目する。この2つの層は，**図表10－2**からわかる通り，リアル店

図表10-4　リアル店舗・EC併用行動タイプ別の情報に関する項目の回答率

	店舗 絞込み層	多店舗 併用層	CVS・EC 併用層	多店舗・多EC 併用層
朝刊は必ず朝に読む	23.9%	30.2%	24.7%	32.1%
毎号買っている雑誌がある	5.3%	7.4%	8.3%	11.8%
いろいろなことを広く知りたい	33.0%	43.3%	44.4%	49.5%
情報を知るのが人より早いほう	10.0%	14.2%	17.8%	20.7%
人に教えられることが多いほう	9.3%	13.8%	10.3%	9.3%
日常的なできごとを自分から発信することがある	9.1%	14.0%	14.1%	20.6%
マスコミよりクチコミの情報を信用するほう	9.7%	14.4%	16.2%	19.4%
様々な情報の中から必要なものを見極める自信がある	8.0%	12.4%	13.7%	20.7%
わからないことがあると自分で調べる	42.9%	55.5%	57.2%	61.5%
わからないことがあるとすぐ人にきく	9.7%	13.9%	10.1%	11.8%
わからないことがあるとすぐインターネットで調べる	48.5%	60.6%	64.4%	69.1%
いろいろな情報はテレビで知ることが多い	21.7%	37.1%	26.3%	31.4%
いろいろな情報は新聞・雑誌で知ることが多い	11.3%	16.3%	12.9%	18.2%
いろいろな情報はインターネットで知ることが多い	34.8%	43.0%	48.5%	50.7%
ダイレクトメールによく目を通す	8.0%	15.5%	11.5%	20.9%
サンプル数	1,853	1,101	1,061	738

　　多店舗併用層に比べて有意（5％水準）に高い
　　多店舗併用層に比べて有意（5％水準）に低い

舗の各業態について同じくらいの店舗数を使い分けているという共通点があり，その一方，ネットスーパー，ネットショップ，メーカー直販サイトを使い分けている点が相違点になる。つまり，リアル店舗は同じようなレベルで使い分けているにもかかわらず，「多店舗・多EC併用層」はネット販売サイトも多く使い分けているのに対し，「多店舗併用層」は使い分けていない状況であるため，ネット販売サイトの使い分けの違いがリアル店舗に対する態度の違いにどのように影響するかについて比較しやすいと考えられるためである。

　「多店舗・多EC併用層」と「多店舗併用層」の2つの消費者層における商品カテゴリー別の最も利用する業態の構成比を**図表10-5**に示す。ここでは，商品カテゴリーとして，生鮮3品と呼ばれる青果，精肉，鮮魚のほか，和日配の豆腐，洋日配のヨーグルト，デリカの惣菜，弁当，一般食品の調味料，冷凍食品，米，キャンディ，アイスクリーム，水，茶系飲料，ビール

類，健康食品の計16カテゴリーを，業態として，総合スーパー，食品スーパー，コンビニエンスストア，ドラッグストア，中小専門店，百貨店，EC（ネットスーパーを含む），生協宅配，その他の9業態を取り上げている。この結果を見ると，まずすべてのカテゴリーにおいて2つの消費者層共に，食品の購買は総合スーパーまたは食品スーパーをメインにしていることがわかる。しかし，カテゴリーによって他業態でのメイン購買が多いことや，さらにそれが2つの消費者層間で違いがあるケースがある。具体的には，「多店舗・多EC併用層」は「多店舗併用層」に比べて，百貨店で惣菜をメイン購買する比率が高い，ECで米，水，健康食品をメイン購買する比率が高い，コンビニエンスストアでアイスクリームをメイン購買する比率が高い，という傾向がある。この結果から，「多店舗・多EC併用層」は商品カテゴリーによってメイン購買の業態を切り分けていることがわかる。

3-5. 併用行動タイプとリアル店舗に対する態度の関係

「多店舗・多EC併用層」は商品カテゴリーによってメイン購買の業態を切り分けているし，特にカテゴリーによってはECをメインにしている傾向が強いことがわかったが，それではこの層は，リアル店舗についてどのような点を期待しているのであろうか。ここでは，リアル店舗・EC併用行動タイプの違いによって，リアル店舗の利用について期待している点が異なるのかについて明らかにする。

分析では，まず業態に対する期待の尺度として，業態に対する利用重視点の回答率を用いた。そのうえで，「多店舗・多EC併用層」と「多店舗併用層」の2つの層における各業態に対する利用重視点の回答率を用い，その差の検定（t検定）を行った。利用重視点については，利便性，価格，品揃え，店員，レイアウト，オペレーション，付加サービス，雰囲気などに関する17項目について，あてはまる「1」，あてはまらない「0」とした2値の回答結果を用いた。対象業態はGMS，SM，CVS，DGSのリアル店舗を展開する4業態である。その分析結果を**図表10-6**に示す。

まずGMSでは，「多店舗・多EC併用層」の方が高い項目は，「安全で安心に配慮した商品が多い」，「店員の対応がよい」，「店員の商品知識があ

図表10-5 カテゴリー別最利用業態の構成比

	青果 多店舗・多EC併用層	青果 多店舗併用層	精肉 多店舗・多EC併用層	精肉 多店舗併用層	鮮魚 多店舗・多EC併用層	鮮魚 多店舗併用層	豆腐 多店舗・多EC併用層	豆腐 多店舗併用層
総合スーパー	25%	17%	25%	19%	24%	18%	24%	18%
食品スーパー	61%	76%	61%	75%	59%	75%	62%	77%
コンビニエンスストア	0%	0%	1%	0%	1%	0%	1%	0%
ドラッグストア	1%	0%	1%	0%	1%	0%	2%	1%
中小専門店	3%	2%	2%	1%	1%	1%	1%	0%
百貨店	1%	1%	2%	1%	3%	0%	1%	0%
EC（ネットSM含）	2%	0%	1%	0%	2%	0%	2%	0%
生協宅配	4%	1%	5%	2%	7%	3%	6%	2%
その他	2%	2%	1%	1%	1%	1%	2%	1%

	ヨーグルト 多店舗・多EC併用層	ヨーグルト 多店舗併用層	惣菜 多店舗・多EC併用層	惣菜 多店舗併用層	弁当 多店舗・多EC併用層	弁当 多店舗併用層	調味料 多店舗・多EC併用層	調味料 多店舗併用層
総合スーパー	26%	18%	29%	22%	21%	19%	26%	19%
食品スーパー	58%	72%	49%	66%	38%	48%	55%	71%
コンビニエンスストア	3%	3%	3%	4%	22%	21%	1%	0%
ドラッグストア	4%	3%	1%	0%	1%	0%	3%	3%
中小専門店	0%	0%	1%	1%	2%	1%	1%	0%
百貨店	1%	0%	11%	4%	9%	5%	1%	0%
EC（ネットSM含）	2%	0%	1%	0%	1%	0%	4%	1%
生協宅配	4%	2%	3%	1%	1%	0%	7%	4%
その他	2%	1%	2%	1%	5%	4%	2%	2%

	冷凍食品 多店舗・多EC併用層	冷凍食品 多店舗併用層	米 多店舗・多EC併用層	米 多店舗併用層	キャンディ 多店舗・多EC併用層	キャンディ 多店舗併用層	アイスクリーム 多店舗・多EC併用層	アイスクリーム 多店舗併用層
総合スーパー	27%	25%	22%	20%	25%	17%	22%	16%
食品スーパー	51%	64%	34%	54%	46%	59%	44%	63%
コンビニエンスストア	2%	1%	2%	1%	14%	11%	20%	14%
ドラッグストア	3%	3%	3%	3%	7%	10%	4%	4%
中小専門店	1%	0%	4%	3%	1%	0%	0%	0%
百貨店	1%	0%	1%	0%	1%	0%	1%	0%
EC（ネットSM含）	4%	1%	17%	8%	1%	0%	3%	1%
生協宅配	9%	5%	7%	4%	1%	1%	3%	1%
その他	2%	1%	10%	7%	3%	3%	2%	1%

	水 多店舗・多EC併用層	水 多店舗併用層	茶系飲料 多店舗・多EC併用層	茶系飲料 多店舗併用層	ビール類 多店舗・多EC併用層	ビール類 多店舗併用層	健康食品 多店舗・多EC併用層	健康食品 多店舗併用層
総合スーパー	20%	14%	22%	15%	25%	19%	11%	7%
食品スーパー	30%	41%	33%	46%	38%	50%	8%	14%
コンビニエンスストア	11%	14%	23%	24%	6%	3%	2%	2%
ドラッグストア	10%	11%	9%	8%	6%	7%	26%	38%
中小専門店	0%	1%	1%	0%	10%	10%	2%	1%
百貨店	1%	0%	1%	0%	1%	0%	0%	1%
EC（ネットSM含）	19%	8%	5%	1%	7%	3%	45%	28%
生協宅配	4%	3%	3%	1%	2%	1%	1%	2%
その他	5%	7%	4%	4%	5%	7%	5%	7%

■ 2つの層間で5ポイント以上の差のある項目

第10章 話題につながる店舗

図表10-6　各リアル店舗業態に対する重視点の回答率とその差

	GMS			SM		
	多店舗・多EC併用層 (A)	多店舗併用層 (B)	差 (A-B)	多店舗・多EC併用層 (A)	多店舗併用層 (B)	差 (A-B)
自宅や勤務先から近い	0.37	0.34	0.03	0.54	0.52	0.02
夜遅くまで営業している	0.15	0.14	0.01	0.17	0.15	0.03
他の買い物と合わせて一度に済ませられる	0.38	0.42	-0.04	0.15	0.14	0.01
価格が安い	0.46	0.50	-0.05	0.50	0.63	-0.13**
特売をよくしている	0.30	0.35	-0.05*	0.41	0.49	-0.08**
安全で安心に配慮した商品が多い	0.24	0.19	0.04*	0.29	0.26	0.03
品揃えの幅が広く、比較して商品を選べる	0.41	0.40	0.01	0.28	0.26	0.02
お気に入りのPB商品がある	0.14	0.12	0.02	0.10	0.08	0.02
店員の対応がよい	0.18	0.14	0.04*	0.19	0.18	0.01
店員の商品知識がある	0.07	0.05	0.02*	0.06	0.05	0.01
店舗のレイアウトが分かりやすい	0.25	0.24	0.01	0.26	0.21	0.05*
売場に商品についての説明がある	0.08	0.04	0.04*	0.07	0.04	0.03**
商品が品切れしていない	0.24	0.23	0.01	0.23	0.20	0.03
レジの待ち時間が短い	0.14	0.15	-0.01	0.19	0.16	0.02
ポイントカードの特典を受けられる	0.33	0.30	0.03	0.31	0.32	0.00
店がきれいで清潔感がある	0.32	0.27	0.05*	0.32	0.28	0.04
売場に活気や季節感がある	0.17	0.13	0.03*	0.17	0.15	0.02
サンプル数	670	1,035		711	1,095	

**1％水準　*5％水準でそれぞれ有意（両側検定）

232　第Ⅱ部　分　析　編

る」,「売場に商品についての説明がある」,「店がきれい／清潔感がある」,「売場に活気や季節感がある」の6つである。つまり,「多店舗・多EC併用層」はGMSのリアル店舗に対して,商品の品揃え,店員の対応力や商品知識力,売場のクリンリネス,情報発信力や演出力を重視していることが言えよう。逆に「多店舗・多EC併用層」の方が低い項目は,「特売をよくしている」の1つである。「多店舗併用層」に比べて特売を重視していないことが言えよう。

同様にSMでは,「店舗のレイアウトが分かりやすい」,「売場に商品についての説明がある」の2つの項目が高く,「価格が安い」,「特売をよくしている」の2つの項目が低い。つまり,「多店舗・多EC併用層」はSMのリアル店舗に対して,売場の情報発信力を重視する一方,特売を重視していないというGMSと同様の傾向にあると言えよう。

これらをまとめると,「多店舗・多EC併用層」はリアル店舗に対して,店員の対応力や商品知識力,売場の情報発信力や演出力を重視しているということである。

3-6. 分析1のまとめ

分析1では,消費者のリアル店舗・EC併用行動タイプを分類したうえで,各タイプの買い物や情報についての考え方の特徴を明らかにした。そのうえで,EC併用行動タイプとリアル店舗に対する態度の関係を明らかにした。具体的には,4つのリアル店舗業態と3つのEC業態についての利用店舗数・サイト数をもとに,クラスター分析を用いてリアル店舗・EC併用行動の類型化を行った。そのうえで,各タイプの買い物や情報についての考え方の特徴の差や4つのリアル店舗業態に対する重視点の差を示した。

その結果,以下の点が明らかになった。

まず,消費者のリアル店舗・EC併用行動は「店舗絞込み層」,「多店舗併用層」,「CVS・EC併用層」,「多店舗・多EC併用層」の4タイプに分類されたことである。このうち,リアル店舗を中心に利用している層は「店舗絞込み層」,「多店舗併用層」であり,ECを多く利用する層は「CVS・EC併用層」,「多店舗・多EC併用層」である。

次に，リアル店舗とECサイトを多く使い分けている「多店舗・多EC併用層」は，買物方針として，「安全・計画」と「こだわり」の傾向が強い。また情報に対する方針として，インターネットによる情報探索や情報接触に積極的な傾向があるが，それだけでなく，新聞などの従来型のメディアにも積極的に接触し，情報収集力と情報発信力が一般の人よりも長けている傾向が強い。

　そして，「多店舗・多EC併用層」はリアル店舗に対して，店員の対応力や商品知識力，売場の情報発信力や演出力を重視していることである。

　このように，リアル店舗が重視されている要素は明らかになったが，それでは消費者間で話題になるリアル店舗の要素は何になるのであろうか。次に，この点について分析を通じて明らかにする。

4 ｜ 分析2：リアル店舗の話題要素

　ここでは，消費者間で話題になるリアル店舗の属性について明らかにしていく。具体的には，第8章で扱ったPBの意思決定に影響する知覚品質属性の分析方法を応用し，リアル店舗の意思決定に影響する店舗属性を分析する。

　ここでの利用データは，流通経済研究所が2016年7月に実施した「チェーンストアのイメージに関する調査」の消費者1,971人（対象者）の回答結果である。このデータの中から，対象者が「週に1回以上買い物をしている」と回答したスーパーマーケットを抽出し，そのスーパーマーケットに対する意思決定として「考慮（買い物の候補となる）」，「リアル共有（家族と話題になった，知人・友人と話題になった）」，「SNS受発信（SNSで読んだ，SNSに書き込みした）」の3つの項目と，店舗属性として情緒的属性22項目と機能的属性17項目を変数として用いる。ここでは，意思決定の3項目の各々を目的変数，情緒的属性22項目と機能的属性17項目をそれぞれ説明変数とした二項ロジスティック回帰モデルにより，スーパーマーケットのリアル店舗に対する知覚品質属性と意思決定の関係を定量的に示す。

　まず情緒的属性と意思決定の関係を示した分析結果を**図表10-7**に示す。

考慮に影響する情緒的属性は，「明るい」，「親しみやすい」，「愛着のある」，「個性的な」，「人気のある」，「信頼できる」，「定番である」のように，安心，安定のイメージの属性が有意となっている。リアル共有については，考慮とほぼ同様の属性が有意になっているが，考慮に影響していない属性として「わくわくする」，「クールな」のように高揚感を抱かせるような属性が有意となっている。SNS受発信については，考慮とリアル共有と異なり，「知的な」，「おしゃれな」，「今勢いのある」のように格好良さを抱かせるような属性が有意となっている。

図表10-7　情緒的属性と意思決定の関係

	考慮	リアル共有	SNS受発信
(定数)	-0.711**	-2.464**	-4.365**
明るい	0.372**	0.410*	-0.090
親しみやすい	0.544**	0.229	-0.297
愛着のある	0.564**	0.931**	-0.340
個性的な	0.429*	0.693**	0.146
シンプルな	0.146	0.120	0.364
専門的な	-0.526	-0.322	0.742
わくわくする	0.106	0.773**	-0.878
斬新な	0.002	0.635	0.178
華やかな	-0.295	0.265	-0.215
クールな	0.235	0.783*	0.357
洗練された	0.198	0.026	-0.526
知的な	-0.146	0.188	1.599**
おしゃれな	0.093	0.491	1.249*
遊び心のある	-0.428	0.311	0.880
人気のある	0.627**	0.458*	-0.038
今勢いのある	0.121	0.156	1.159*
高級な	-0.152	0.174	-0.849
一流の	0.260	-0.383	0.658
信頼できる	0.374**	0.161	-0.080
定番である	0.280*	0.068	-0.776
疑似決定係数（Cox & Snell R^2)	0.106	0.134	0.164

**1％水準　*5％水準でそれぞれ有意

次に，機能的属性と意思決定の関係を示した分析結果を**図表10-8**に示す。考慮に影響する機能的属性として，「自宅や勤務先から近い」，「ポイントの特典を受けられる」，「買い物を一度に済ませられる」，「店舗のレイアウ

第10章　話題につながる店舗　｜　235

トがわかりやすい」,「必要なものを見つけやすい」,「品揃えの幅が広い」,「夜遅くても買い物できる」,「商品の品質が良い」,「店舗がきれい」,「全体的に価格が安い」というように,ワンストップ・ショッピング,品揃え,安さなど幅広い属性が有意となっている。店舗の使い分けが多くなっている中で,消費者がスーパーマーケットに対して買物場所の候補にする要件は多いことがわかる。リアル共有については,考慮とほぼ同様の属性が有意になっているが,考慮に影響していない属性として「安全に配慮した商品が多い」,「店舗に清潔感がある」が有意となっている。SNS受発信については,「店舗のレイアウトがわかりやすい」が考慮とリアル共有と共通して有意であるが,「新商品が多い」,「店員に商品知識がある」が有意である点は考慮とリアル共有と異なっている。

このように情緒的・機能的属性と意思決定の関係を見てみると,買物場所としての候補となる要素とリアル共有する要素,さらにはSNSで受発信さ

図表10-8　機能的属性と意思決定の関係

	考慮	リアル共有	SNS受発信
(定数)	-0.851**	-2.324**	-4.228**
自宅や勤務先から近い	0.868**	-0.214	-0.367
ポイントの特典を受けられる	0.237*	0.311*	-0.554
買い物を一度に済ませられる	0.523**	-0.252	-1.045
店舗のレイアウトがわかりやすい	0.399*	0.365*	1.127*
必要なものを見つけやすい	0.377**	0.398*	0.183
商品が品切れしていない	0.022	-0.223	0.885
品揃えの幅が広い	0.266*	0.449**	0.259
新商品が多い	0.235	0.102	1.744**
店員の対応が良い	-0.123	0.176	0.859
店員に商品知識がある	-0.238	0.063	1.372**
夜遅くても買い物できる	0.612**	0.024	0.750
安全に配慮した商品が多い	0.190	0.471*	-0.399
商品の品質が良い	0.412*	0.472*	0.595
店舗がきれい	0.346*	0.123	-0.797
店舗に清潔感がある	0.329	0.622**	-1.230
特売をよくしている	-0.008	0.319	-0.192
全体的に価格が安い	0.626**	0.580**	-1.371
疑似決定係数 (Cox & Snell R^2)	0.167	0.113	0.146

**1%水準　*5%水準でそれぞれ有意

れる要素が異なることがわかる。

5 本章のまとめ

　本章では，話題につながる店舗とはどのようなものかについて，分析1：消費者のリアル店舗・EC併用行動タイプの違いによるリアル店舗の利用についての期待点の違いと，分析2：リアル店舗の話題要素として，買物場所の候補となる要素と消費者間で話題になる要素の違いという2つの点から明らかにした。

　まず分析1では，リアル店舗とECサイトを多く使い分けている「多店舗・多EC併用層」は，「安全・計画」と「こだわり」の傾向が強く，情報収集力と情報発信力が一般の人よりも長けている傾向が強いことや，リアル店舗に対して，店員の対応力や商品知識力，売場の情報発信力や演出力を重視していることが明らかになった。リアル店舗とECサイトを多用する消費者は，リアル店舗に対して，文字通りリアルに演出，表現できる要素を期待していることをこれらの結果は示唆していると言える。ECの急成長により，リアル店舗の在り方について各方面で議論がなされているが，店員と売場というリアル店舗が持つ2つのベーシックな強みを着実に打ち出していくことが改めて必要であろう。

　次に，分析2では，買物場所の候補となる要素として安心，安定のイメージやワンストップ・ショッピング，品揃え，安さといった従来から言われているような属性が重要であるが，リアル共有やSNS受発信のように消費者間で話題になる要素として高揚感や格好良さのイメージのほか，分析1でも明らかになったような店舗の清潔感，新商品の充実，店員による商品知識の充実が重要であることが明らかになった。第2章では「スーパーマーケットは便利で都合の良い存在だけでは不十分だ」と指摘したが，この分析で示された買物場所の候補となる要素だけでは便利で都合の良い存在の域を出ないと言えよう。買物場所の候補となるだけでなく，消費者間で話題にもなるためには，高揚感や格好良さのイメージ，店舗の清潔感，新商品の充実，店員による商品知識の充実が必要であろう。

2つの分析結果をまとめると、スーパーマーケットのリアル店舗が消費者間での話題性向上も含めて存在感を発揮するためには、店員と売場というリアル店舗が持つ2つのベーシックな強みを着実に打ち出す中で高揚感や格好良さを醸し出していくことが重要であると言えよう。

(1) 本章は寺本（2018a）を加筆修正したものである。
(2) Verhoef et al. (2015) は、Journal of Retailing の特集号の中で、特集号に掲載された論文の特徴について、マルチチャネル研究と併せてオムニチャネル研究についてもこの①から③のトピックで整理している。しかしオムニチャネル研究では、①と③の研究が中心であり、②の研究は該当なしであった。彼らはオムニチャネルの②のタイプに該当する研究は本特集では扱われなかったものの、該当する研究は過去にいくつかあることを指摘している。しかし、オムニチャネル管理の定義からもわかる通り、この定義を表現できるような顧客の行動を測定できるデータの入手が困難であることがこのタイプの研究事例蓄積が進んでいない背景にあるものと推察できる。
(3) 記述統計で示されている店舗／サイト数の平均値と標準偏差は、質問票調査の選択肢を数値化したものを用いている。具体的には、「過去3カ月以内に利用していない」を0、「1店舗／サイト」を1、「2店舗／サイト」を2、「3店舗／サイト」を3、「4店舗／サイト」を4、「5店舗／サイト以上」を5とした。

第11章 話題につながる売場作り[(1)(2)(3)]

　本章では，話題につながる売場作りとはどういうものなのかを明らかにする。具体的には，クチコミのための1つの道具として消費者間で盛んに利用されているSNSを用い，それらに投稿されている売場関連情報の投稿内容を抽出し，SNS会員による反応の強弱に影響する売場の要件を明らかにしていく。

　スーパーマーケットなどの多くの小売業では，店内での写真撮影を禁止している店舗が多い。山崎（2018）によると，その理由は様々あるが，1つは，競争の最前線である売場の情報が写真撮影により競合店に伝わると，品揃えや売場作りが模倣されたり，価格対応されたりするということが懸念されるためであるということである。しかし最近になり，写真撮影とその写真をSNSに投稿することを許容する小売業が相次いでいる。具体的には，コープさっぽろをはじめ，100円ショップのダイソー，カメラ系量販店のヨドバシカメラやビックカメラなどである。またSNSへの投稿を許容する方針を公開していないものの，世の中の投稿の流れを止められないし，その影響を無視できないということで，顧客による投稿行動を黙認している小売企業も散見される[(4)]。これらの小売企業は，売場の写真をSNSで広めてもらい，それで消費者間で話題にしてもらい，新規の来店客を促したいという期待があるものと推察できる。まだ多くの小売企業ではこのようなスタンスを採っていないものの，このようにSNSでの投稿に対して積極的なスタンスを採る小売企業が出始めている中で，本章のテーマを明らかにする意義は十分にあろう。

　まず先行研究のレビューでは，①売場での情報に接した消費者はどのような反応をするのか，という点と，②SNSではどのような特徴を持った情報に対して「いいね」などの共感を示すのか，という点の2つの観点から行っていく。

239

1 売場での情報接触と消費者による反応

　小売業の売場内での情報として多く扱われているのは特別陳列である。特別陳列は，長きにわたり，ブランドの効果的なプロモーション手法として扱われてきている（Chevalier, 1975）。特別陳列はブランドの売上の増加に寄与する（Chevalier, 1975）だけでなく，他の陳列されているブランドとの売上面での相乗効果もある（Simonson et al., 1993；Areni et al., 1999；Lam and Mukherjee, 2005）。また，他の演出要素との組み合わせとして，芳香（Fiore et al., 2000），音楽（North et al., 1999），照明（Summers and Herbert, 2001）などによる売上への相乗効果もある。

　特別陳列の陳列デザインの有効性に関する研究も多く見られる。Kahn and Wansink（2004）は，ゼリービーンズの特別陳列を用いて，品揃え数とバラエティ感の演出方法の関係について実験を行っている。その結果，品揃え数が少ない場合には，商品アイテムを混ぜて陳列することと，品揃え数が多い場合には，商品アイテムごとに整理して陳列する方が消費者の商品選択確率が高いことが明らかになっている。

　Smith and Burns（1996）は，在庫型ストアの島陳列をケースに，陳列量を多くする際に，少数アイテムで陳列を組む場合と多数アイテムで組む場合とによる価格イメージの違いを比較している。その結果，少数アイテムで陳列を組む場合の方が知覚する価格が低いということが明らかになっている。

　Razzouk et al.（2002）は，きれいに整列された満載の陳列と，商品がピックアップされて少し不整全となっている陳列とによる商品の選択の違いを比較している。その結果，商品がピックアップされて少し不整全となっている陳列の方が商品を選択される確率が高いことが明らかになっている。また，Castro et al.（2013）は，満載の陳列と不整全の陳列の比較を商品特性別に行っており，その結果，ジュースなどの食品系や有名商品では満載の陳列の方の購買確率が高く，柔軟剤などの非食品系や有名でない商品では不整全の陳列の方の購買確率が高いことが明らかになっている。

　また特別陳列との組み合わせとして欠かせないのが POP（Point Of Purchase）である。POP の訴求機能を整理した研究では POPAI（2001）が挙げられる。POPAI では，POP 広告の機能を「表記・コピー（Signage）」と「物品（Collateral）」の 2 つに分類して捉えている。POP 広告内に織り込む表記・コピーの種類では，プロモーション／特売訴求や割引率訴求，ブランド（製品）訴求，テーマ（特定のテーマや季節，スポーツ関係イベント等）訴求，小売業者のロゴを含んだ訴求，などがある。POP 広告の「物品」の種類では，クーポン機やクーポン・パッド，ラッピング，プロップ，スタンディ（ダンボールで作られた，床に置くタイプの POP），床面広告，膨張タイプ・可動タイプ POP，ぶら下がり式 POP などがある。また「物品」では，小売業者が用意するものと製造業者が用意するものがあることを指摘している。

　POP の売上への効果に関する研究として，Woodside and Waddle（1975）は，値引きと POP 掲載の連動効果について捉えている。Woodside らは，「値引きあり・POP あり」，「値引きなし・POP あり」，「値引きあり・POP なし」，「値引きなし・POP なし」の 4 つの測定パターンを設定し，その結果として，「値引きあり・POP あり＞値引きなし・POP あり＞値引きあり・POP なし＞値引きなし・POP なし」の順序で販売数量が多くなったことを確認している。また POPAI（2004）は，値引きの際の POP の訴求メッセージタイプによる効果について捉えている。ここでは，訴求メッセージタイプとして，「価格」，「セール／値引き（お買い得）」，「広告の商品」，「おまけ情報（1 つ買えば，もう 1 つ貰える）」，「どれだけ得か（＄または％）の提示」の 5 つを設定し，その結果として，おまけ情報および価格についてのメッセージ訴求による売上効果を確認している。

　これらの先行研究をまとめると，特別陳列の陳列デザインや，POP，他の演出方法との組み合わせが陳列対象商品の売上や消費者による購買に寄与していることがわかるが，消費者の意思決定の過程で言うと，あくまで購買の部分に留まっていることが言える。意思決定の中でも，「得た情報を他の消費者に伝える」ことや「その情報に共感する」といった，現在の SNS によるコミュニケーション機会が増加している状況ならではの意思決定に着目した研究がほとんど扱われていないのが現状と言えよう。

2 SNS上での発信情報とメンバーによる反応

　それでは一方で，SNS上で発信されている情報のどのような部分に受け手となるメンバーは反応しているのであろうか。SNSの目覚ましい普及がここ数年のことであるため，SNSのコミュニケーションが消費者行動，特に消費者の選択行動や購買行動とどのようにかかわっているかについて研究蓄積はまだ多いとは言えない。そのため，ここではSNSに限らず，ブログ，製品評価サイトや掲示板なども含めたソーシャルメディアの範囲の中で先行研究を見ていく[5]。

　Chevalier and Mayzlin (2006) は，約3,600点の書籍を対象にAmazon.comとBarns and Noble.comに書きこまれたレビューの件数や長さ，評点（1～5の☆で表される）と売上との関係性を明らかにしている。Chevalierらによると，まずレビューが書き込まれていること自体がその書籍の売上に貢献する。また，レビューの評点が上がるのは当然のことながら，レビューの数が増えると売上にプラスの影響がもたらされることも明らかになった。レビューの数が多いということは購買した人も多いという推論を閲覧者に抱かせる効果があると言えよう。

　また，Salganik et al. (2006) は，音楽配信サイトをWeb上に作成して実験を行った。実験参加者は無名のバンドの曲を視聴して採点し，望むならダウンロードするように依頼される。実験用サイトは8つ用意されており，各サイトでは，曲ごとにそのサイトの訪問者によるダウンロード数が表示されている。ダウンロード数の表示のないサイトをコントロール群として，社会的影響のある（ダウンロード数）／なしが被験者のダウンロード行動にどう影響するかを検証した。まず実験の時間が経過するにつれて，各サイトでどの曲がヒットするかが異なってくることが明らかになった。つまり最初に何かの偶然でランキングの上位にきた曲が，ますますダウンロードされるようになっていた。その結果，同じ曲を使っていても隔離されたサイト間では異なるランキングが生じることになる。他者の影響を受けた人々の選好は，影響を受けていない人々の選好とある程度は相関しており，楽曲本来の質が選

好に反映されていないわけではなかった。しかし，それ以上に可視化された他者の行動が人々の選好を変化させていたことが明らかになった。

このように，Chevalier and Mayzlin (2006) や Salganik et al. (2006) の研究結果は，他者の行動がいかに消費者の選択行動を左右するかを示したものであり，投稿や「いいね」など他者の行動が可視化された SNS 上で応用できる可能性が高く示唆に富んだものである。

SNS 上に発信されているコメントの内容の特徴と反応の関係については，de Vries et al. (2012) の研究が挙げられる。de Vries らは，SNS 上のブランドファンサイトに投稿されている書き方の特徴と「いいね」の獲得件数の関係を分析している。書き方の特徴として，「生々しさ（写真を載せている，ビデオ映像を載せている）」，「双方向性（Web サイトのリンク貼り付け，味やデザインの投票，ファン活動の呼びかけ，ファン度を競うコンテスト，ブランドにまつわるクイズ）」，「ポジティブ」，「ネガティブ」，「ブランド情報（製品，企業）」，「ブランドに関する愉快な映像や秘話」，「トップページでの掲載日数」を取り上げ，これらの特徴をフラグ化した変数を設定した。分析の結果，ビデオ映像の添付，ファン度を競うコンテスト，ポジティブ，トップページでの掲載日数が「いいね」の獲得件数に正の影響があることが明らかになっている。ただし，この研究では，売上との関係把握までには至っていない。

そのような中で，Tang et al. (2014) は，ユーザー生成型コンテンツ (UGC) の中で，コメントのタイプと関連コメントの促進と対象ブランドの売上の関係を明らかにしている。Tang らは，中立的なコメントについて，ポジティブなのかネガティブなのか区別できないタイプ (Indifferent Neutral) とポジティブとネガティブが混合されたタイプ (Mixed Neutral) に分け，そのタイプの違いによって UGC 内での他ユーザーによるコメントの増幅と，コメント対象となっているブランド（自動車，映画，タブレット端末）の売上との関係を分析した。その結果，ポジティブとネガティブが混合された中立的なコメント (Mixed Neutral) は，その対象ブランドのコメントの増幅に影響を与えるうえ，その対象ブランドの購買にも正の影響を与えることが明らかになっている。

これらの先行研究をまとめると、「いいね」が多く押されている投稿は、さらに「いいね」を促進するということと、「いいね」が多く押されている書き方のポイントはビデオ映像の添付やポジティブな内容など、いくつかあるということと、ポジティブとネガティブを組み合わせたコメントは対象ブランドの売上に正の影響があることがわかる。しかしながら、どういう売場の特徴だと多く「いいね」を獲得できるのか、さらには売上との関係はどうなのか、というように、写真や映像の内容に対する「いいね」の獲得件数と売上の関係を捉えるまでには至っていない。以下の3節では、この点を考慮した分析を行う。

3　分析1：売場陳列・演出と「いいね」数の関係

　ここでは実際の分析として、売場情報のSNS投稿と反応の関係、つまり「どのような条件の売場陳列・演出だと「いいね」を多く獲得できるのか」について明らかにする。

　利用データは、マーケティングリサーチ用ソーシャル・ネットワーキング・サービス「みんレポ」への投稿履歴を用いる[6]。みんレポの会員数は約7万人、1日の投稿履歴数は約700件の規模で展開されている。みんレポの投稿内容は、①食べレポ、場所レポ、モノレポ、ちょいレポという4つのカテゴリーに該当する内容について会員が自由に投稿するタイプのものと、②運営事務局から会員向けにお題を提示し、そのお題に則した内容を投稿するタイプに分かれる。本節の分析では、②のタイプとして、「街中、店頭で面白いと思ったディスプレイ、ショーウィンドウを挙げてください」というお題を提示し、このお題に対する投稿内容を収集した。お題の提示は2015年6月と7月のそれぞれ2週間を使い、91件の投稿履歴を収集した。

　これらの投稿を閲覧した会員は「いいね」ボタンを押すことで、投稿内容に対する好意的な反応を示すことができる。91件の投稿履歴に対し、「いいね」を獲得した件数の度数分布を**図表11-1**に示す。「いいね」の獲得件数の最大値は56、最小値は0、平均値は11.85である。度数の最も多い獲得件

数は4件と6件であり，共に度数は9である。

図表11-1 「いいね」獲得件数の度数分布

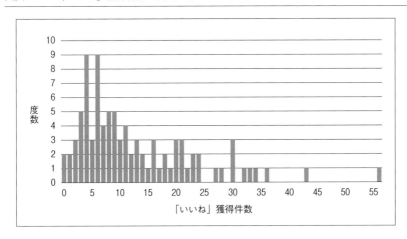

3-1. 投稿された売場コメントの特徴

　これらの投稿履歴について，「いいね」の獲得件数の多いコメントと少ないコメントの書き方や添付されている写真の状況について見てみる。

　まず「いいね」の獲得件数の多いコメントについて見てみる。これらの投稿内容の一覧を**図表11-2**に示す[7]。ここでは獲得件数が20件以上の13投稿を表示している。

　コメントの書き方や写真画像の添付状況について見ていくと，コメントの量（字数）は長いものもあれば短いものもあり，量は「いいね」の獲得件数にさほど関係ないように見られる。写真画像は1つの投稿につき3枚まで添付できるが，13投稿中8投稿が3枚分添付している。逆に1枚しか添付していない投稿は2つのみとなることから，写真をできるだけ多く添付して情報を提供している投稿は，「いいね」の獲得件数と関係がある可能性がある。コメントの中に絵文字を入れている投稿は，13投稿中12投稿であることから，絵文字を入れて感想を伝える投稿も「いいね」の獲得件数と関係がある

第11章　話題につながる売場作り　｜　245

図表11-2 「いいね」の獲得件数の多い投稿一覧

No.	タイトル	コメント	添付画像1	添付画像2	添付画像3	いいね数
1	果物屋さん	《お題の気になったお店の陳列》☆道路沿いの小さな果物屋さんに，可愛い招き猫が，いると聞き行って来ました♪♪［人懐こい美人猫ちゃん（三毛猫）発見？］みかんを陳列してある真ん中（指定席）で店番をしてました～？（店主に撮影許可を貰い，撮った中の一枚です？　お礼にスイカを買いました？）田舎の面白いと，思った陳列です(/// ω ///)♪☆みんレポで見て，買った商品です♪どれも，とっても美味しく頂きました(^^)v・ファミリーマート（新商品）つるりんこんと頂きました～♪♪☆皆さんのレポ見て，作って見ました♪チャンリオメーカー♪とっても楽しかったです(๑^-^๑)（お揃いの赤いリボンつけて見ました♪）※ありがとう～？	みかんの大量陳列	コンビニスイーツ新商品	チャンリオメーカーで作った画像	56
2	お題＊気になった陳列	気になる～気になる～気になるけどまだまだ買えない大玉スイカ3000円以上するのは，買えんよね（T^T）（T^T）2枚目は，スーパーにしては，整然と並んだお花達気になる～（笑）	スイカの大量陳列のアップ	生花の大量陳列のアップ	なし	43
3	真っ赤なトマト(^^)	こんにちは(^^)今日は買いたい物が物があって近くのディスカウントスーパーへ～♪入り口のトマト(☆▽☆) スゴい陳列!!! ひと盛り，398円安いです！　午後も楽しく過ごしましょうo(^-^)o	トマトの大量陳列	トマトの値札のアップ	なし	36
4	博多駅(Hakata Sta.)	博多駅に着きました♪(^^)v キティーちゃんがめんたいこになってお出迎え？(≧▽≦) 2枚目…地下街大福うどんにて，ごぼ天うどん。太切りなのに柔らかくて～幸せな気分に？　3枚目…こちらは丸天うどん。箸より麺が太い～(≧▽≦)	キティーのめんたいこのアップ	丸天うどん	うどんを箸で持ち上げた	33
5	アグリらんど喜ね舎	お題レポ　陳列面白いわけではないけれど，お花がいっぱい～(≧▽≦*)見てるだけでムフフ(●´ω`●)市場からの仕入れもあるけど，個人さんが出荷してるものがほとんど。珍しいものも育ててるなぁと眺めてるだけでも楽しいです♪おまけ☆くまもんのサイン見つけました！　さんくまー！　がかわいい♪	生花の大量陳列	生花の大量陳列のアップ	くまもんのサインのアップ	30
6	タリーズ	いつも店頭のメニューケースの上にドーンっと座っているタリーズベアのお出迎え。このベア欲し～いって，い	タリーズベアのアップ	NYチーズケーキとカフェラテ	なし	28

246 ｜ 第Ⅱ部　分　析　編

No.	タイトル	コメント	添付画像1	添付画像2	添付画像3	いいね数
		つも見ながら店内へ。この日は、クラシックNYチーズケーキとカフェラテでした。(写真2枚目)				
7	何時ものガソリンスタンド	特別変わってる訳では有りませんが、Pontaくんが居ますよ♪タイヤキャンペーン中でした、マルチクッションぎ当たるみたいです。女優の綾瀬さん、ご推薦のエコピアだそうです、洗車中で時間掛かりそう？	「タイヤ大売出し」と付けた平台什器	陳列しているタイヤとイメージキャラクターの女優のポスター	Pontaくんのぬいぐるみのアップ	24
8	渋谷	左は渋谷の駅前のハチ公像右はタワーレコード渋谷店移転20周年を記念して設置された「タワレコ・ハチ公像」です(*^^*)写真②正面からだとかなりからだが斜めです(oˇ∀ˇo)これはタワーレコードのロゴの書体の傾きと同じ角度で傾いているそうです。写真③ハチ公バスを見かけました♪	タワレコ・ハチ公像のアップ	タワレコ・ハチ公像の全体	ハチ公バス	23
9	帰宅途中、気になりました。	☆気になるディスプレイ☆①某国女王のエリザベスさん（小刻みに手を振ってくれます）②可愛い洋服を着た金髪の男の子③売り物のエプロンを付けた人間サイズの白クマ（自身も売り物）	エリザベス女王の人形のアップ	金髪の少年の人形のアップ	シロクマのぬいぐるみのアップ	23
10	円山パンケーキ	カウンター前の棚にずらりと並んだニッカのウイスキー(?´?`?)o (酒) 私は全く飲めないのですがお好きな方にはたまらない陳列かな♪(?????)♪	ニッカウイスキーのミニボトルシリーズの陳列	なし	なし	21
11	温泉番付	「気になったディスプレイ」群馬県庁の群馬県の紹介コーナーの掲示物です！ 第七回温泉大賞、県別賞に群馬県。行司はBIGLOBE編集部。皆さんのお気に入り温泉、オススメの温泉はありますか？ この中の温泉、全てクリアされている方、いらっしゃいますか(^∇^)?! 写真追加しました。写真二枚目、西の二段目から下部分を少し大きく。写真三枚目、東の二段目から下部分を少し大きく。	相撲の番付表風にした温泉地の一覧表	字の小さい左下半分のアップ	字の小さい右下半分のアップ	21
12	面白いディスプレイ	これすごいです。勉強になるし、比べたくてどれも食べたくなります(^_^;)	焼肉用肉を部位ごとに陳列	なし	なし	20
13	スヌーピー	大宮駅を歩いてたら、スヌーピーの特設会場が♪ちょっと懐かしくなり撮影してみました(^o^)今はキティちゃんの方が人気ですね	スヌーピーのぬいぐるみのアップ	スヌーピーの絵柄の入ったバッグのアップ	スヌーピーの絵柄の入ったランチボックスのアップ	20

出所：「みんレポ」の投稿から引用

可能性がある。

　添付している写真の内容について見ていくと，コメントNo.1，2，3，5にあるように，旬な生鮮食品の大量陳列の写真が見受けられる。この点から，「旬」，「生鮮」，「大量陳列」という売場のテーマは「いいね」を多く獲得しやすい傾向にあることが考えられる。またコメントNo.4，6，7，8，9，13にあるように，ある有名キャラクターのぬいぐるみや人形の写真も見受けられる。この点から，「キャラクター」を扱った売場テーマも「いいね」を多く獲得しやすい傾向にあることが考えられる。さらにコメントNo.10，11，12にあるように，多くの種類の商品が陳列されていたり，情報が表示されている写真も見受けられる。この点から，「バラエティ」を扱った売場テーマも「いいね」を多く獲得しやすい傾向にあることが考えられる。他にコメントNo.1，6にあるようにスイーツの写真も見受けられることから，「スイーツ」も「いいね」を多く獲得できるキーワードとして考えられよう。

　次に「いいね」の獲得件数の少ないコメントについて見てみる。これらの投稿内容の一覧を**図表11-3**に示す。ここでは獲得件数が1〜3件の10投稿を表示している。

　コメントの書き方や写真画像の添付状況について見ていくと，コメントの量（字数）は獲得件数の多い投稿と同様に長いものもあれば短いものもあることから，量は「いいね」の獲得件数にさほど関係ないように見られる。写真画像の添付枚数については，1枚のみの投稿が10件中5件，1枚も添付されていない投稿が同2件あり，獲得件数の多い投稿とは対照的な傾向が見られる。つまり，写真の添付枚数が少ない投稿は，「いいね」の獲得件数が少ない可能性がある。コメントの中に絵文字を入れている投稿は，10投稿中5投稿であり，獲得件数の多い投稿に比べると少ない。この点から，絵文字を入れて感想を伝える投稿も「いいね」の獲得件数と関係がある可能性がある。

　添付している写真の内容について見ていくと，コメントNo.2，4にあるように，特定の商品1つだけをアップにした写真が見受けられる。この点から，特定の商品だけを紹介する投稿では，「いいね」をあまり多く獲得でき

図表11-3 「いいね」の獲得件数の少ない投稿一覧

No.	タイトル	コメント	添付画像1	添付画像2	添付画像3	いいね数
1	スーパー	陳列ではないですが、マグロの解体ショーやっていました。境港でもやってるときがありますが、なかなか行けなくて。がんばって朝8時から出かけてみました。頭は1000円から始まって、500円で競り落とされていました。	解体ショーで細切れになったマグロを切っている	なし	なし	3
2	ロケット花火 意外な使い道！	旦那のお母さんの実家（広島県）に来ていま〜す(﹥ω･)ロケット花火の意外な使い道が書いてありました！…Σ(OωO;)街中に住んでると、この用途は想像できませんね（笑）	ロケット花火の商品	なし	なし	3
3	日清ラ王冷やし中華ごまだれ	山手線待ちの渋谷駅ホーム。電車がきたけど誘惑に負けて店内へ。しょうゆとごまだれの二種類でごまだれを選択。蒸しどりと蟹のほぐし肉風カニカマがリッチな感じ。麺の食感もタレも専門店に負けないぐらい美味しいです。263円（税込）也。リピートしたい。	ラ王袋麺屋の店舗入り口	調理されたラ王	なし	3
4	駅に向かう途中にあるお店	以前から気になっていたお店のディスプレイ?!　おすしやうなぎなどが売りのお店のようですが、お店の前のウィンドウにはなぜだか古めかしいフィギュアやぬいぐるみが(๑´▽`๑)	ショーケースに陳列されたフィギュア、ぬいぐるみ	なし	なし	3
5	ポテトチップス もも	思わず目をひいたポテトチップスもも味(°д°)味は想像できるけどひと袋食べる勇気がなかった(･∀･;)1枚だけ食べたい(o-`ω´-)ので写真だけ(_ _)最近いろんな味がでてるなぁそれなりにおいしぃとは思ぅ…想像で(;^ω^)	ポテトチップス商品のアップ	なし	なし	3
6	足柄SA 下り EXPASA足柄	今年の足柄SAはエヴァンゲリオン!?　7月17日に始動する模様	工事中のブース	なし	なし	2
7	ライフ浅草店	2Fへ行ったらこんな感じで(*´▽`*)ヨーヨーすくいは、まだ準備中、土日みたいです。サッカー勝ったらセールするのかな？　防犯カメラに、不審者のように写ってるかもヾ(･ω･;)ﾉぁゎゎ	スーパー内にあるヨーヨーすくいコーナー	山積みになったビールのケース（箱）	ビールの冷ケース陳列	2
8	ららぽーと富士見	ららぽーと富士見にある212kitchen-storeのマグネット売り場のディスプレイです(*^^*)可愛いですよ♪特にリアルなのが、トイレットペーパーのマグネットです(*^^*)1個\900(*_*)行く度に買おうか買うまいか悩んでいます(*_*)インパクトのあるディスプレイは♪old NAVYの店内に	調味料のビン型のマグネット商品のアップ	調味料のビン型のマグネット商品の一覧	天井にぶらさがった足だけのマネキン5体	2

第11章　話題につながる売場作り　　249

No.	タイトル	コメント	添付画像1	添付画像2	添付画像3	いいね数
		ある動く脚ですね(^o^)v 天井から4体の動く脚が＊＊＊先月までは，スキニーパンツでしたが，6月の衣替えで，ショートパンツに変わっていました(*^^*)行く度に天井を見上げてしまいますちゃんとスニーカーも履いています何度見ても，リアルでインパクトがありますね♪				
9	近くのパンやさん	店が小さいからできた順においてくるいつもあるところが違うからおもしろい	なし	なし	なし	1
10	某コンビニ	お題：気になったお店の陳列写メはありません。コンビニといったら，若干の商品の違いはあっても大まかな雰囲気は変わらないものですが，そのコンビニはだいぶ違いました。「ねんどろいど」や「フィギュア」がたくさん。当然，おにぎりやカップラーメン，雑誌，飲み物といった普通のコンビニに並んでる物も有りますが，それだけにフィギュアの棚が目立ちました。	なし	なし	なし	1

出所：「みんレポ」の投稿から引用

ない可能性がある。またコメントNo.7にあるように，加工食品関係のありきたりの売場などの写真も見受けられる。この点から，スーパーマーケットの通常の売場の写真では，「いいね」をあまり多く獲得できない可能性がある。先の「いいね」の獲得件数が多い投稿の特徴として，「生鮮」や「大量陳列」の可能性を挙げたが，コメントNo.1のマグロの解体ショーの写真では，「いいね」の件数を獲得できていない。この写真は，マグロの解体が終わり，マグロのサクを細かく切っている様子だからだと考えられる。解体ショーの写真であるならば，会員としてはマグロの巨体をダイナミックに捌いているシーンを期待するであろう。そのようなシーンを添付できていないゆえに「いいね」の件数を獲得できなかったものと考えられる。

　以上，「いいね」の獲得件数の多いコメントと少ないコメントについて見てみたが，「いいね」の獲得件数に関係する特徴として，コメントの内容面では，「写真の添付枚数」や「コメントに絵文字を入れる」という点，写真の内容面では，「旬」，「生鮮」，「大量陳列」，「キャラクター」，「バラエティ」，「スイーツ」，「加工食品」という点がキーワードとなる可能性のある

ことがわかった。

3-2. 投稿内容の特徴と反応の関係

　ここでは，さきほど挙げたようなキーワードが実際に「いいね」の獲得件数と関係があるのかについて，キーワードを説明変数，「いいね」の獲得件数を被説明変数とする回帰モデルを用いて明らかにしていく。

　まず説明変数の設定を検討する。前項で見ていったように，コメントの書き方に関する変数と写真の内容（売場テーマ）に関する変数の2つが考えられる。コメントの書き方に関する変数として，前項で挙げたような，「写真の添付枚数」，「コメントの長さ」，「絵文字」のほか，コメントの内容として「ポジティブのみ」なのか，「ネガティブのみ」なのか，「ポジティブとネガティブを両方含んだもの」なのかについて設定した。また「！！」などの「感嘆符」を含んでいるかについても取り上げた。

　写真の内容（売場テーマ）に関する変数については，陳列構成を示す変数として「大量陳列」と「バラエティ」を，陳列テーマを示す変数として，「季節性」，「キャラクター」のほか，懐かしいテーマを扱った「ノスタルジア」，地域物産展や地の物の取り扱いといった「ローカル」を，カテゴリーを示す変数として，「生鮮」，「加工食品」，「スイーツ」をそれぞれ取り上げた。

　これらの説明変数の記述統計（平均値）を**図表11-4**に示す。写真の添付枚数は1.70枚，コメントの長さは126字が平均となる。それ以外の変数については，該当するものを1，しないものを0とした二値変数とした形でコーディングを行い，そのうえで平均値を出している。コメントの書き方の変数では，「絵文字」の要素を含んだ投稿が0.68と最も比率が高く，次いで「ポジティブのみ」の0.58である。写真の内容に関する変数では，「バラエティ」が0.23と最も大きく，次いで「大量陳列」と「キャラクター」の0.21となっている。「いいね」の獲得件数の多い投稿に見られた「季節性」や「生鮮」はそれぞれ0.11と0.10であり，低い数値となっている。

　これらの説明変数をもとに回帰分析を行うが，ここではポアソン分布を仮定したポアソン回帰モデルを扱う（de Vries *et al.*, 2012）。ポアソン回帰モデ

図表11-4　投稿内容の特徴に関する記述統計

	最小値	最大値	平均値	標準偏差
目的変数："いいね"の数	0	56	11.85	10.54
説明変数				
コメントの書き方				
写真の添付枚数	0	3	1.70	0.95
コメントの長さ（字数）	10	448	126.04	90.17
ポジティブのみ	0	1	0.58	0.50
ネガティブのみ	0	1	0.12	0.33
ポジ＆ネガ両方	0	1	0.10	0.30
感嘆符	0	1	0.55	0.50
絵文字	0	1	0.68	0.47
写真の内容（売場テーマ）				
陳列構成				
大量陳列	0	1	0.21	0.41
バラエティ	0	1	0.23	0.42
陳列テーマ				
季節性	0	1	0.11	0.31
キャラクター	0	1	0.21	0.41
ノスタルジア	0	1	0.05	0.23
ローカル	0	1	0.16	0.37
陳列カテゴリー				
生鮮	0	1	0.10	0.30
加工食品	0	1	0.15	0.36
スイーツ	0	1	0.18	0.38

ルは一定期間の購買頻度（回数）など，イベントの発生頻度を説明する際に適したモデルである。ポアソン回帰モデルにおいて仮定されているポアソン分布は以下の式で示される。

$$\Pr(k|\lambda) = \frac{e^{-\lambda}\lambda^k}{k!}$$

ここで，λ は平均の発生頻度，k は頻度の水準を表す。

観測データとなる今回の「いいね」獲得件数の分布とこのポアソン分布を比較したものを**図表11-5**に示す。ここでのポアソン分布は，$\lambda=11.85$，k は「いいね」の獲得件数の水準（最大値56，最小値0）で構成されている。観測データとポアソン分布を比較すると，分布の傾向が近似していることが

わかる。よって，ポアソン分布は購買頻度だけでなく，今回の SNS 内での「いいね」の獲得件数も表現できる分布であることがわかる。このような背景をもとに，今回の分析ではポアソン回帰モデルを適用することとした。

図表11-5 「いいね」獲得件数の発生確率（観測データとポアソン分布）

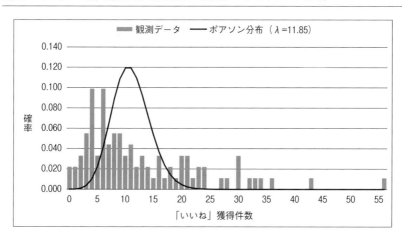

前述のポアソン回帰モデルをもとに，モデル1：書き方の変数のみのモデル，モデル2：写真内容の変数のみのモデル，モデル3：書き方と写真内容の両方の変数を含めたモデル，モデル4：書き方と写真内容交互項の変数を含めたモデル，の4つのモデルごとに分析を行った。これらのモデルの分析結果を**図表11-6**に示す。

これら4つのモデルの適合性について検討する。モデル適合度について検討する際，対数尤度や対数尤度をベースとした情報量規準の AIC（Akaike's Information Criterion），BIC（Bayesian Information Criterion）などが提唱されている。本項の分析では，対数尤度，AIC，BIC の指標で検討することとした。まず，モデル1（書き方のみ）からモデル3（書き方と写真内容）にかけての各適合度指標の改善度（指標の数値の減少度合い）とモデル2（写真内容のみ）からモデル3（書き方と写真内容）にかけての改善度を比べると，モデル1からモデル3にかけての改善度の方が大きい。これは，「いいね」

図表11-6　売場に関する投稿内容と「いいね」獲得件数の関係の分析結果

	モデル1 書き方	モデル2 写真内容	モデル3 書き方× 写真内容	モデル4 書き方×写真 内容交互項
切片	1.451**	1.772**	1.345**	1.045**
コメントの書き方				
写真枚数	0.327**		0.205**	0.343**
コメント長さ	0.000		0.000	0.001
ポジティブのみ	0.176*		0.005	0.006
ネガティブのみ	0.145**		0.157	0.155
ポジ＆ネガ	0.463**		0.442**	0.817**
感嘆符	0.272**		0.238**	0.125
絵文字	0.154*		-0.003	-0.151
写真の内容				
陳列構成				
大量陳列		0.389**	0.326**	0.162
バラエティ		0.654**	0.497**	1.420**
陳列テーマ				
季節性		0.701**	0.643**	0.813**
キャラクター		0.826**	0.710**	0.778**
ノスタルジー		0.116	0.028	-0.015
ローカル		0.451**	0.329**	0.375**
陳列カテゴリー				
生鮮		0.422**	0.310**	0.408**
加工食品		-0.198	-0.299**	-0.371**
スイーツ		0.401**	0.255**	0.116*
コメントの書き方＆写真の内容				
写真枚数×大量陳列（交互項）				-0.106
写真枚数×バラエティ（交互項）				-0.480**
感嘆符×大量陳列（交互項）				0.449**
感嘆符×バラエティ（交互項）				0.213
ポジネガ×大量陳列（交互項）				-0.080
ポジネガ×バラエティ（交互項）				-0.178
対数尤度	-438.291	-381.938	-345.210	-325.621
赤池情報量基準（AIC）	892.581	783.876	724.411	697.241
ベイズ情報量基準（BIC）	912.668	808.984	767.095	754.991

**1％水準　*5％水準でそれぞれ有意

の獲得件数を説明するうえで、写真内容の方が書き方よりも説明力が強いことを意味している。次に、モデル1からモデル4（書き方と写真内容交互項）におけるこれらの指標を比較すると、モデル4の数値が最も優れている。このことから、モデル4のように書き方と写真内容の交互作用の変数を含めた

モデルで推定結果を検討することとした。

　コメントの書き方について見てみると，「写真枚数」，「ポジティブ・ネガティブの両方」が正に有意となった。みんレポでの写真添付上限枚数は3枚であるが，写真をできるだけ多く添付すると，視覚的な情報提供につながることで伝達力が高くなることが考えられる。それにより，受け手側は内容の理解が進み，共感しやすくなるものと考えられる。

　また，「ポジティブ・ネガティブの両方」が正に有意というのは，コメントを書くうえで興味深い結果である。「ポジティブのみ」のコメント，または「ネガティブのみ」のコメントでは受け手側の共感には必ずしもつながらない。コメントの中に，ポジティブな要素とネガティブな要素の両方を含めた内容は，公平な情報提供につながるということで受け手側の共感を得やすくなるものと考えられる。

　写真の内容について見てみると，陳列構成の「バラエティ」，陳列テーマの「季節性」，「キャラクター」，「ローカル」，陳列カテゴリーの「生鮮」と「スイーツ」は正に有意となった。これらは前項でコメントの特徴を見た際に，「いいね」を獲得しやすいキーワードになる可能性がある，として変数化したものであるが，定量的に見ても同じ傾向にあることがわかった。売場における旬の演出，馴染みのキャラクターを活用した演出，選ぶ楽しさの演出というものが受け手側の共感を得やすい要素であることがこれらの結果から言うことができよう。一方，陳列カテゴリーの「加工食品」は負に有意となった。この結果は，商品の写真だけの添付やありきたりの加工食品の売場写真の添付では，「いいね」を獲得できないことを示している。現状の加工食品の陳列では，消費者による購買はあるかもしれないが，「いいね」という共感を得られにくいことが言えよう。

　そしてコメントの書き方と写真内容の交互項について見てみると，「写真枚数×バラエティ」が負に有意，「感嘆符×大量陳列」が正に有意となった。「写真枚数×バラエティ」の結果については，写真内容が「バラエティ」に関するものの場合には，写真枚数が少ない方が「いいね」の獲得件数が多いということを意味する。つまり，厳選した"勝負"写真を投稿することが，受け手側の共感を得やすくなるポイントであると言えよう。「感嘆符×

大量陳列」の結果については，写真内容が「大量陳列」に関するものの場合には，コメントの中に感嘆符を含める方が「いいね」の獲得件数が多いということを意味する。つまり，「！」などをコメントに含めることによって写真内容を強調することが，受け手側の共感を得やすくなるポイントであると言えよう。

3-3. 分析1のまとめ

　分析1では，SNSに投稿されている売場関連情報の投稿内容を抽出し，SNS会員による反応の強弱にかかわる売場の要件を明らかにした。具体的には，SNSに掲載されている売場の写真とコメントをコーディングして説明変数化したうえで，会員による反応指標「いいね」の獲得件数を被説明変数としたポアソン回帰モデルを用いて，共感を得やすいコメントや売場の陳列要件を導き出した。

　その結果，コメントの書き方という点では，「写真を多く添付すること」，「ポジティブとネガティブの両方を織り交ぜた内容にすること」が受け手側の共感を得やすいことがわかった。また添付写真の内容という点では，陳列方法の「バラエティ」，陳列テーマの「季節性」，「キャラクター」，「ローカル」，カテゴリーの「生鮮」と「スイーツ」をキーワードにした陳列が同じく共感を得やすいことがわかった。

　写真内容が「バラエティ」に関するものの場合には，厳選した"勝負"写真を投稿すること，写真内容が「大量陳列」に関するものの場合には，「！」などの感嘆符をコメントに含めることによって写真内容を強調することが，それぞれ受け手側の共感を得やすくなることもわかった。

　一方，単なる加工食品の定番棚や特定商品に特化した陳列では，共感を得にくいことがわかった。買ってもらうだけでなく，ネタとして話題にしていくためには，従来型の特別陳列（特定商品の大量陳列）では通用しない可能性があることをこの結果は示唆していると言えよう。加工食品を販売する立場の小売業はもちろんのこと，商品を供給し，店頭での陳列もサポートする立場のメーカーや卸売業は，消費者間で共感を得られるような売場を展開するためには，先に挙げたキーワードを考慮した陳列を進めていくのが望まし

いと言えよう。

　分析1では，あくまでSNSによる「いいね」を獲得できる売場要件の抽出に留まったが，対象となる売場の販売実績，そこで購買した消費者の購買状況（トライアルなのかリピートなのか等）を併せて捉えることで，「売れるし，ネタにもなる売場」，「ネタになるけど売れない売場」，「売れるけどネタにならない売場」，「売れないし，ネタにもならない売場」のそれぞれの要件を明らかにすることができよう。よって次の分析2では，SNSに投稿されている売場関連情報への反応と該当する売場の売上実績との関係を明らかにする。つまり，「ネタになる売場の要件は明らかになったが，その売場は果たして実際に売れるのか？」という課題を明らかにするものである。

4 ｜ 分析2：売場陳列・演出と「いいね」数，売上の関係

　ここでは分析2として，売場情報のSNS投稿と反応・売上の関係，つまり「どのような条件の売場陳列・演出だと「いいね」を多く獲得でき，かつ売上も大きいのか」について明らかにする。

4-1．データの概要

　データ収集方法として，まず，首都圏に立地する総合スーパー2店舗（同一企業）に消費者パネルに来店してもらい，彼らが気になる売場の写真・コメントを投稿してもらうキャンペーンを実施した。キャンペーンの実施期間は2015年11月中旬の8日間である。消費者パネルには，分析1で扱った「みんレポ」に入会登録のうえ，このSNSに投稿してもらった。ここでの分析では，「○○での（対象となる総合スーパー名）ネタにしたくなる売場キャンペーン：投稿募集」というお題を提示し，このお題に対する投稿内容を収集した。キャンペーンに参加し，投稿した消費者パネルは92人，投稿総数は509件である。なお，みんレポの既存会員が投稿した場合では，既存会員間の友好関係，つまり社会的な繋がり（social ties）によって，「いいね」を押す，もしくは押さないという行動にバイアスが生じるおそれがある。Shriver et al.（2013）の研究では，ネットワーク内で作られる社会的な繋がりの深さによって，Webサイトへの訪問やブラウジングがより多くなる，ということが明らかになっている。そのため，この「社会的な繋がり」のバイアスを除去するために，みんレポの使用経験のない，新規会員を消費者パネルとした。

消費者パネル1人当たりの最大投稿数は31件，最小投稿数は1件，平均投稿数は5.47件，標準偏差は5.34件である。投稿数の度数分布を**図表11-7**に示す。また，これらの投稿についてはみんレポ登録全会員が閲覧することができる。投稿内容を閲覧したみんレポ会員は「いいね」ボタンを押すことで，投稿内容に対する好意的な反応を示すことができる。509件の投稿履歴に対し，「いいね」獲得件数の度数分布を**図表11-8**に示す。「いいね」の獲得件数の最大値は19，最小値は0，平均値は2.22，標準偏差は1.79である。度数の最も多い獲得件数は1件であり，度数は168である。

次に，投稿された売場の販売実績についても，POSデータをもとに算出した。投稿総数509件の対象となった売場数は319箇所である。この319箇所の売場の陳列商品のJANコードを調査し，キャンペーン期間中の売場ごとの販売実績を集計した。なお販売実績の合計値となると，売場の陳列商品数

図表11-7　投稿数の度数分布

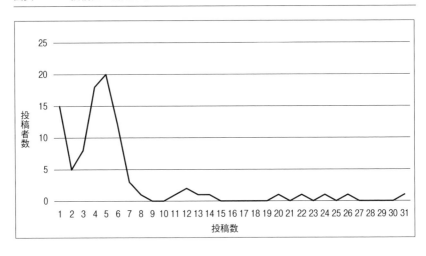

図表11-8　「いいね」獲得件数の度数分布

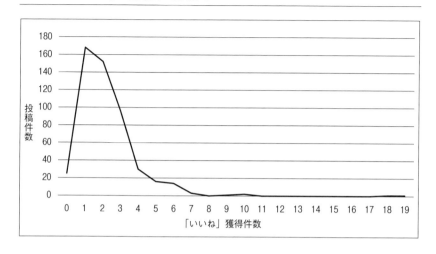

によって大きく異なってしまうため，1つの単品（SKU）当たりの販売実績値に補正した。

　これらの投稿・反応履歴と販売実績値をもとに，319箇所の売場を「売れるしネタにもなる売場」，「売れるのみの売場」，「ネタになるのみの売場」，「売りにもネタにもならない売場」の4つの売場パターンに分類した。具体的には売場ごとに平均「いいね」獲得件数と1SKU当たり平均購買人数の2つの軸を設け，それぞれの平均値（「いいね」獲得件数：2.0，1SKU当たり平均購買人数：3.4）を境界とする形で4象限に分類する形をとった。この分類の内訳は，「売れるしネタにもなる売場」の売場数は25箇所，「売れるのみの売場」は55箇所，「ネタになるのみの売場」は87箇所，「売りにもネタにもならない売場」は152箇所である。

4-2. 投稿された売場コメントの特徴

　4つに分類された売場パターンごとに，添付された写真をもとに陳列状況について見てみる。
　まず「売れるしネタにもなる売場」に該当する投稿状況を**図表11-9**に示す。「いいね」獲得件数と売上実績（購買人数PI）が最も多い投稿はNo.1-1

図表11-9 「売れるしネタにもなる売場」に該当する投稿例

No.	理由・感想	添付画像1	添付画像2	添付画像3	いいね数	人数PI
1-1	こんなに種類があったんだ	ベビーチーズの様々なフレーバーの大量陳列			6	40.6
1-2	かわいい，ジョア見つけました(^○^)	ディズニーキャラクターパッケージのヤクルトジョアの大量陳列			6	25.2
1-3	近所のAで見つけました大好物の野菜です今夜はアボカドのサラダにしまーす	カートンに山盛りに入ったアボカドの大量陳列			6	12.7
1-4	いやいや，ボジョレーには美味しいおつまみが欠かせない♪♪いつもは国産のウインナーだけど，アメリカンな感じもいいかなー。ハートポイント50Pつくらしいからチェダーをとりあえず選択！金曜日にまた足りなくなれば買いに来たいと思います♪	ジョンソンヴィルのウインナーの大量陳列			6	4.4
1-5	最初，店員さんかと思って道を訪ねてしまった（笑）リアル	スターウォーズのダースベイダイの等身大フィギュア			5	16.5
1-6	大根が安く美味しくなりました食事のとき必ず大根下ろしを食べるとダイエット効果があるとか,,,おためしあれ,,,	葉付きの大根の大量陳列			5	15.2
1-7	ディスプレイ用のカマンベールチーズの箱，でかっ！(◎_◎;)もし実物がはいってたらいくらするかナァ？	チーズの大量陳列とカマンベールチーズの特大空箱のディスプレイ			5	14.5
1-8	独り鍋コーナーの品数がすごい？？ 独り暮らしの利用客が多いんですかねぇ？ ヘルシー鍋がどうのこうのと言われているけど，ランキング見ると，みんな結局ぎゅーにくが好きなんだね^_^	様々な種類の独り用鍋商品の大量陳列			5	8.7
1-9	どんどん寒くなってきたので…そろそろコタツでみかんが美味しい季節！	箱入りみかんの大量陳列			5	8.3
1-10	全国各地のお菓子を1ピースで買える売場発見！ いろいろ選びたくなって面白い！	全国各地の有名和菓子のバラエティ陳列			5	6.9

出所：「みんレポ」の投稿から引用

であり，ベビーチーズの様々なフレーバーの大量陳列の写真が添付されているものであった。また No.1-7，No.1-8，No.1-9 もバラエティ型の大量陳列の写真が添付されている。これらの傾向から，バラエティ型の陳列がこの売場パターンに該当する可能性がある。No.1-3，No.1-4，No.1-6，No.1-9 は生鮮の大量陳列の写真が添付されている。これらの傾向から生鮮の大量陳列もこの売場パターンに該当する可能性がある。さらに，No.1-2，No.1-5 は有名キャラクターをパッケージや POP として扱った模様の写真が添付されている。これらの傾向から，キャラクターもこの売場パターンに該当する可能性がある。

　以上より，「売れるしネタにもなる売場」は，キャラクターを扱った売場，大量に陳列しているというダイナミックさが伝わる売場，選ぶ楽しさが伝わる売場，が該当する傾向にあると言える。

　次に「売れるのみの売場」に該当する投稿状況を**図表11-10**に示す。売上実績（購買人数 PI）が最も多い投稿は No.2-1 であり，卵売場の写真が添付されていた。また No.2-2，No.2-3 のような鍋関連商材の売場や，No.2-5，No.2-10のようなビールやチューハイの定番売場の写真が添付されたものがこのパターンに該当する。つまり，旬であったり，購買率の高いカテゴリー（卵など）ではあるものの，特に意外性の感じられないオーソドックスな売場が該当する傾向にあると言える。

　そして「ネタになるのみの売場」に該当する投稿状況を**図表11-11**に示す。「いいね」獲得件数が最も多い投稿は No.3-1 であり，特大のクリスマスツリーを囲むようにクリスマス関連商品を大量陳列した写真が添付されていた。No.3-10もクリスマス関連の陳列写真である。また No.3-2，No.3-9 は有名キャラクターであるふなっしーの絵が使われた単品商品にフォーカスしたものである。同様に No.3-6 はミッキーマウスの絵が使われた単品商品である。つまり，単品にフォーカスしている，キャラクターに特化した商品，旬ではあるがまだ買うタイミングではない売場（クリスマス：当時は11月中旬）がこの売場パターンに該当する傾向にあると言える。

図表11-10 「売れるのみの売場」に該当する投稿例

No.	理由・感想	添付画像1	添付画像2	添付画像3	いいね数	人数PI
2-1	卵が…シブい（笑）よく見たら，よそでは見かけないこだわりっぽいのがあるし，種類もたくさんあるのに，どうしても赤い看板に目が吸い寄せられます（笑）お皿に出すだけとか，レンジでオッケーのとかもあるんですね，知らなかったです。料理あんまりできなくなったおばあちゃんに買ってあげようかな。	オムレツの素の商品のズームアップ	卵コーナーのPOPのズームアップ	卵の定番売場の全景	1	70.5
2-2	冬には鍋。鍋の時期になりましたね。今日は寒いから鍋がピッタリ！！	様々な種類の鍋スープの大量陳列			1	25.7
2-3	鍋の季節のはずですが，まだあまり寒くないですね。でも，こんなにたくさんの鍋のつゆがあるなら，一冬中に全種類踏破！　なんていかがかしら？　どなたか，試してみて！	様々な種類の鍋スープの大量陳列			1	25.7
2-4	日本人は，お米重要ですね！	様々な種類の米袋の大量陳列			2	25.5
2-5	かんぱーい	ビールの定番棚			1	24.7
2-6	カップスープに「プレミアム」があることを初めて知りました。ぜひ，飲んでみたい！！	カップスープの定番棚			1	20.6
2-7	摂らなきゃと思ってせっせとお豆腐食べてるけど，どうせならこういう美味しそうなのを食べたいです。店員さんの手書きで紹介されてると美味しそう，何ででしょう…ふしぎ。	豆腐の定番棚と手書きPOPのズームアップ			2	20.4
2-8	野菜売場の隣にこういう商品があればすぐに買えて便利だわ！	即席中華調味料の定番棚			1	19.3
2-9	生卵かけご飯が何気に好きなので，癖がないので気に入ってます〜	卵の定番売場	「ふじたま」の商品のズームアップ		2	17.8
2-10	今日安いつい照ね	チューハイ（RTD）の定番棚			1	17.6

出所：「みんレポ」の投稿から引用

図表11-11 「ネタになるのみの売場」に該当する投稿例

No.	理由・感想	添付画像1	添付画像2	添付画像3	いいね数	人数PI
3-1	写真3枚です♪2Fのお菓子売り場にはクリスマス向けのお菓子がいっぱい(^-^)ノ∠※．∴＊：・'°☆定番のブーツ型もまだあります♪	クリスマスツリーとクリスマス限定商品の大量陳列	1と違うアングル	1と違うアングル	19	1.0
3-2	A店に遊びに来てます(*^^*)こんな所にふなっしーがいるょ。友達の手土産に買って帰りまーす♪	ふなっしーのパッケージのクラムチャウダー商品			7	0.2
3-3	売れてる	味の素の水餃子の平台陳列			6	1.3
3-4	食べ比べ食べ比べ	少量パックの米の定番陳列			6	0.2
3-5	マロンはちみつ（右上）オーガニックフルーツはちみつ（右下）綺麗な容器と「生はちみつ」のタイトルに惹かれてパシャリ☆彡寝る一時間前にスプーン一杯のはちみつをお湯に溶かして飲むと、寝ている間に脂肪をガンガン燃焼してくれるらしいですよ～オーガニックだしさらに身体に良さそう(*^^*)＠B店2Fボタニカルショップ	オーガニックハチミツの陳列	1と違うアングル	1と違うアングル	6	0.1
3-6	ミッキー発見！	ミッキーマウスのパッケージのキッコーマン生醤油			5	0.7
3-7	おいしくて便利でとても満足してます。	AGFマキシム贅沢な珈琲店の定番陳列			5	0.1
3-8	B店の2階で美味しそうなお酒を見つけました(*˘▽˘)ノ♪左は「ブーンズサングリア」赤ワインにブルーベリー＆オレンジ♪右は「ブーンズトロピカル」パイナップルと柑橘系のフルーツ酒今、サングリアがマイブームなので早速お持ち帰りしました～(^^)v見ているだけでHAPPYになれそうo(*＾o＾*)o(^-^)o	赤ワインの陳列	白ワインの陳列	陳列の全体	5	0.0
3-9	なし汁ぶしゃー！　たのしい！これほしい！	ふなっしーのパッケージのクラムチャウダー商品			4	0.2
3-10	子供へのプレゼントには毎年お菓子も買ってる。今年は何を買おうかな。	クリスマスツリーとクリスマス限定商品の大量陳列			3	1.0

出所：「みんレポ」の投稿から引用

第11章　話題につながる売場作り

4-3. 売場パターンと投稿内容の関係

　ここでは，売場パターンと投稿された売場写真の内容の関係を定量的に捉えていく。まず，前項で示した投稿内容の俯瞰した結果をもとに，売場写真の内容に関するコーディングを行った。写真内容（売場の演出要素）を特徴づける項目として，「旬」，「大量陳列」，「生鮮」，「キャラクター」，「単品」，「スイーツ」，「バラエティ」のほか，昔懐かしいテーマを扱った「ノスタルジー」や，地域物産展，地の物の取り扱いといった「ローカル」，カテゴリーの中でも高単価商品にフォーカスした「高級」を扱った。また，投稿された写真だけでなくコメントの内容も加味して，「新発見」と「美味しそう」も追加した。

　次に，これらの各項目について，該当する投稿に1，該当しない投稿に0とした二値変数とした形でコーディングを行い，そのうえで，「売れるしネタにもなる売場」，「売れるのみの売場」，「ネタになるのみの売場」，「ネタにも売りにもならない売場」の4つの売場パターンごとに各演出要素の該当率を出した。それを**図表11-12**に示す。

図表11-12　売場パターン別演出要素の該当率

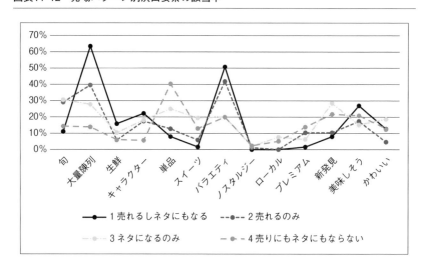

「売れるしネタにもなる売場」に多く該当する演出要素は，「大量陳列」，「キャラクター」，「バラエティ」，「美味しそう」である。「ネタになるのみの売場」に多く該当する演出要素は，「旬」，「スイーツ」，「ローカル」，「新発見」である。また特定の要素で見てみると，「旬」は「売れるのみの売場」と「ネタになるのみの売場」の両方で該当率が高い。これは扱われている売場テーマ・商品によって違いがあるとみられる。具体的には，「売れるのみの売場」に該当する売場テーマ・商品は，鍋関連，ボジョレー・ヌーヴォー，チーズ，焼きいもなどである。ボジョレー・ヌーヴォーはかつてブームがあったものの今では売上はそれなりにあるものの，ネタとして話題にならない売場テーマになってきている可能性がある。一方，「ネタになるのみの売場」に該当するものは，クリスマスである。調査時期が11月であったため，季節を感じるという点では話題性があったものの，実際の関連購買は時期尚早であった可能性がある。

　なお該当率は低いが，「売れるしネタにもなる」旬として，「鍋と豆腐」，「天ぷらうどん」，「大根と大根の葉」の各写真が添付されたものが挙げられる。これらの特徴から言えることは，「売れるしネタにもなる」ためには，旬の商品単体ではなく，旬を際立たせる商品との組み合わせがポイントになる可能性がある。

　先に示した演出要素の各変数を用いて，売場パターンと効果的な演出要素の関係を定量的に明らかにする。具体的には，各売場パターンに該当する（1）／該当しない（0）の二値変数を目的変数，演出要素の各変数を説明変数とした二項ロジスティック回帰分析を扱う。目的変数となる売場パターンとして，1. 売れるしネタにもなる，2. 売れるのみ，3. ネタになるのみ，の3パターンを取り上げた。これらの分析結果を**図表11-13**に示す。

　まず「売れるしネタにもなる」の説明変数を見ると，「大量陳列」，「生鮮」，「キャラクター」，「バラエティ」，「美味しそう」が正に有意となっている。このことから，これらの項目が「売れるしネタにもなる」ための要件になると言える。

　次に，「売れるのみ」の説明変数を見ると，正に有意な項目は「旬」のみである。さらに「ネタになるのみ」では，正に有意な項目は「単品」，「ス

図表11-13　売場パターンと効果的な演出要素の関係

	1. 売れるし ネタにもなる	2. 売れるのみ	3. ネタになる のみ
(定数)	-2.699**	-1.461**	-1.679**
旬	-1.446**	0.691*	0.836**
大量陳列	1.405**	0.261	0.006
生鮮	1.660**	-0.930	0.358
キャラクター	1.183**	0.639	0.507
単品	-0.762	-0.703	-0.007
スイーツ	-2.109*	-1.478**	1.121**
バラエティ	1.151**	0.456	0.276
ノスタルジー	-19.057	-0.565	0.711
ローカル	-19.554	-20.023	1.701**
プレミアム	-2.005	0.235	-0.257
新発見	-1.474**	-0.715	1.107**
美味しそう	1.014**	0.165	-0.453
かわいい	-0.069	-1.624**	0.727*
疑似決定係数（Cox & Snell R^2）	0.382	0.178	0.160

**1％水準　*5％水準でそれぞれ有意

イーツ」，「新発見」，「かわいい」である。これらの項目はネタにはなるけど売れない条件になってくると言える。

4-4. 分析2のまとめ

　分析2では，SNSに投稿されている売場関連情報への反応と該当する売場の売上実績との関係を明らかにした。具体的には，SNSに掲載されている売場の写真をコーディングして説明変数化したうえで，対象となる各売場に対する「いいね」の獲得件数と対象売場の売上実績をもとに売場パターンを分類し，売場パターンの該当／非該当を被説明変数とした二項ロジスティック回帰モデルを用いて，共感を得るだけでなく売上も確保できる売場の陳列要件を導き出した。

　その結果，「売れるしネタにもなる」売場の要件として，「大量陳列」，「生鮮」，「キャラクター」，「バラエティ」，「美味しそう」が挙げられることが明らかになった。一方，「単品」，「スイーツ」，「新発見」，「かわいい」はネタにはなるが売れない，ということも明らかになった。

ここでは，「いいね」の数と売上の水準をもとに売場を類型化し，それぞれの類型に影響する売場の要件を抽出したが，売場について投稿した数や「いいね」の数が実際に売上との因果関係を形成しているかについてのこの分析では明らかにできていない。よって次の分析3では，売場の要件が売上に影響を与えるという関係の中で，その売場についての投稿数や「いいね」の数による媒介的な効果があるのかについて明らかにする。

5　分析3：売上に対する投稿数と「いいね」数の媒介効果

　分析3では，分析2で用いた陳列に関する陳列要素，投稿数，および「いいね」数のデータに加え，対象陳列に陳列された商品の販売実績および価格プロモーションのデータを用いた。なお「投稿数」を被説明変数とした分析については，分析2のデータを「特別陳列」のみのものに絞ったうえで，投稿数が0件のものを追加した348箇所の陳列を観測数とする。「いいね」数を被説明変数とした分析については，投稿数が1件以上ある274箇所の陳列を観測数とする。販売実績データの作成方法は次の通りである。まず，分析対象の陳列に陳列されている商品のJANコードから，キャンペーン実施期間中の陳列ごとの販売実績および実施1週間前の同期間の販売実績を集計した。次に，キャンペーン実施前の販売実績に対するキャンペーン実施期間中の販売実績のリフト値を算出し，それを「売上」と定義した。リフト値を用いる理由は，調査対象であるスーパーマーケットが2店舗であり，陳列の規模が異なることと，商品カテゴリーによって売上規模が異なるためである。また価格プロモーションの影響をコントロールするために，各陳列に陳列されているすべての商品の平均価格掛け率（通常価格に対する陳列時の販売価格の比率）を販売実績データから計算した。

5-1.　媒介分析

　分析手法では，媒介分析（mediation analysis）を適用する。媒介分析とは，説明変数（X）と被説明変数（Y）との間を，媒介変数（M）が介在す

る分析モデルである (Baron and Kenny, 1986)。ここでは，まずベンチマークのモデルとして，媒介効果を考慮しないモデルを扱う。これをモデル1とする。モデル1を式 (1) に示す。

(1)　$y_i = \beta_0 + \beta_2 \mathrm{pr}_i + \gamma_n x_{i,n} + \varepsilon_i^y$

　ここで，y_i は店内陳列 i の陳列対象商品の合計売上のリフト値，pr_i は店内陳列 i に陳列されている全商品の平均価格掛け率，$x_{i,n}$ は店内陳列 i の陳列要素 n（n=1：キャラクター陳列，2：マス陳列，3：旬陳列，4：バラエティ陳列），ε_i^y は誤差項をそれぞれ示す。

　次に，モデル2について示す。モデル2は投稿数，または「いいね」数を媒介変数（M）とし，店内陳列の各構成要素が売上および投稿数，「いいね」数に影響するという流れを示している。モデル2を式 (2) と (3) に示す。

(2)　$y_i = \beta_0 + \beta_1 m_i + \beta_2 \mathrm{pr}_i + \gamma_n x_{i,n} + \varepsilon_i^y$

(3)　$m_i = a_0 + a_n x_{i,n} + \varepsilon_i^m$

　ここで，m_i は陳列 i に対する投稿数または「いいね」数を表す。他のパラメータについては式 (1) の注記に準ずる。また式 (3) における a_n は店内陳列の各構成要素が投稿数または「いいね」数に影響するパラメータを表す。式 (2) における β_1 は，店内陳列の各要素 $x_{i,n}$ と価格プロモーションに関する調整変数 pr_i によって修正された売上に対する投稿数または「いいね」数の効果を捉えたものになる。γ_n は投稿数または「いいね」数，調整変数によって修正された売上に対する店内陳列の構成要素の直接効果を捉えたものになる。ε_i^m は誤差項である。

5-2. 分析結果

　分析3の結果を**図表11-14**に示す。ここではモデル1とモデル2を示しており，モデル2はさらにモデル2aと2bに分けて示している。モデル2aで

は投稿数を，モデル 2b では「いいね」数をそれぞれ媒介変数として扱っている。まずモデル 1 を見ると，キャラクター陳列，マス陳列，旬陳列が有意であった。しかしバラエティ陳列は非有意であった。モデル 1 の結果より，モデル 2 では，バラエティ陳列を除く 3 変数（キャラクター陳列，マス陳列，旬陳列）を陳列要素として扱う。モデル 2a を見ると，媒介変数である投稿数は有意であるが，モデル 2b の媒介変数である「いいね」数は非有意である。これは，モデル 2b における「いいね」数は媒介変数として有効でないことを意味する。よって，今後はモデル 2a に絞って，結果を見ていくこととする。モデル 2a の売上モデルでは，マス陳列は有意だが，キャラクター陳列と旬陳列は非有意であった。これは，マス陳列は売上に対する直接効果があるが，キャラクター陳列と旬陳列は直接効果がないことを意味する。そこで，これらの変数に間接効果があるのかについて見ていく。

図表11-14　分析 3 の結果

	モデル1	モデル2a	モデル2b
被説明変数：売上			
（定数項）	0.596**	0.525**	0.620**
投稿数		0.055*	
「いいね」数			0.013
価格	−0.478**	−0.395**	−0.488**
キャラクター	0.233*	0.007	−0.175
マス	0.148*	0.126*	0.058
旬	0.186*	0.054	0.167*
バラエティ	−0.035		
被説明変数：投稿／いいね			
（定数項）		1.016**	2.876**
キャラクター		0.891**	3.049**
マス		0.706**	1.343*
旬		0.534*	0.938

**1％水準　*5％水準でそれぞれ有意

5-3. 間接効果

売上に対する陳列要素の間接効果は $\zeta = a\beta_1$ に等しい。ここで ζ は（3×

1）ベクトルを示す。売上に対する陳列要素の全体効果は $\tau = \gamma + a\beta_1$, つまり直接効果と間接効果の合計に等しい。もし $\zeta = a\beta_1$ の中のある陳列要素が有意であれば，投稿数は売上に対する当該陳列要素の媒介効果があることになる。さらにもし，直接効果 γ も有意であれば，投稿数は売上に対して部分媒介効果があるということになる。逆に，x_i の構成要素の中で，$a\beta_1$ は有意だけど γ は非有意という状態であれば，投稿数は売上に対して完全媒介効果があるということになる。

　間接効果 $a\beta_1$ の標準誤差を計算するためにブートストラップ法を用いる。この方法は分析に用いているデータからランダムに多数回の復元抽出したデータを用いて媒介効果 $a\beta_1$ の実証的サンプル分布を作り出して推定値を求める方法である（MacKinnon et al., 2007）。売上に対する各陳列要素の間接効果のパラメータ推定値とその標準誤差，95％信頼区間を**図表11-15**に示す。この結果において，95％信頼区間に0が含まれていなければ有意となる。この見方に沿うと，マス陳列と旬陳列は有意だが，キャラクター陳列は非有意となる。直接効果と間接効果との関連で各陳列要素の効果を見ると，キャラクター陳列については，直接効果と間接効果が共に非有意である。つまり，投稿数は売上に対するキャラクター陳列の媒介効果とはならないことが言える。マス陳列については，直接効果と間接効果が共に有意である。つまり，投稿数は売上に対するマス陳列の部分媒介効果となることが言える。旬陳列については，直接効果は非有意だが，間接効果は有意である。つまり，投稿数は売上に対する旬陳列の完全媒介効果があるということが言える。

図表11-15　分析3の間接効果

	モデル2a			
	推定値	標準誤差	2.5%	97.5%
キャラクター	0.049	0.041	-0.001	0.171
マス	**0.039**	**0.028**	**0.002**	**0.109**
旬	**0.029**	**0.025**	**0.001**	**0.100**

注：太字箇所は95％信頼区間が0を含んでいないことを示す

　これらの結果より，投稿数は売上に影響するということと，陳列要素のパ

ターンによって，売上に対する投稿数の媒介効果が異なることが明らかになった。具体的には，旬陳列は，消費者によるSNSへの投稿数を促進し，そしてその投稿数が売上に貢献することが示された。マス陳列は直接的に売上に貢献するだけではなく，消費者のSNSへの投稿数を促進し，そしてその投稿数が売上に貢献する。キャラクター陳列は，モデル1に見られるように，投稿数の媒介を考慮しない場合には，売上に貢献するが，投稿数の媒介を考慮する場合には，売上には貢献しなかった。

6 本章のまとめ

本章では，話題につながる売場作りとはどういうものなのかを明らかにするために，3つの分析を行った。

分析1では，SNSに掲載されている売場の写真とコメントをコーディングして説明変数化したうえで，会員による反応指標「いいね」の獲得件数を被説明変数としたポアソン回帰モデルを用いて，共感を得やすいコメントや売場の陳列要件を導き出した。その結果，コメントの書き方という点では，「写真を多く添付すること」，「ポジティブとネガティブの両方を織り交ぜた内容にすること」が受け手側の共感を得やすいことや，添付写真の内容という点では，陳列構成の「バラエティ」，陳列テーマの「季節性」，「キャラクター」，「ローカル」，陳列カテゴリーの「生鮮」と「スイーツ」をキーワードにした陳列が同じく共感を得やすいことが明らかになった。

分析2では，「いいね」と売上の関係に着目し，SNSに投稿された各売場に対する「いいね」の獲得件数と対象売場の売上実績をもとに売場パターンを分類し，売場パターンの該当／非該当を被説明変数とした二項ロジスティック回帰モデルを用いて，共感を得るだけでなく売上も確保できる売場の陳列要件を導き出した。その結果，「売れるしネタにもなる」売場の要件として，「大量陳列」，「生鮮」，「キャラクター」，「バラエティ」，「美味しそう」が挙げられることが明らかになった。一方，「単品」，「スイーツ」，「新発見」，「かわいい」はネタにはなるが売れない，ということも明らかになった。

分析3では，分析2を発展化し，売場の要件が売上に影響を与えるという関係の中で，その売場についての投稿数や「いいね」の数による媒介的な効果があるのかについて分析した。その結果，旬陳列は，消費者によるSNSへの投稿数を促進し，そしてその投稿数が売上に貢献すること，マス陳列は直接的に売上に貢献するだけではなく，消費者のSNSへの投稿数を促進し，そしてその投稿数が売上に貢献すること，キャラクター陳列は，投稿数の媒介を考慮しない場合には，売上に貢献するが，投稿数の媒介を考慮する場合には，売上には貢献しなかった，ということが明らかになった。

　これら3つの分析を通して言えることは，店内陳列の構成要素は売上だけでなく投稿数や「いいね」数を説明するうえで非常に重要であるということである。つまり，単なる売上アップを狙うのであれば，例えばキャラクター陳列をテーマにした陳列を展開すれば良いし，SNSへの投稿促進を通じて売上アップを狙うのであれば旬陳列をテーマにした陳列を展開すれば良い。このように，店内陳列の構成要素までも考慮することで，今までは「特別陳列にとにかく載せれば売れる」という形で単純に示されていた売場作りの効果を，「特別陳列を消費者間で話題にさせ，その結果売上に結びつける」という形でより戦略的に捉えることが可能になるのではなかろうか。具体的には，単なる売上アップを目指すのか，それとも話題性まで目指すのかによって，採るべき店内陳列の要素が異なることを考慮する必要があろう。そしてこれらの結果は店内陳列に関するSNSデータの活用可能性についても示唆している。モバイルの普及によって，店内陳列の質的要素の情報収集が可能になることと，店内陳列ごとの投稿数によって，売上アップが期待できるのかどうかを把握することができよう。

(1) 本章は寺本（2016）および寺本（2017a）を加筆修正したものである。
(2) 本章の研究は，科学研究費助成事業 基盤研究（C），研究課題名「チェーン小売業に対する消費者間の情報共有行動の促進に関する研究」（課題番号15K03744）の研究成果をもとにしている。
(3) 本章の研究で扱ったデータの収集に際し，株式会社インテージより協力をいただいた。また本章用の加筆修正において，Weavers株式会社より協力をいただいた。こ

こに記して感謝の意を申し上げたい。
(4)　ある大手スーパーマーケットの幹部へのヒアリングより。
(5)　山本（2014）は，ソーシャルメディアの分類として，SNS のほか，ブログ，ミニブログ，掲示板，製品評価サイト，動画投稿サイト，まとめサイト，ソーシャルブックマークを挙げている。詳細は，山本晶（2014）を参照のこと。
(6)　本データの収集当時には，株式会社ドコモインサイト・マーケティングが運営していたが，2018年4月に Weavers 株式会社が運営権を譲受し，生活者共創ソーシャル・ネットワーキング・サービス「minrepo（みんレポ）」という新名称で展開している。
(7)　「みんレポ」の投稿から引用。写真画像は掲載せず，画像の内容を記述したものを掲載している。

終章 本書のまとめ

　本書では，スーパーマーケットが他人との"ネタにしたくなっちゃう"存在になる，つまり消費者間で話題性の高い存在になるための示唆を出すことを目的に，スーパーマーケットの企業と店舗のブランドに着目した「小売ブランド」に焦点を当て，消費者間で購買だけでなく話題性を高めるための小売ブランド戦略について，先行理論と定量・定性分析を交えて論じてきた。

　まず序章では，本書の意義を実務的観点から明確にすることを目的に，消費者におけるスーパーマーケットの位置づけについて各種統計データや調査データを交えて論じた。具体的には，スーパーマーケット業界には当然有力な企業は存在するものの，消費者がこれらの話を知人・友人に共有する場面は非常に少ない。つまり基本的に"話題"という面での魅力が弱い業界であり，この立ち位置こそがスーパーマーケットの企業が持つブランドとしての課題となる部分であることを指摘した。人口減，少子高齢化が進み，消費者はモノを買わなくなっている状況下で，スーパーマーケット業界は，従来の存在感のままではますます縮小してしまうおそれがあろう。市場を回復させるうえではスーパーマーケット業界が消費者間で"話題"として盛り上がる業界になることが大きな課題となり，そのためには，いままでの売上や購買だけでなく，"話題性"も活動の成果指標として考えていく必要があることを提起した。以降，第1章から第6章を理論・事例編，第7章から第11章を分析編として論じてきたが，そのポイントについてそれぞれ振り返る。

1 ｜ 理論・事例編の振り返り

　第1章から第6章にかけて「理論・事例編」として，本書の意義を学術的観点から明確にすべく，スーパーマーケットの在り方に関する先行研究のレビューや事例の分析を行った。

各章ごとの振り返りは第5章の最後に述べているためここでは省略するが，第1章から第5章までのブランド論や流通論のレビューを通じて，スーパーマーケットのブランド化が進んでいない背景として，①客数と売上にこだわり過ぎたこと，②消費者にとっての利便性を追求し過ぎたこと，③消費者の目に入る革新的差別化が不十分であったこと，の3点を挙げた。スーパーマーケットの企業自体の行動だけでなく，流通研究者においても，これらの背景について問題意識を持った議論を十分に進めなかったことがスーパーマーケットのブランド化が進んでいない理由にあるのではないかと提起した。

　ただし，スーパーマーケットのブランド化を進める小売企業もいくつか存在することから，第6章では先進的小売企業を対象に事例分析を行った。その結果，ブランディングを進めている小売企業は，①強力で高品質のストアブランド開発への投資，②サプライチェーンとサプライヤーとの関係性への投資，③マス・マーケティングによるブランドの差別化，④直接的な顧客との関係性の構築，⑤ブランドの一貫性，⑥組織の上から下まで行きわたった強いブランド文化，の6点を備えていることがわかった。

　これらの先進事例はブランドづくりの点で非常に示唆に富んだものであるが，スーパーマーケットのブランディング研究を進めるうえで明らかにすべき課題として，ブランディングの結果となる「成果指標」が従来の売上だけでなく，話題性も考慮することを提起した。そのうえで，話題性を成果指標とする顧客ターゲティングや小売マーケティングを展開するための課題として，①話題の起点になる消費者はどういう特徴を持っているのか，②話題性の高い商品とはどういうものなのか，③話題につながる価格とはどういうものなのか，④話題につながる店舗とはどういうものなのか，⑤話題につながる売場作りとはどういうものなのか，の5点を挙げた。これら5点の課題を明らかにすべく，第7章から第11章までの分析編を展開した。

2 ｜ 分析編の振り返り

　第7章から第11章にかけて「分析編」として，話題性という観点からスー

パーマーケットの在り方に関する定量分析を行った。

　第7章では，話題の起点になる消費者はどういう特徴を持っているのかを明らかにした。まず分析1として，食生活や買い物への考え方や行動に関する回答傾向から消費者の買い物タイプのグループ分けを行い，ロイヤル・ノンロイヤル間のグループ構成を比較した。その結果，ロイヤルはノンロイヤルに比べて無関心層の割合が高いということがわかった。つまりこの結果は，「購買金額の多い消費者＝優良な顧客」と言い切るには注意が必要であり，優良な顧客のもう1つの着眼点として情報先端層の存在を提起した。そこで，情報先端層はどのような買物行動の特徴を持つのかについて分析2～4の3つの分析を行った。その結果をまとめると，情報先端層は，スーパーマーケットがいままで「優良」と捉えてきた買上上位の顧客とは異なることがわかった。情報先端層は，複数の店舗を使い分けているし，FSPのポイントにもなびかないため，従来の指標で判断したら，彼らは優良顧客のランクには当てはまらない可能性がある。しかし，「良い」と思えば，それを知人・友人に情報として発信してくれる可能性が高い消費者なのである。この情報発信によって影響を受けた潜在的な消費者が来店し，購買することで店舗の売上が拡大する，というシナリオが今後のスーパーマーケットにとって重要になってくるのではないかということを提起した。

　第8章では，話題性の高い商品とはどういうものなのかを明らかにした。具体的には，PBに着目し，単に買いたいと思うPBの要件と，それだけでなく仲間にも勧めたくなるようなPBの要件の違いはどこにあるのか，という点を明らかにした。分析の結果，購入時の考慮の段階では，味が重要であるが，知人・友人に勧めるという話になると，高級であることや，単なる安さではなくコストパフォーマンスという視点が重要になってくることや，リアルなクチコミでは，コストパフォーマンスや品揃えについて情報共有されているが，SNSでのクチコミとなると，高級さや遊び心がないと話題にならないことがわかった。つまりこれらの結果は，PBを買うための要件とPBを知人・友人に勧めたくなる要件が異なることと，リアルな対話によるクチコミの要件とSNS上のクチコミの要件も異なることを意味している。これらの結果を踏まえ，PBの需要を増やすことを考えるのであれば，買う

ための要件で解決するだけでなく，クチコミしたくなる要件までカバーしたPB開発を行うことが重要となることを提起した。

　第9章では，話題につながる価格とはどういうものなのかを明らかにした。具体的には，様々なプロモーションの表示内容タイプに対する「安い」と「コスパが良い」という消費者の知覚の違いについて分析を行った。その結果，①値引き後金額表示，割引率表示，バンドル表示は「安い」という知覚が強いこと，②ポイント数表示，増量表示，ノベルティ表示，限定商品表示は「コスパが良い」という知覚が強いこと，③それらの傾向は消費者の属性間（性別，年代，世帯収入，クレジットカード使用有無）で違うこと，④「コスパが良いと思った店舗」について情報発信する消費者は，「安いと思った店舗」について情報発信する消費者に比べ，強く知覚するプロモーション表示の数が多いこと，⑤「○○％増量」，「○個XX円」，「数量限定，季節限定」，「お買い上げ金額○％OFF」といったプロモーション表示に対して「コスパが良い」と感じたら，それをSNSに発信してくれる可能性が高いこと，などが明らかになった。これらの結果を踏まえ，消費者各々に買ってもらうだけでなく消費者間で話題にするためには，「コスパが良い」と感じてもらえるプロモーションを工夫していくことが重要となることを提起した。

　第10章では，話題につながる店舗とはどういうものなのかを明らかにした。具体的には，分析1：消費者のリアル店舗・EC併用行動タイプの違いによるリアル店舗の利用についての期待点の違いと，分析2：リアル店舗の話題要素の違いという2つの分析を行った。その結果，①リアル店舗とECサイトを多く使い分けている「多店舗・多EC併用層」は，「安全・計画」と「こだわり」の傾向が強く，情報収集力と情報発信力が一般の人よりも長けている傾向が強いことや，リアル店舗に対して，店員の対応力や商品知識力，売場の情報発信力や演出力を重視していること，②買物場所の候補となる要素として安心，安定のイメージやワンストップ・ショッピング，品揃え，安さといった従来から言われているような属性が重要であるが，リアル共有やSNS受発信ように消費者間で話題になる要素として高揚感や格好良さのイメージのほか，店舗の清潔感，新商品の充実，店員による商品知識の

充実が重要であること，が明らかになった。これらの結果を踏まえ，スーパーマーケットのリアル店舗が消費者間での話題性向上も含めて存在感を発揮するためには，店員と売場というリアル店舗が持つ2つのベーシックな強みを着実に打ち出す中で高揚感や格好良さを醸し出していくことが重要であることを提起した。

　第11章では，話題につながる売場作りとはどういうものなのかについて明らかにした。具体的には，売場に関するSNSへの投稿内容に対し，投稿数，「いいね」数，その売場の売上がどのように関係しているかを3つの分析で示した。その結果，①「写真を多く添付すること」，「ポジティブとネガティブの両方を織り交ぜた内容にすること」が受け手側の共感を得やすいこと，②陳列構成の「バラエティ」，陳列テーマの「季節性」，「キャラクター」，「ローカル」，陳列カテゴリーの「生鮮」と「スイーツ」をキーワードにした陳列が同じく共感を得やすいこと，③「売れるしネタにもなる」売場の要件として，「大量陳列」，「生鮮」，「キャラクター」，「バラエティ」，「美味しそう」が挙げられること，④旬陳列は，消費者によるSNSへの投稿数を促進し，そしてその投稿数が売上に貢献すること，⑤マス陳列は直接的に売上に貢献するだけではなく，消費者のSNSへの投稿数を促進し，そしてその投稿数が売上に貢献すること，⑥キャラクター陳列の売上には，投稿数の媒介は関係ない，などが明らかになった。これらの結果を踏まえ，今までは「特別陳列にとにかく載せれば売れる」という形で単純に示されていた売場作りの効果を，「特別陳列を消費者間で話題にさせ，その結果売上に結びつける」という形でより戦略的に捉えることが重要であることを提起した。

3　本書からの総合的な提言

　以上，各章の結果とそれに基づいた提言を振り返ったが，学術的貢献および実務的示唆の両方につながる本書の総合的な提言は次の2点である。
　1点目は，スーパーマーケットの企業活動やそれに着目した研究において，ブランディングの視点を重視するべきだということである。スーパー

マーケットは，流通革命の担い手として，「消費者にとっての利便性の向上」に多大な労力を費やしてきたし，流通研究者もこの点に関心を持って研究をしてきたわけである。しかしながら実態として，スーパーマーケットは，身近な存在として評価されているものの，「買物場所」，「企業」，「就業先」という立場では他業界に比べてポジティブなイメージが低い，つまり社会的地位が他の業界に比べて必ずしも高くない状況である。これは，スーパーマーケットを展開する小売企業各社がブランド化に力を注いでこなかったし，スーパーマーケットのブランドについて流通やマーケティングの研究者たちがほとんど議論して来なかったことが関係しているのではなかろうか。序章でも示したが，スーパーマーケットは20兆円以上の市場規模を誇る，日本の国内総生産に大きく貢献している業界である。いままでのスーパーマーケットの各社の経営努力や流通研究者の研究努力には多大なる敬意を払いたいが，今後はこの日本経済に大きく貢献している業界の社会的地位向上に向けた業界・企業活動や研究視点ということも考えていくべきではなかろうか。

　2点目は，ブランディングを進めるうえでの成果指標として「話題性」を重視するべきだということである。スーパーマーケットは規模拡大にまい進し，常に競争激化を自ら起こしてきた業態であり，そのような中で，「とにかく客数を増やす」，「とにかく売上を伸ばす」ことに躍起になってきた。また流通研究者の研究内での被説明変数も客数や売上が中心であった。スーパーマーケットは自社で持っている店舗で売上と利益を出していかなければならない。つまり既存店で売上と利益を出し続けていかなければならないという課題の中で，既存の顧客の囲い込みだけでなく，新規の顧客の来店や購買を促すことが重要になってくる。そこで今後求められてくるのが「話題性」である。スーパーマーケットについて消費者間でのどのような話題が展開され，どのような要素によって話題性が強まるのかについて明らかにし，それを実践することは，今後，既存の顧客の囲い込みだけでなく，新規の顧客の来店や購買を促すためには重要ではなかろうか。またこの「話題性」は，消費者間でのスーパーマーケットに対するポジティブなイメージの醸成につながるわけだが，その積み重ねがゆくゆくはこの業界の社会的地位の向上に寄与する可能性も十分に期待できよう。

本書では，この２点の提言の論拠とすべく，先行理論のレビューや事例分析，消費者データの定量分析を最大限努めたつもりであるが，これらの論拠に対する批判はあるものと考えている。しかしながら批判も含めて，これらの提言をきっかけにした研究者による小売ブランディングに関する議論とスーパーマーケット各社によるブランディングの実践が少しでも進めば幸いである。

参考文献

Aaker, David A. (1991) *Managing Brand Equity: Capitalizing on the Value of a Brand Name*, New York: Free Press.（デービッド・A. アーカー／陶山計介・尾崎久仁博・中田善啓・小林哲訳『ブランド・エクイティ戦略―競争優位をつくりだす名前，シンボル，スローガン』ダイヤモンド社，1994年）
―――― (1996) *Building Strong Brands*, New York: Free Press.（デービッド・A. アーカー／陶山計介・梅本春夫・小林哲・石垣智徳訳『ブランド優位の戦略―顧客を創造するBIの開発と実践』ダイヤモンド社，1997年）
―――― and Eric Joachimsthaler (2000) The brand relationship spectrum: The key to the brand architecture challenge, *California Management Review*, 42(4), 8-22.
Ailawadi, Kusum L. and Kevin Lane Keller (2004) Understanding retail branding: conceptual insights and research priorities, *Journal of Retailing*, 80(4), 331-342.
Allaway, Arthur W., Patricia Huddleston, Judith Whipple and Alexander E. Ellinger (2011) Customer-based brand equity, equity drivers, and customer loyalty in the supermarket industry, *Journal of Product & Brand Management*, 20(3), 190-204.
Areni, Charles S., Dale F. Duhan and Pamela Kiecker (1999) Point-of-Purchase Displays, Product Organization, and Brand Purchase Likelihoods, *Journal of the Academy of Marketing Science*, 27(4), 428-441.
Arnett, Dennis B, Debra A Laverie and Amanda Meiers (2003) Developing parsimonious retailer equity indexes using partial least squares analysis: a method and applications, *Journal of Retailing*, 79(3), 161-170.
Baron, Reuben M. and David A. Kenny (1986) The moderator-mediator variable distinction in social psychological research: Conceptual, strategic, and statistical considerations, *Journal of Personality and Social Psychology*, 51(6), 1173-1182.
Barwise, Patrick (1993) Brand equity: Snark or boojum?, *International Journal of Research in Marketing*, 10(1), 93-104.
Bell, David R., Teck-Hua Ho and Christopher S. Tang (1998) Determining Where to Shop:

Fixed and Variable Costs of Shopping, *Journal of Marketing Research*, 35(3), 352-369.
Bellizzi, Joseph A., Harry F. Krueckeberg, John R. Hamilton and Warren S. Martin (1981) Consumer Perceptions of National, Private, and Generic Brands, *Journal of Retailing*, 57(4), 56-70.
Berg, Bettina (2014) *Retail Branding and Store Loyalty: Analysis in the Context of Reciprocity, Store Accessibility, and Retail Formats*, Springer Gabler.
Berry, Brian J.L. (1967) *Geography of Market Centers and Retail Distribution*, Prentice Hall.
Blattberg, Robert C. and Edward J. Fox (1995) *Category Management*, Vol. 1., Center for Retail Management at Northwestern University.
Brown, Tom J., Peter A. Dacin, Michael G. Pratt and David A. Whetten (2006) Identity, Intended Image, Construed Image, and Reputation: An Interdisciplinary Framework and Suggested Terminology, *Journal of the Academy of Marketing Science*, 34(2), 99-106.
Burt, Steve and Keri Davies (2010) From the retail brand to the retailer as a brand: themes and issues in retail branding research, *International Journal of Retail & Distribution Management*, 38(11/12), 865-878.
────── and Leigh Sparks (2002) Corporate Branding, Retailing, and Retail Internationalization, *Corporate Reputation Review*, 5, 194-212.
Castro, Iana A., Andrea C. Morales and Stephen M. Nowlis (2013) The Influence of Disorganized Shelf Displays and Limited Product Quantity on Consumer Purchase, *Journal of Marketing*, 77(4), 118-133.
Chandon, Pierre, Brian Wansink and Gilles Kaurent (2000) A Benefit Congruency Framework of Sales Promotion Effectiveness, *Journal of Marketing*, 64(4), 65-81.
Chen, Chyi-Mei, Shan-Yu Chou, Lu Hsiao and I-Huei Wu (2009) Private Labels and New Product Development, *Marketing Letters*, 20(3), 227-243.
Chevalier, Judith A. and Dina Mayzlin (2006) The Effect of Word of Mouth on Sales: Online Book Reviews, *Journal of Marketing Research*, 43(3), 345-354.
Chevalier, Michel (1975) Increase in Sales Due to In-Store Display, *Journal of Marketing Research*, 12(4), 426-431.
Christaller, Walter (1933) *Central Places in Southern Germany*, Prentice Hall. (江沢譲爾訳『都市の立地と発展』大明堂, 1969年)
Clark, Ronald A. and Ronald E. Goldsmith (2005) Market Mavens: Psychological Influences, *Psychology & Marketing*, 22(4), 289-312.
Davidson, William R., Albert D. Bates and Stephen J. Bass (1976) The Retail Life Cycle, *Harvard Business Review*, Nov.-Dec., 42-45.

Deloitte and Touche (2010) Brand Loyalty and Impact of Private Label Products, [http://www.deloitte.com/assets/Dcom-United States/Local%20Assets/Documents/us_consulting_BrandLoyaltyDebate_073010.pdf]

DelVecchio, Devon, H. Shanker Krishnan and Daniel C. Smith (2007) Cents or Percent? The Effect of Promotion Framing on Price Expectations and Choice, *Journal of Marketing*, 71(3), 158-170.

de Vries, Lisette, Sonja Gensler and Peter S.H. Leeflang (2012) Popularity of Brand Posts on Brand Fan Pages: An Investigation of the Effects of Social Media Marketing, *Journal of Interactive Marketing*, 26(2), 83-91.

Drèze, Xavier and Joseph C. Nunes (2004) Using Combined-Currency Prices to Lower Consumers' Perceived Cost, *Journal of Marketing Research*, 41(1), 59-72.

Dudlicek, Jim (2015) Profiles in Progress: Mariano's Fresh Market, *Progressive Grocer*, September 2015, 22-34.

Esbjerg, Lars and Tino Bech-Larsen (2009) The brand architecture of grocery retailers: Setting material and symbolic boundaries for consumer choice, *Journal of Retailing and Consumer Services*, 16(5), 414-423.

Feick, Lawrence F. and Linda L. Price (1987) The Market Maven: A Diffuser of Marketplace Information, *Journal of Marketing*, 51(1), 83-97.

Feldwick, Paul (1996) What is Brand Equity Anyway, and how do you Measure it?, *International Journal of Market Research*, 38(2), 85-104.

Fiore, Ann Marie, Xinlu Yah and Eunah Yoh (2000) Effects of a Product Display and Environmental Fragrancing on Approach Responses and Pleasurable Experiences, *Psychology & Marketing*, 17(1), 27-54.

Foubert, Bram and Els Gijsbrechts (2007) Shopper Response to Bundle Promotions for Packaged Goods, *Journal of Marketing Research*, 44(4), 647-662.

Goldenberg, Jacob, Sangman Han, Donald R. Lehmann and Jae Weon Hong (2009) The Role of Hubs in the Adoption Process, *Journal of Marketing*, 73(2), 1-13.

Grunert, Klaus G., Lars Esbjerg, Tino Bech-Larsen, Karen Brunsø and Hans Jørn Juhl, (2006) Consumer preferences for retailer brand architectures: results from a conjoint study, *International Journal of Retail & Distribution Management*, 34(8), 597-608.

Hoeffler, Steve and Kevin Lane Keller (2003) The Marketing Advantages of Strong Brands, *Journal of Brand Management*, 10(6), 421-445.

Hollander, Stanley C. (1966) Notes in the Retail Accordion, *Journal of Retailing*, 42(Summer), 29-40, 54.

Hotelling, Harold (1929) Stability in Competition, *Economic Journal*, 39(153), 41-57.

Hoving, Walter (1960) *The Distribution Revolution*, Ives Washburn, New York.（田島義

博訳『流通革命』日本能率協会，1962年)

Howard, Daniel J., Suzanne B. Shu and Roger A. Kerin (2007) Reference Price and Scarcity Appeals and the Use of Multiple Influence Strategies in Retail Newspaper Advertising, *Social Influence*, 2(1), 18-28.

Huff, David L. (1962) *Determination of Intra-Urban Retail Trade Areas*, Publication of Real Estate Research Program, Graduate School of Business Administration, Division of Research.

――――― and Richard R. Batsell (1974) Conceptual and Operational Problems with Market Share Models of Consumer Spatial Behavior, in Mary Jane Schlinger, ed., *Advances in Consumer Research*, 2, 165-172.

Hughes, Arthur M. (1994) *Strategic Database Marketing: The Masterplan for Starting and Managing A Profitable, Customer-Based Marketing Program*, McGraw-Hill.

Humby, Clive, Terry Hunt and Tim Phillips (2004) *Scoring Points: How Tesco Is Winning Customer Loyalty*, Kogan Page.

Jacoby, Jacob and Robert W. Chestnut (1978) *Brand loyalty: Measurement and management*, New York: John Wiley & Sons.

Kahn, Barbara E. and Brian Wansink (2004) The Influence of Assortment Structure on Perceived Variety and Consumption Quantities, *Journal of Consumer Research*, 30(4), 519-533.

Kamins, Michel A., Valerie S. Folkes and Alexander Fedorikhin (2009) Promotional Bundles and Consumers' Price Judgements: When the Best Things in Life Are Not Free, *Journal of Consumer Research*, 36(4), 660-670.

Kapferer, Jean-Nol (2008) *The New Strategic Brand Management: Creating and Sustaining Brand Equity Long Term* (4th ed.), London: Kogan Page.

Keller, Kevin Lane. (2003) Brand Synthesis: The Multidimensionality of Brand Knowledge, *Journal of Consumer Research*, 29(4), 595-600.

――――― (2013) *Strategic Brand Management: Building, Measuring, and Managing Brand Equity* (4th ed.), Pearson. (ケビン・レーン・ケラー／恩蔵直人監訳『エッセンシャル戦略的ブランド・マネジメント 第4版』東急エージェンシー，2015年)

――――― and Donald R. Lehmann (2006) Brands and Branding: Research Findings and Future Priorities, *Marketing Science*, 25(6), 740-759.

Konuş, Umut, Peter C. Verhoef and Scott A. Neslin (2008) Multichannel Shopper Segments and Their Covariates, *Journal of Retailing*, 84(4), 398-413.

Kwon, Wi-Suk and Sharron J. Lennon (2009) Reciprocal Effects Between Multichannel Retailers' Offline and Online Brand Images, *Journal of Retailing*, 85(3), 376-390.

Laaksonen, Harri and Jonathan Reynolds (1994) Own Brands in Food Retailing across Europe, *Journal of Brand Management*, 2(1), 37-46.

Lam, Shun Yin and Avinandan Mukherjee (2005) The effects of Merchandise Coordination and Juxtaposition on Consumers' Product Evaluation and Purchase Intention in Store-based Retailing, *Journal of Retailing*, 81(3), 231-250.

Lazarsfeld, Paul F., Bernard Berelson and Hazel Gaudet (1944) *The People's Choice: How the Voter Makes Up His Mind in a Presidential Campaign*, Duell, Sloan and Pearce.

Lee, Seung Hwan, June Cotte and Theodore J. Noseworthy (2010) The Role of Network Centrality in the Flow of Consumer Influence, *Journal of Consumer Psychology*, 20(1), 66-77.

Liu, Yuping and Rong Yang (2009) Competing Loyalty Programs: Impact of Market Saturation, Market Share, and Category Expandability, *Journal of Marketing*, 73(1), 93-108.

Ma, Jingjing and Neal J. Roese (2013) The Countability Effect: Comparative versus Experiential Reactions to Reward Distributions, *Journal of Consumer Research*, 39(6), 1219-1233.

MacKinnon, David P., Amanda J. Fairchild and Matthew S. Fritz (2007) Mediation Analysis, *Annual Review of Psychology*, 58, 593-614.

Madan, Vibhas and Rajneesh Suri (2001) Quality perception and monetary sacrifice: a comparative analysis of discount and fixed prices, *Journal of Product & Brand Management*, 10(3), 170-184.

Manning, Kenneth C. and David E. Sprott (2007) Multiple unit price promotions and their effects on quantity purchase intentions, *Journal of Retailing*, 83(4), 411-421.

Meyers-Levy, Joan and Durairaj Maheswaran (1991) Exploring Differences in Males' and Females' Processing Strategies, *Journal of Consumer Research*, 18(1), 63-70.

Markin, Rom J. and Calvin P. Duncan (1981) The Transformation of Retailing Institutions: Beyond the Wheel of Retailing and Life Cycle Theories, *Journal of Macromarketing*, 1(1), 58-66.

McNair, Malcolm P. (1958) Significant Trends and Developments in the Postwar Period, A.B. Smith (ed.), *Competitive Distribution in a Free, High Level Economy and its Implication for University*, University of Pittsburgh Press.

Martenson, Rita (2007) Corporate Brand Image, Satisfaction and Store Loyalty: A Study of the Store as a Brand, Store Brands and Manufacturer Brands, *International Journal of Retail & Distribution Management*, 35(7), 544-555.

Monroe, Kent B. (1990) *Pricing: Marketing Profitable Decisions*, 2nd ed, McGraw-Hill Series in Marketing.

Nevin John R. and Michael J. Houston (1980) Image as a Component of Attraction to Intraurban Shopping Areas, *Journal of Retailing*, 56(1), 77-93.

Nielsen, Orla (1966) Developments in Retailing, M. Kajae-Hansen, ed., *Readings in Danish Theory of Marketing*, North-Holland.

North, Adrian C., David J. Hargreaves and Jennifer McKendrick (1999) The Influence of In-store Music on Wine Selections, *Journal of Applied Psychology*, 84(2), 271-276.

Papatla, Purushottam and Amit Bhatnagar (2001) Shopping Style Segmentation of Consumers, *Marketing Letters*, 13(2), 91-106.

Parker, Jeffrey R. and Donald R. Lehmann (2011) When Shelf-Based Scarcity Impacts Consumer Preferences, *Journal of Retailing*, 87(2), 142-155.

POPAI (2001) *P-O-P Measures UP~Learnings from the Supermarket Class of Trade~*, POPAI.

———— (2004) *Measuring At-Retail Advertising in Chain Drug Stores: Sales Effectiveness & Presence Reporting*, POPAI.

Price, Linda L., Lawrence F. Feick and Audrey Guskey-Federouch (1987) Couponing Behaviors of the Market Maven: Profile of a Super Couponer, *Advances in Consumer Research*, 15, 354-359.

Razzouk, Nabil Y., Victoria Seitz and Vijay Kumar (2002) The Impact of Perceived Display Completeness/Incompleteness on Shoppers' In-store Selection of Merchandise: An Empirical Study, *Journal of Retailing and Consumer Services*, 9(1), 31-35.

Rogers, Everett M. (1962) *The Diffusion of Innovation*, The Free Press.

Richardson, Paul S., Alan S. Dick and Arun K. Jain (1994) Extrinsic and Intrinsic Cue Effects on Perceptions of Store Brand Quality, *Journal of Marketing*, 58(4), 28-36.

Ruvio, Ayalla and Aviv Shoham (2007) Innovativeness, Exploratory Behavior, Market Mavenship, and Opinion Leadership: An Empirical Examination in the Asian Context, *Psychology & Marketing*, 24(8), 703-722.

Salganik, Matthew J., Peter Sheridan Dodds and Duncan J. Watts (2006) Experimental Study of Inequality and Unpredictability in an Artificial Cultural Market, *Science*, 311, 854-856.

Shriver, Scott K., Harikesh S. Nair and Reto Hofstetter (2013) Social Ties and User-Generated Content: Evidence from an Online Social Network, *Management Science*, 59(6), 1425-43.

Simonson, Itamar, Stephen Nowlis and Katherine Lemon (1993) The Effect of Local Consideration Sets on Global Choice Between Lower Price and Higher Quality, *Marketing Science*, 12(4), 357-377.

Smith, Peter and David J. Burns (1996) Atmospherics and Retail Environments: The Case of the "Power Aisle", *International Journal of Retail & Distribution Management*, 24(1), 7-14.

Stanley, Thomas J. and Murphy A. Sewall (1976) Image Inputs to a Probabilistic Model: Predicting Retail Potential, *Journal of Marketing*, 40(3), 48–53.

Steenkamp, Jan-Benedict E.M. and Katrijn Gielens (2003) Consumer and Market Drivers of the Trial Probability of New Consumer Packaged Goods, *Journal of Consumer Research*, 30(3), 368–384.

Summers, Teresa A. and Paulette R. Hebert (2001) Shedding Some Light on Store Atmospherics: Influence of Illumination on Consumer Behavior, *Journal of Business Research*, 54(2), 145–150.

Tang, Tanya, Eric Fang and Feng Wang (2014) Is Neutral Really Neutral? The Effects of Neutral User-Generated Content on Product Sales, *Journal of Marketing*, 78(4), 41–58.

Teramoto, Takashi and Akira Shimizu (2012) Prediction of Trial Purchase of New Product Based on Purchase History of Market Mavens, *2012 ISMS Conference*.

Venkatesan, Rajkumar, V. Kumar and Nalini Ravishanker (2007) Multichannel Shopping: Causes and Consequences, *Journal of Marketing*, 71(2), 114–132.

Verhoef, Peter C., P.K. Kannan, J. Jeffrey Inman (2015) From Multi-Channel Retailing to Omni-Channel Retailing: Introduction to the Special Issue on Multi-Channel Retailing, *Journal of Retailing*, 91(2), 174–181.

von Hippel, Eric (1986) Lead Users: A Source of Novel Product Concepts, *Management Science*, 32(7), 791–805.

Walsh, Gianfranco and Sharon E. Beatty (2007) Customer-based corporate reputation of a service firm: scale development and validation, *Journal of the Academy of Marketing Science*, 35(1), 127–143.

Wileman, Andrew and Michael Jary (1997) *Retail Power Plays: From Trading To Brand Leadership*, MacMillian.

Woodside, A.G. and G.L. Waddle (1975) Sales Effects of In-Store Advertising, *Journal of Advertising Research*, 15(3), 29–33.

Woolf, Brian P. (1996) *Customer Specific Marketing: The New Power in Retailing*, Teal Books.

青木幸弘（1989）「店頭研究の展開方向と店舗内購買行動分析」田島義博・青木幸弘『店頭研究と消費者行動分析：店舗内購買行動分析とその周辺』誠文堂新光社，第3章所収。

─────（2014）「ブランド論の過去・現在・未来」田中洋『ブランド戦略全書』有斐閣，第1章所収。

阿久津聡（2014）「ブランドと経営学の接合」田中洋『ブランド戦略全書』有斐閣，第2章所収。

渥美俊一（2006）「流通革命の真実41　出店問題では，店数を増やすことがいちばん重要

な課題だった」『Chain Store Age』2006年7月1日号，22-24。
有沢広巳・稲葉秀三（1966）『資料・戦後二十年史　第2巻』日本評論社。
猪狩良介・星野崇宏（2014）「階層ベイズ動的サンプル・セレクションモデルによるWebサイトへの誘導とサイト閲覧行動の同時分析」『日本統計学会誌』43(2)，185-214。
池尾恭一（1989）「消費者行動と小売競争」石原武政・池尾恭一・佐藤善信『商業学』有斐閣，第3章所収。
―――（1993）「消費者の行動類型と業態選択」『消費者行動研究』1(1)，77-100。
―――（2005）「小売業態の動態における真空地帯と流通技術革新」『商學論究』52(4)，71-95。
池田謙一・小林哲郎・繁桝江里（2004）「ネットワークを織りなす消費者：「孤立した消費者像」を越えるインターネット活用調査とその理論」『マーケティングジャーナル』23(3)，18-30。
池田満寿次（2016）「ネットスーパーが直面するマーケティングの問題と，解決の方向性」『流通情報』520，14-20。
石井淳蔵（2011）「連載 経営時論：小売業はなぜ米国で人気が高く日本では低いのか」『PRESIDENT』2011年12月19日号。
石原武政（1998）「新業態としての食品スーパーの確立　関西スーパーマーケットのこだわり」嶋口充輝・竹内弘高・片平秀貴・石井淳蔵『マーケティング革新の時代4　営業・流通革新』有斐閣，第6章所収。
―――・石井淳蔵（1996）『製販統合：変わる日本の商システム』日本経済新聞社。
石淵順也（2014）「通り過ぎられない商業集積の魅力：フロー阻止効果を組み込んだ小売吸引力モデルの構築と実証」『流通研究』16(2)，19-47。
上田隆穂（1989）「商業施設の床面積及び計画イメージに基づく商圏獲得シミュレーション：重力型モデルの利用」『学習院大学経済論集』26(2)，1-23。
―――（2004）「消費者における価値と価格」『学習院大学経済論集』41(2)，75-88。
―――・兼子良久・星野浩美・守口剛（2011）『買い物客はそのキーワードで手を伸ばす：深層心理で消費者インサイトを見抜く「価値創造型プロモーション」』ダイヤモンド社。
浦上拓也（2004）「小売業と卸売業の協働関係における効果と変化」『流通研究』7(1)，45-63。
大榎靖崇（2001）「消費者志向の徹底を迫られる総合スーパー業界」『東京三菱銀行調査室月報』2001年12月号，16-31。
大篭麻奈（2017）「データで見る流通　拡大続く食品通販市場　「ショッピングサイト」が「生協」に迫る」『ダイヤモンド・チェーンストア』2017年2月1日号，18。
大槻博（1980）「スーパーと消費者行動」『消費と流通』4(4)，37-45。
大野尚弘（2010）『PB戦略：その構造とダイナミクス』千倉書房。

緒方知行・田口香世（2013）『セブンプレミアム進化論：なぜ安売りしなくても売れるのか』朝日新聞出版。

岡山武史（2011）「小売ブランドの進化とブランド・アーキテクチャー」『日経広告研究所報』259，69-73。

─────・髙橋広行（2013）「小売企業のブランド構築とコミュニケーション：ネットスーパーへの拡張を求めて」『広告科学』58，1-22。

小川孔輔（1999）『マーケティング情報革命：オンライン・マーケティングがビジネスを変える』有斐閣。

小川進（2000）『ディマンド・チェーン経営：流通業の新ビジネスモデル』日本経済新聞社。

奥住正道（1962）「1961年の歩みを振り返って」『セルフ・サービス』5(1)，27。

小野譲司（2014）「スマート・エクセレンス－焦点化と共創を通した顧客戦略」『一橋ビジネスレビュー』2014SPR，56-75。

恩蔵直人・守口剛（1994）『セールス・プロモーション：その理論，分析手法，戦略』同文舘出版。

懸田豊（2016a）「小売流通システムと小売業態の発展理論」懸田豊・住谷宏『現代の小売流通　第2版』中央経済社，第6章所収。

─────（2016b）「小売業の業態別イノベーション」懸田豊・住谷宏『現代の小売流通第2版』中央経済社，第7章所収。

片野浩一（2014）「小売業態フォーマットの漸進的イノベーションと持続的競争優位：クイーンズ伊勢丹の事例研究に基づいて」『流通研究』17(1)，75-96。

加藤司（2011）「小売業態の社会化プロセス」『經營研究』62(1)，29-47。

加藤弘貴（2007）「POSデータ共有に基づく製配販の協働マーチャンダイジング：推進に当たっての課題」『東京経済大学会誌』254，37-48。

─────（2018）「2030年までの小売業態構造の予測」『2030年の消費市場と小売構造予測』流通経済研究所セミナー資料，2018年3月1日。

神谷渉（2009）「日本におけるPB専業メーカーの可能性」『流通情報』475，25-32。

川野幸夫（2011）『日本一強いスーパー　ヤオコーを創るために母がくれた50の言葉』産経新聞出版。

岸本徹也（2011）「ヨークベニマル：全員参加型の店舗実行能力」矢作敏行『日本の優秀小売業の底力』日本経済新聞出版社，第2章所収。

─────（2015）「食品スーパーにおける小売フォーマットの系統進化に関する理論的分析枠組：小売イノベーションのライフサイクルと個体群の進化」『流通研究』17(4)，37-60。

木下明浩（2016）「小売ブランド研究に関する一考察」『立命館経営学』54(4)，89-111。

久保知一（2017）「小売の輪はどのように回転したのか？：小売業態イノベーションのマ

ルチレベル分析」『流通研究』20(2)，65-79。
久保村隆祐・荒川祐吉編（1974）『商業学：現代流通の理論と政策』有斐閣。
経済産業省（2000）「平成12年度電子商取引に関する市場規模 実態調査」経済産業省。
――――（2014）「平成26年度電子商取引に関する市場調査」経済産業省。
黃燐（1992）『流通空間構造の動態分析』千倉書房。
後藤亜希子（2010）「参入が増えるネットスーパーの動向と今後の可能性に関する検討」『流通情報』485，14-21。
五藤智久（2010）「クチコミ行動をモデル化する」池田謙一『クチコミとネットワークの社会心理：消費と普及のサービスイノベーション研究』東京大学出版会，第4章所収。
小林哲（2006）「顧客視点のPB分析：ブランド研究における伝統的二分法の再考」『大阪市立大学経営研究』56(4)，193-213。
小林勇治（2000）「FSPの導入で大手と戦う独立スーパー（第2特集 アメリカ流通業のIT活用戦略）」『企業診断』47(10)，46-50。
近藤公彦（1998）「小売商業形態論の課題：業態変動のミクロ基礎」『流通研究』1(2)，44-56。
――――（2010）「POS情報開示によるチャネル・パートナーシップの構築：コープさっぽろのケース」『流通研究』12(4)，3-16。
齊藤嘉一・寺本高・井上淳子（2015）「ソーシャルメディア上のブランド・オピニオンリーダーはいかにして作られるか？」『平成26年度（第48次）助成研究報告書』吉田秀雄記念事業財団。
齋藤雅通（2003）「小売業における「製品」概念と小売業態論：小売マーケティング論体系化への一試論」『立命館経営学』41(5)，33-49。
坂川裕司・小宮一高（2013）「コープさっぽろの協働型マーチャンダイジング・システム」『北海道大学 Discussion Paper』Series B109，1-28。
坂田隆文（2002）「変容する小売業態」『流通研究』5(2)，63-75。
阪本節郎・原田曜平（2015）『日本初！たった1冊で誰とでもうまく付き合える世代論の教科書』東洋経済新報社。
佐藤栄作（1997）「商圏分析モデルの現状と課題」『オペレーションズ・リサーチ』42(3)，137-142。
佐藤肇（1974）『日本の流通機構：流通問題分析の基礎』有斐閣。
里村卓也（2005）「商圏分析のためのエリア・セグメンテーション」『オペレーションズ・リサーチ』50(2)，71-76。
佐野恵子・若林哲史（2015）「2015年アメリカ流通企業 財務＆情勢リポート」『月刊マーチャンダイジング』2015年9月号，30-60。
重冨貴子（2010）「プライベートブランド商品の購入実態調査2010」『プライベートブランドセミナー2010』流通経済研究所セミナー資料，2010年3月1日。

嶋浩一郎・松井剛（2017）『欲望する「ことば」:「社会記号」とマーケティング』集英社新書。
島永嵩子（2009）「専門量販店の革新性とその変容：ドラッグストア業態に焦点を当てて」石原武政・石井淳蔵・向山雅夫『小売業の業態革新』中央経済社，第 8 章所収。
清水聰（1996）「ストア・ロイヤルティと店舗選択」『消費者行動研究』3(2)，31-44。
─────（2002）「検証　消費者行動（Ⅵ）：プライベート・ブランドの研究」『流通情報』401，36-47。
─────（2004）『消費者視点の小売戦略』千倉書房。
─────（2013）『日本発のマーケティング』千倉書房。
─────（2017）「モバイルによる人の移動と小売の関係について」日本商業学会第67回全国研究大会資料，於兵庫県立大学，2017年 5 月27日。
清水信年（2016）「「脱チェーンストア」の現状と課題」『マーケティングジャーナル』36 (2)，62-77。
白井美由里（2005）「消費者によるセールス・プロモーションの知覚」『日経広告研究所報』222，9-15。
─────（2011）「消費者の食品の購買における小売業態選択」『横浜経営研究』32(1)，127-143。
白石善章（1987）『流通構造と小売行動』千倉書房。
新日本スーパーマーケット協会（2015）「スーパーマーケット白書2015」一般社団法人新日本スーパーマーケット協会資料。
鈴木敏仁（2015）「連載アメリカトレンド　マリアノズ CEO の現場主義」『Diamond Chain Store』2015年 9 月 1 日号，34。
─────（2016）「連載アメリカトレンド　クローガーの買収戦略」『Diamond Chain Store』2016年 1 月15日号，25。
鈴木雄高（2017）「小売業が日常会話において話題に上るための要件：消費者インタビューを通じた考察」『流通情報』528，20-27。
住谷宏（2016）「商業集積」懸田豊・住谷宏『現代の小売流通 第 2 版』中央経済社，第 8 章所収。
関根孝（2000）『小売競争の視点』同文舘出版。
総務省（2009）「我が国の情報通信市場の実態と情報流通量の計量に関する調査研究結果（平成21年度）：情報流通インデックスの計量」総務省情報通信政策研究所調査研究部公表資料。
─────（2014）「ビッグデータ時代における情報量の計測に係る調査研究報告書」総務省情報通信国際戦略局情報通信経済室資料。
ダイヤモンド・ヒューマンリソース（2018）「大学 3 年生が選んだ就職人気企業ランキング」『週刊ダイヤモンド』2018年 4 月17日号。

高嶋克義 (2003)「小売業態革新の分析枠組み」『国民経済雑誌』187(2), 69-83。
─── (2007)「小売業態革新に関する再検討」『流通研究』9(3), 33-51。
高橋郁夫 (2004)「小売マーケティング成果と買物行動」『三田商学研究』47(3), 229-245。
─── (2016)「イノベーターとしてのネットスーパー：業態ロイヤルユーザーの分析から見た特徴と課題」『マーケティングジャーナル』36(2), 5-20。
髙橋広行 (2016)「消費者視点の小売イノベーション：食品スーパーを対象に」『マーケティングジャーナル』36(2), 44-61。
田島義博 (1962)『日本の流通革命』日本能率協会。
─── (1989)『インストア・マーチャンダイジング：流通情報化と小売経営革新』ビジネス社。
─── (2004)『歴史に学ぶ流通の進化』日経出版販売 日経事業出版センター。
建野堅誠 (2001)「スーパーの日本的展開とマーケティング」マーケティング史研究会『日本流通産業史：日本的マーケティングの展開』同文舘出版, 第2章所収。
田中洋 (2017)『ブランド戦略論』有斐閣。
田村正紀 (1976)『現代の流通システムと消費者行動：構造転換にどう対応するか』日本経済新聞社。
─── (2001)『流通原理』千倉書房。
─── (2008a)『立地創造：イノベータ行動と商業中心地の興亡』白桃書房。
─── (2008b)『業態の盛衰：現代流通の激流』千倉書房。
鶴見裕之 (2009)「プライベートブランドのインストア・シェア拡大要因」『流通情報』480, 22-26。
─── ・本橋永至・寺本高・中山厚穂・増田純也 (2017)「マーケティング・サイエンス分野におけるオムニチャネル研究の動向と課題」日本マーケティング・サイエンス学会第101回研究大会資料, 於 慶應義塾大学, 2017年6月17日。
寺本高 (2012)『小売視点のブランド・コミュニケーション』千倉書房。
─── (2013)「情報先端型ショッパーのスーパーマーケットでの買物行動と評価」『流通情報』503, 15-22。
─── (2014a)「ショッパーの意思決定と小売ブランド戦略1：小売店舗のロイヤルショッパーの食・買い物スタイル」『流通情報』508, 36-48。
─── (2014b)「ショッパーの意思決定と小売ブランド戦略3：小売プライベートブランドの知覚品質とショッパーの意思決定：クチコミしたくなるPBのスペックとは？」『流通情報』510, 62-71。
─── (2015)「ショッパーの意思決定と小売ブランド戦略5：消費者間の信頼関係とクチコミテーマ」『流通情報』512, 62-70。
─── (2016)「「ネタ」になる売場とは？：売場情報のSNS投稿と反応の関係」『流通

情報』519，56-67。
―――（2017a）「「ネタ」になる売場は売れるのか？：売場情報のSNS投稿と反応・売上の関係」『流通情報』525，63-72。
―――（2017b）「"話題力"によるチェーンストアの競争力強化」『流通情報』528，6-12。
―――（2017c）「小売業に関する研究」ハイライフ研究所『近未来消費研究報告書　高齢化と人口減に伴う，消費行動変化の研究～消費者と小売業の未来～Phase 1』，第4部所収。
―――（2018a）「ネットショッパーがリアル店舗に期待する点とは？：消費者のネット・リアル店舗併用行動とリアル店舗への態度形成の関係」『流通情報』530，52-63。
―――（2018b）「商品評価「コストパフォーマンス」に関する研究」ハイライフ研究所『近未来消費研究報告書　高齢化と人口減に伴う，消費行動変化の研究～消費者と小売業の未来～課題解決 Phase 2』，第4部所収。
―――（2018c）「米国スーパーマーケットブランディング事例」ハイライフ研究所『近未来消費研究報告書　高齢化と人口減に伴う，消費行動変化の研究～消費者と小売業の未来～課題解決 Phase 2』，第6部所収。
―――・松野哲朗（2015）「クチコミに乗る条件　情報先端層と遅滞層の比較から探る」『日経消費インサイト』23，2-11。
戸田裕美子（2015）「流通革命論の再解釈」『マーケティングジャーナル』35(1)，19-33。
中川宏道（2015）「ポイントと値引きはどちらが得か？：ポイントに関するメンタル・アカウンティング理論の検証」『行動経済学』8，16-29。
―――・守口剛（2012）「日本の小売企業における協働MDの可能性：サンキュードラッグ潜在需要発掘研究会の事例を通じて」『マーケティングジャーナル』32(2)，97-120。
中島望・小川孔輔・棚橋菊夫・永長亥佐夫（1988）「ブランド力と価格弾力性の測定」『マーケティング・サイエンス』32，61-71。
長戸毅（1963）『スーパーマーケット』日本能率協会。
中西正雄（1983）『小売吸引力の理論と測定』千倉書房。
―――（1992）「消費者空間行動と都市小売業の構造：シミュレーション」『商學論究』39(3)，31-47。
―――（1996）「小売の輪は本当に回るのか」『商學論究』43(2/3/4)，21-41。
中村博（1998a）「ロイヤルティ・マーケティング（1）：顧客は平等でない」『流通情報』346，10-18。
―――（1998b）「ロイヤルティ・マーケティング（2）：多様化する小売プロモーション」『流通情報』347，26-33。
―――（1998c）「ロイヤルティ・マーケティング（3）：効果測定とソフトウェア」『流

通情報』348，21-27。
―――― (2000)「食品小売業における優良顧客の特性」『流通情報』369，4-10。
―――― (2003)「ロイヤルティ・マーケティングにおける FSP 会員の獲得」『流通情報』405，25-30。
―――― (2006)「コラボレイティブ CRM：顧客データを活用した小売業のマーケティング変化とメーカーの対応」『専修ビジネス・レビュー』1(1)，31-39。
―――― (2007)「小売 CRM におけるロイヤルティ・プログラムの実務的視点からのレビュー」『マーケティング・サイエンス』16(1/2)，1-24。
―――― (2008)『マーケット・セグメンテーション：購買履歴データを用いた販売機会の発見』白桃書房。
―――― (2009)「プライベートブランドの成長戦略」『流通情報』475，16-24。
――――・白樫雄一 (2010)「ショッパー視点のメニュー経済価値訴求売場の効果」『流通情報』487，23-32。
生田目崇・鈴木元也 (2014)「EC サイトにおけるサイト閲覧行動と購買行動」『経営情報学会誌』22(4)，273-278。
日経産業地域研究所 (2013)「PB vs NB，「コスパ」で使い分け　品質や価格，品目ごとの消費者評価を徹底比較」『日経消費インサイト』2013年6月号，14-19。
日経 BP コンサルティング (2018)「ブランド・ジャパン2018　「サプライズ」と「ウチ充」顧客体験で消費者掴む」『日経ビジネス』2018年3月26日号，58-59。
西川みな美 (2018)「小売店舗における空間的競争と店舗成果の関係―総合スーパーを対象とした実証研究―」『市場創造研究』7，5-15。
日本百貨店協会 (1959)『日本百貨店協会10年史』日本百貨店協会。
根田克彦 (1999)『都市小売業の空間分析』大明堂。
根本重之 (1995)『プライベートブランド：NB と PB の競争戦略』中央経済社。
―――― (2009)「プライベートブランドのリスクに関する検討」『流通情報』480，42-54。
ハイライフ研究所 (2017)「2016年都市生活意識調査」公益財団法人ハイライフ研究所資料。
箸本健二 (2001)『日本の流通システムと情報化：流通空間の構造変容』古今書院。
―――― (2005)「量販店の立地とカテゴリー売上の差異：商圏分析と店舗政策との連動」『流通情報』430，4-11。
林周二 (1962)『流通革命：製品・経路および消費者』中央公論社。
畢滔滔 (2002)「広域型商店街における大型店舗と中小小売商の共存共栄」『流通研究』5(1)，1-26。
藤岡里圭 (2013)「イギリス食品小売業におけるプライベートブランドの開発体制」日本商業学会第4回全国研究報告会資料，於　日本大学商学部，2013年12月14日。

ブライアン・ウルフ（2016）「新・顧客識別マーケティング最前線　第9回　最良のプロモーションとは何か」『Diamond Chain Store』2016年6月1・15日号，26-27。

法政大学産業情報センター・小川孔輔（1993）『POSとマーケティング戦略』有斐閣。

三坂昇司（2017）「消費者の買物に関する話題抽出：Twitterにおけるテキストデータを用いた分析からのアプローチ」『流通情報』528，13-19。

水谷久三（1984）「典型的スーパーマーケットの店づくり」オール日本スーパーマーケット協会・流通産業研究所『"本物"スーパーマーケットの時代：自分の強みを打ち出す業態戦略』ダイヤモンド社。

水野誠（2014）『マーケティングは進化する：クリエイティブなMaket+ingの発想』同文舘出版。

―――・森俊勝・馬場崇徳・髙階勇人・瀬良浩太（2011）「新製品普及とクチコミ伝播のダイナミクス：実データに基づくエージェントベース・モデリング」『マーケティング・サイエンス』19(1)，91-111。

水野学（2009）「食品スーパーの革新性」石原武政・石井淳蔵・向山雅夫『小売業の業態革新』中央経済社，第4章所収。

三菱地所・サイモン（2013）「買い物幸福度調査」三菱地所・サイモン株式会社資料。

南知惠子（2006）『顧客リレーションシップ戦略』有斐閣。

峰尾美也子（2013）「食料品購買における消費者の業態選択行動」『経営論集』82，63-78。

宮崎一紀（2008）「ウォルマートと戦う構図がSMの新しい業態を生む」『流通ネットワーキング』237，45-49。

宮下雄治（2011）「PBに対する消費者の知覚リスクと商品評価」『マーケティングジャーナル』31(1)，80-86。

向山雅夫（2009）「総合量販店の革新性とその変容」石原武政・石井淳蔵・向山雅夫『小売業の業態革新』中央経済社，第3章所収。

守口剛（1993）「項目反応理論を用いた市場反応分析：価格プロモーション効果とブランド選好度の測定」『マーケティング・サイエンス』2(1/2)，1-14。

―――（2002）『プロモーション効果分析』朝倉書店。

矢作敏行（1996）「製販統合の焦点」石原武政・石井淳蔵『製販統合：変わる日本の商システム』日本経済新聞社，第7章所収。

―――（1997）『小売りイノベーションの源泉：経営交流と流通近代化』日本経済新聞社。

―――（2012）「PB製造受託事業論に向けて：食品メーカーの事例から」『経営志林』49(2)，15-35。

―――（2013）「NBとPB：2つのブランドの歴史素描」『経営志林』50(1)，15-33。

山﨑泰弘（2018）「SNSはスーパーの売場づくりを変えるか」『流研オピニオン』2018年7月6日。

山下裕子（2001）「商業集積のダイナミズム：秋葉原から考える」『一橋ビジネスレビュー』49(2)，74-95。

山中均之（1968）『マーケティング・ロイヤルティ：消費者行動論』千倉書房。

─── (1975)『流通経営論：小売計量分析』白桃書房。

山本晶（2014）『キーパーソン・マーケティング：なぜ，あの人のクチコミは影響力があるのか』東洋経済新報社。

リクルートワークス研究所（2014）「人手不足の実態に関するレポート」株式会社リクルートホールディングス資料。

─── (2016)「第33回 ワークス大卒求人倍率調査（2017年卒）」株式会社リクルートホールディングス資料。

流通経済研究所（2016a）『インストア・マーチャンダイジング 第2版』日本経済新聞出版社。

─── (2016b)「有力小売業のチェーンイメージに関する研究」『Shopper & Merchandising Development 共同研究機構報告書』流通経済研究所。

───・読売広告社（2010）「『聞き耳』ショッパーと『死神』ショッパーが反応するコミュニケーションとは？：売場コミュニケーション軸による分析」『購買顧客のプロフィールを活用した新しいブランド育成戦略セミナー』流通経済研究所・読売広告社共催セミナー資料，2010年7月28日。

綿貫真也・川村晃司（2015）「量販店自社開発商品（プライベートブランド）の"ブランド性"に関する実証的検討：セブンプレミアムとトップバリュに関する検討を中心として」『マーケティングジャーナル』34(4)，102-123。

主要事項索引

〈英字〉

A
AIC　253-254
Amazon　49, 116-117, 119-120, 217, 220, 242
American Marketing Association（AMA）　17, 180

B
BIC　253-254

C
CRM　95, 137-139
Country Market　116-118

D
Dorothy Lane Market（DLM）　93, 95, 105, 119-121, 124-130

E
EDLP　115

F
Facebook　iii, 1, 172, 175

G
GPS　63

H
Harvest Market　116-118, 124-128
Hi-Lo　115

J
JAN　80, 258, 267

K
Kroger　26, 116, 122-127, 180

M
Mariano's　122-129
MD研究会（MD協議会）　81, 92

N
Niemann Foods　105, 116, 124, 127, 130

P
POP　89, 109-110, 117, 121, 123, 164, 199, 240-241, 261-262
POS　41, 60-61, 64, 80-81, 83, 85-86, 88-89, 91-92, 95-96, 101-102, 139, 258

R
RFM　94, 99, 138-139, 177
Roundy's　105, 122, 124, 130

S
SKU　108, 259

T
Tesco　95, 139
Twitter　iii, 1, 11, 172, 175, 187
t検定　141, 156, 158, 208, 211, 229

W
Walmart　26, 28, 43, 91, 116-119
Web　10, 27, 111, 155, 164, 168-169, 176, 186, 242-243, 258
Whole Foods　26, 120, 124

〈和文〉

ア行
アウトプット革新　77-78, 82-83, 101
アコーディオン仮説　70-71
イオン　36, 42-43, 57, 75, 81-82, 127

意思決定　20-21, 41, 80, 85, 87, 90, 150, 183, 186, 189-190, 193, 234-236, 241
一般層（一般消費者層）　154-160, 163-166, 168-169, 176
移動者　61-64, 107
イトーヨーカ堂　36-37, 42-43, 48, 57-58, 75, 127
イノベーター　74-75, 151-152
因子分析　27, 60-61, 146
インストア・プロモーション　86, 88-90, 96
インストア・マーチャンダイジング（ISM）　86-87, 96-98, 101-102
インターネット通信販売（EC）　47-49, 116, 122, 131, 217-218, 220-234, 237-278
インフルエンサー　151
演出要素　132, 240, 264-266
エンド　89, 118, 121, 128
オギノ　95, 139
オピニオンリーダー　151-153
オフライン　27
オムニチャネル　76, 217
オリジナル商品　107-109, 121, 125, 131
オンライン　3, 27

カ行

カイ二乗検定　148, 155-156, 226
買物場所　3, 9-10, 12, 63, 236-237, 278, 280
価格　v, 11, 13, 19, 21, 24, 26-27, 29-30, 36-38, 40-41, 44, 55-56, 65, 68-69, 71-75, 79, 88-92, 95, 108-109, 111, 113-115, 118, 123-125, 128-129, 131, 138, 154, 156-158, 160, 166-167, 173, 176, 179, 181, 184-185, 188-189, 191-192, 195, 197-204, 219, 221, 229, 233, 236, 239-241, 267-269, 276, 278
価格競争　56, 68, 73, 89, 108-109, 111, 113-114, 118, 128
価格訴求　41, 89, 92, 123-124, 199, 201, 203-204
格上げ　40, 68-69, 71, 75-76
格下げ　69, 75-76
革新性　40-41, 70, 76, 82, 154
囲い込み　85, 98-99, 130, 177, 280
価値訴求　89
カテゴリー・キラー　39-40, 42, 45, 47, 58, 64, 71, 83
カテゴリー・マネジメント　90-93, 95-96, 98, 101

関西スーパー　45, 79
関心　1, 10, 17-18, 37, 60, 64, 97-98, 105, 120, 147-149, 155, 175-176, 179, 183-184, 186-187, 189-191, 217, 225-226, 277, 280
間接効果　269-270
関与　26, 182, 190, 218, 220, 222
聞き耳　155
企業ブランド　23, 25, 27, 31
技術革新　67, 72, 76-77, 79-80, 82-83
技術フロンティア　71-72
希少性効果　203
季節性　251-252, 254-256, 271, 279
既存顧客　13, 94, 109
既存店　46-47, 99, 101, 105, 107, 109, 112-113, 280
キャッシュバック　204
キャラクター　247-248, 250-252, 254-256, 260-261, 264-266, 268-272, 279
共感　1, 239, 241, 255-256, 266, 271, 279
競争優位　55, 72, 77, 81, 119, 124
業態・店舗選択　131, 140, 155, 217-220, 223
業態盛衰モデル　74-75
協働マーチャンダイジング（MD）　81
空間構造　50, 53-54, 64
空間的競争モデル　55
クチコミ　iii, 10, 13, 153, 159-161, 164-166, 168-169, 176-177, 180, 186, 193-195, 219, 228, 239, 277-278
クラスター分析　11, 60-61, 144, 147, 224, 233
グローサラント　107, 113, 120, 123, 127
経済産業省　47
限定商品　4, 175, 203, 206-207, 209-213, 263, 278
交互作用　254
購買意向　32-33, 200-201, 205
購買意図　153, 185
購買実績　vi, 99, 101, 137, 185, 222
小売吸引力　54-55, 58-60, 62, 64-65, 100
小売業態発展論　40, 67, 71-72, 74-77, 82-83
小売業態ライフサイクル論　70-71
小売業態論　iv, 50, 67, 72-73, 82, 101
小売の輪　67-71, 74-76
小売ブランド（Retail Brand）　iv, 22-34, 99-100, 124, 275

主要事項索引 | 301

小売ブランド・アーキテクチャー　28-29, 31
小売マーケティングミックス　30, 53, 81-83, 101-102, 112, 116, 119, 122
考慮　6, 20, 59, 62, 70, 74-76, 82, 137, 161, 186-187, 189-191, 193, 205, 220, 234-236, 244, 256, 268, 271-272, 276-277
考慮集合　20
小売立地　53-54, 64
小売流通革新論　67, 76-77, 83, 101
コープさっぽろ　81, 91-92, 239
顧客ID付きPOSデータ　60-61, 92, 139
顧客関係性　30
顧客満足　iii, 19, 23
コストパフォーマンス　32-33, 131, 189-193, 195-197, 201, 277
コストリーダー　68
個店主義　73
コンビニエンスストア　1, 2, 6, 9, 18, 22, 43, 60-61, 64, 72-73, 76, 82, 105, 114, 116, 219-220, 223-224, 229-231
関スパ方式　45-46, 79

サ行

サミット　46
サンキュードラッグ　92, 95
産業活力再生特別措置法　42
市場規模　1, 2, 12, 48-49, 217, 280
次数中心性　152-153
実用的価値　158-159
品揃え　v, 24, 26, 29-30, 32, 40-41, 56-57, 65, 68, 70, 72-73, 79-80, 83, 91-92, 97, 107-109, 113, 117-118, 120-121, 123-129, 138-139, 156-157, 160, 176, 188-193, 229, 232-233, 236-237, 239-240, 277-278
シニア層　106, 130
島陳列　89, 240
社会階層　138
社会化プロセス　73
就業先（就職先）　6, 8-10, 12, 280
受信　150-151, 187-189, 191-193
旬　171, 173, 175, 177, 248, 250, 255, 261, 264-266, 268-272, 279
商業集積　56, 59, 63
商業統計　1, 2, 44-46, 62-63
商圏　iv, 13, 31, 40, 50, 53-65, 100

商圏特性　60-61, 64
商圏論　iv, 50, 53, 64, 100
少子高齢化　12, 275
上質　81, 113-115, 125-126
情緒的価値　158-159
消費者セグメンテーション　221
消費者反応　20
商品開発　44, 107-108, 111, 113-114, 116, 121-122, 125-126, 128-129, 139, 182
商品評価　180, 183-185
情報感度　97, 106, 112, 127, 131, 137, 155
情報共有　iii, 1, 46, 150, 161, 169, 172-176, 180, 186-187, 189, 191, 193, 196, 205, 277
情報処理機能の内部化　79-80, 83, 85
先端層（情報先端層）　137, 149-177, 277
情報探索　97, 154, 222, 227, 234
情報ネットワーク組織化　79-80, 83, 85
食品スーパー　iv, 1, 2, 42, 44-47, 76, 80-82, 111, 217, 219-220, 223-224, 229-231
ショッピングセンター　3, 38, 42, 57
ショッピングモール　42
新規顧客　iii, 13, 94, 99, 194
真空地帯論　69-71
新商品　126, 157, 160, 166-167, 175-176, 181, 236-237, 246-278
信頼性係数　144-146
推奨　19, 177, 186-187, 189-191, 193
スイッチ購買　154
スーパーマーケット白書　4
スキャンパネルデータ　88-89, 92-93
ストアブランド　24, 30, 124-125, 276
ストアロイヤルティ　23, 31-33, 137-139, 184-185, 220
スペース・マネジメント　86-88, 90, 96
成果指標　12, 13, 100, 130, 275-276, 280
成熟期　70, 79-83
成城石井　105, 108, 111, 124-130
生鮮食品　44-45, 79, 83, 248
成長期　36, 38, 70, 79, 82-83, 85
西友　36-38, 43, 48, 75, 91
セブン＆アイ・ホールディングス　6, 11, 43, 75, 81, 179
セブン-イレブン　6, 43, 72-73, 179
セブンプレミアム　11, 183
セルフ・サービス方式　35-37, 41

漸進的革新　77-78, 81-83, 101
選択行動　59, 63, 131, 217-221, 226, 242-243
鮮度管理　79, 83, 110
専門量販店　40-42, 45, 47, 58, 71, 74
戦略的事業単位（SBU）　90-91
総合スーパー　iv, 1, 2, 10, 18, 36-46, 57-58, 64, 75-76, 80, 219-220, 223-224, 229-231, 257
投下資本収益率（ROI）　47, 87
増量パック　199-200
ソーシャル・ネットワーキング・サービス（SNS）　iii, iv, 1, 10-12, 120-121, 124, 152-153, 170, 172-175, 177, 180, 186-189, 191-194, 205, 211-212, 214, 234-237, 239, 241-244, 253, 256-257, 266, 271-272, 277-279

| タ行

ダイエー　36-38, 41-43, 75
大規模小売店舗法（大店法）　39-40, 46, 59-60, 64
大規模小売店舗立地法（大店立地法）　46
対数尤度　253-254
多重比較　210, 227
脱チェーンストア　81
多店舗化　44, 49
チェーンストア方式　36, 38
知覚コスト　197-198, 202, 205-206
知覚品質　19-20, 131, 180, 182, 184-186, 188-193, 195, 197, 234
知覚ベネフィット　196-198, 203-206
知識　17-20, 81, 98, 117, 122, 138, 152, 161-162, 197, 220, 229, 232-234, 236-237, 278
中心地理論　54-55, 64
直接効果　268-270
陳列デザイン　240-241
低価格訴求　41
デフレ　89
デモグラフィック　131, 138, 183, 219, 222
デュアル・ブランド　181
店舗特性　60
投稿　170, 173-174, 180, 192-193, 205, 239, 243-252, 254-264, 266-272, 279
導入期　70, 79, 83
特売　118, 131, 141, 143, 145-148, 170, 205, 225-226, 232-233, 236, 241
特別感　5, 9

特別陳列　89, 154, 240-241, 256-267, 272, 279
都市間小売システム　53-55
トライアル購買　154, 175, 179
ドラッグストア　1, 2, 40, 73-74, 76, 114, 116, 219, 223-224, 229-231

| ナ行

長崎屋　43
二項ロジスティック回帰分析　168, 212, 265
認知　6, 9, 17-20, 26, 72-74, 110, 150, 161
認知システム　17-18
ネガティブ　243-244, 251-252, 254-256, 271, 279
ネットスーパー　32-33, 48-49, 76, 131, 217, 223-225, 228-229
値引率　199, 203, 221
年代　5, 9, 61, 106, 112, 208-210, 214, 278
ノベルティ　206-210, 212-214, 278
ナショナルブランド（NB）　11, 29, 107-109, 114, 118, 121, 124-125, 129, 179-184

| ハ行

バイングパワー　18, 34
媒介効果　267-268, 270-271
媒介分析　267
バイヤー　80, 85, 98, 108
破壊的イノベーション　21
発信　1, 111, 115-116, 124, 126, 131, 137, 141, 143, 145, 151-152, 155, 169-170, 175, 177, 187-189, 191-193, 211-214, 227-228, 233-237, 242-243, 277-278
抜本的革新　77-78, 81
ハブ　145-146, 153
ハフ・モデル　59
パブリシティ　126-127, 130
バブル経済期（バブル・バブル景気）　50, 75, 106
バラエティ　170, 240, 248, 250-252, 254-256, 260-261, 264-266, 268-269, 271, 279
バラエティ・シーキング（VS）　97
パレートの法則　94, 177
阪急オアシス　82, 105, 111, 116, 124-130
バンドル　199-202, 206-213, 278
バンドワゴン効果　49
非価格競争　68

主要事項索引　303

非価格プロモーション　89, 201, 204
非計画購買　vii, 87-88
ビジネスモデル　12-13, 77
非日常感　5, 9
百貨店　1, 2, 3, 35, 37-39, 41, 61, 68, 73, 75-76, 111, 114, 129, 218, 220, 229-231
標準化　44, 49, 79, 81, 83
評判　17, 25, 27-28, 33, 107, 166
ブートストラップ法　270
フェイス　109
プラノグラム（棚割）　87, 90-92, 95
ブランディング　22, 30-31, 105, 114, 130, 132, 276, 279-281
ブランド　iv, 3, 5-6, 9-12, 17-34, 80, 86, 88, 90, 97, 99, 100-101, 103, 105, 108, 111-112, 115-116, 118-119, 122, 124-126, 128-130, 139, 154, 162, 166-167, 170, 174, 180-190, 195, 200, 205, 240-241, 243-244, 275-276, 280
ブランド・アイデンティティ　18
ブランド・エクイティ　18-19, 22, 26-27, 31-33, 185
ブランド・コミットメント　97
ブランド・ロイヤルティ　18-20
ブランド戦略　iv, 21, 31, 182-183, 275
ブランド認知　19
ブランド連想　19-20, 185
フリークエント・ショッパーズ・プログラム（FSP）　93-96, 98-99, 101, 117, 119, 121, 127-128, 137-138, 160, 176-177, 199, 201-202, 277
プレミアム感　5, 9
フロアレイアウト（売場構成）　87
フロー阻止効果　62-63
プロセス革新　49, 77-78, 82-83, 101
ベネフィット　19, 196-198, 203-206, 222
ポアソン回帰モデル　251-253, 256, 271
ポアソン分布　251-253
ポイント（ポイント・プログラム）　6, 94-95, 143, 145, 157-158, 160, 175-177, 202-203, 206-213, 232, 235-236, 260, 277-278
本部主導　117, 119
プライベートブランド（PB）　10, 23-24, 29, 31-32, 80, 107-108, 111, 113-114, 121, 125-126, 128, 131, 179-195, 232, 234, 277-278

| マ行

マーケットメイブン　151-155, 161-162
マイオピア（近視眼）　57-58, 64
マス・マーケティング　30, 86, 126, 276
マス広告　126
マス陳列　268-272, 279
マスメディア（マスコミ）　86, 130, 151, 164, 179, 228
マルチチャネル　27, 217, 220-221
魅力度　57, 59, 64-65, 100-101
ミレニアル世代　117, 122, 127, 130
みんレポ　244, 246-247, 250, 255, 257-258, 260, 262-263
無関心層　147-149, 176, 225-226, 277
むれ耳　155

| ヤ行

ヤオコー　45, 127
優位置　109
ユーザー生成型コンテンツ（UGC）　243
優良顧客　32, 94-95, 98-99, 101, 177, 277

| ラ行

ライフスタイル　105, 138-139, 183, 206
ライフタイム・バリュー　138
楽天　6, 49
リアル共有　187-189, 191-193, 234-237, 278
リアル店舗　25, 217-218, 220, 222-229, 232-234, 237-238, 278-279
リードユーザー　151-152
リーマンショック　181, 185
立地特性　60
利便性　27, 49-50, 65, 73, 100-102, 107, 229, 276, 280
流通革命　36-39, 46, 49, 78, 100, 102, 280
流通経済研究所　v, 10, 86-87, 97, 140, 155, 223, 234
流通情報マネジメント論　iv, 50, 85, 96, 101
ロイヤル消費者　137, 140, 147, 149
ロイヤルティ　iii, 18-20, 23, 25-27, 31-33, 121, 137-139, 184-185, 219-220
ロスリーダー　92

| ワ行 |

話題性 iv, 12-13, 126-127, 130-132, 179, 194, 217, 238, 265, 272, 275-276, 279-280

割引率 206-209, 211-213, 241, 278
ワンストップ・ショッピング 41, 54, 118, 236-237, 278
ワンツーワン・マーケティング 86

著者略歴

寺本　高（てらもと・たかし）
横浜国立大学大学院国際社会科学研究院准教授
1973年横浜市生まれ。慶應義塾大学商学部卒業，筑波大学大学院ビジネス科学研究科博士後期課程修了。博士（経営学）。
流通経済研究所店頭研究開発室長，明星大学経営学部准教授を経て2016年より現職。
主著に『小売視点のブランド・コミュニケーション』（千倉書房：日本商業学会賞奨励賞受賞図書）など。

スーパーマーケットのブランド論

2019年 2 月27日 初版第 1 刷発行

著　者　　寺本　高

発行者　　千倉成示
発行所　　株式会社 千倉書房
　　　　　〒104-0031　東京都中央区京橋2-4-12
　　　　　電話 03-3273-3931（代表）
　　　　　https://www.chikura.co.jp/

装丁　　米谷豪
印刷・製本　藤原印刷株式会社

©TERAMOTO Takashi 2019　Printed in Japan〈検印省略〉
ISBN 978-4-8051-1164-2 C3063

乱丁・落丁本はお取り替えいたします

JCOPY ＜(社)出版社著作権管理機構　委託出版物＞

本書のコピー，スキャン，デジタル化など無断複写は著作権法上での例外を除き禁じられています。複写される場合は，そのつど事前に，㈳出版者著作権管理機構（電話 03-5244-5088，FAX 03-5244-5089，e-mail：info@jcopy.or.jp）の許諾を得てください。また，本書を代行業者などの第三者に依頼してスキャンやデジタル化することは，たとえ個人や家庭内での利用であっても一切認められておりません。